知·趣

所思不遠

[illegible]代诗词家生平品述

李让眉 著

浙江古籍出版社

图书在版编目(CIP)数据

所思不远：清代诗词家生平品述 / 李让眉著. —杭州：浙江古籍出版社，2020.5
(知 · 趣丛书)
ISBN 978-7-5540-1683-1
Ⅰ. ①所… Ⅱ. ①李… Ⅲ. ①作家—生平事迹—中国—清代 Ⅳ. ①K825.2

中国版本图书馆CIP数据核字(2020)第004586号

所思不远：清代诗词家生平品述

李让眉　著

出版发行	浙江古籍出版社 (杭州市体育场路347号)
网　　址	www.zjguji.com
责任编辑	伍姬颖
责任校对	吴颖胤
版式设计	张弥迪
封面设计	吴思璐
责任印务	楼浩凯
照　　排	杭州兴邦电子印务有限公司
印　　刷	浙江新华印刷技术有限公司
开　　本	787mm×1092mm　1/32
印　　张	10.875
字　　数	220千字
版　　次	2020年5月第1版
印　　次	2020年5月第1次印刷
书　　号	978-7-5540-1683-1
定　　价	56.00元

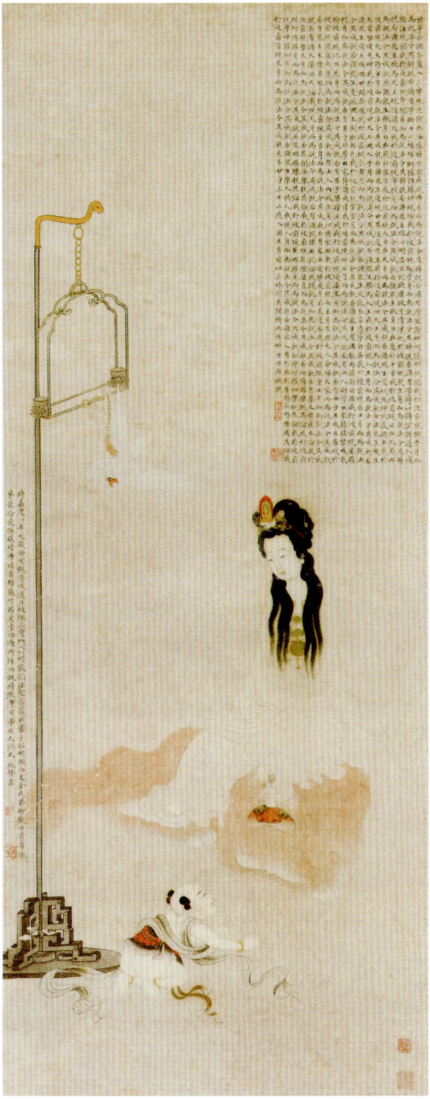

金礼嬴画《观音像》

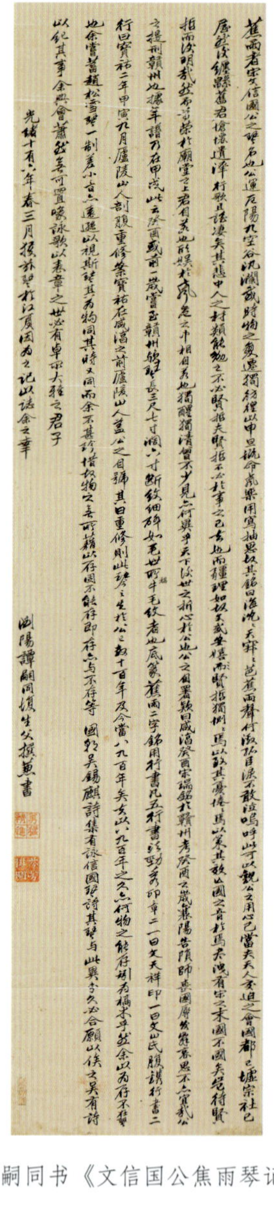

谭嗣同书《文信国公焦雨琴记》

所思已远，诗人何为（序一）

杨虚白

让眉君嘱我为其新书《所思不远》作序，我为此其实是极惶恐的：于诗词，于文字，于思，我实均是远离已久。

与让眉君大约相识于十二年前的诗词论坛和QQ群。彼时她尚在校园，大约都有一段比较清闲的时光——先是网上镇日聊诗，因为我写过几篇不成样子的武侠短篇，她恰好读过，加之她在读金融专业，我忝为同道大叔，便更多了一分亲近。我在最后一个小短篇的结尾里曾请这位小同学客串了一把：“多年以后，八臂天王梁公度的幼女让眉捐弃仇恨投入卓燕客门下成为其关门弟子，之后更成为燕山拳馆的第一位女掌门。”之后她去弗莱堡读研，我赠了她一首也很不成样子的七律，有一联“道术已为天下裂，自由尚在纸中摹”还被自己做了很久的微博签名。再后来，我回国，让眉君也回了国，各自的工作算是同行，生活中也有一些或远或近的交集。

在我们比较狭小的诗词论坛圈子里，小让眉同学的多重身份、全能本领我还是比较清楚的，给她安上“八臂天王”的家传颇有先见之明，或者她是有《书剑恩仇录》“千臂如来”赵三当家的本事，任你千刀万剑飞来我随拆随解也未为可知。在知乎上有一个著名的问题“为什么让眉姐这么厉害”

便是佐证。她利用闲暇时间写出这本书，由衷为她高兴。

此前在李让眉名下的微信、微博、豆瓣里，本书摘选的文章我大抵都曾读过。当时我就在想，为什么会选这几个人？朱竹垞、陈其年、龚定庵是公认的大家，也有纳兰、仲则这样的偶像派，更有让眉特别喜欢的谭嗣同；但还有几位，惭愧的是我虽号称诗词爱好者，也所知不多——譬如王昙夫妇，吴保初。然而一路读下来，发现她所写的这些人之间，还是有脉络，而且有道具相钩连的：有砚，有钗，有琴，还有不易为俗世所容的情爱。譬如写到文天祥遗下的四大名砚，一方源自岳飞，一方王昙赠与袁枚，一方出现在朱彝尊的酒宴之上，而另一方为谭嗣同吟诗咏诵。再如，此前几次以配角出现的王昙横空穿越般邂逅了此间的少年龚自珍……这些诗人在让眉君的文字里串联起来，乱掷珍珠落玉盘，看是信手拈来，却相互碰撞，光芒激荡。

脑洞如我，莫名地就从诗人们的串联，想到了《水浒》：王教头一棒打翻纹身小哥，史大郎流浪街头遇到鲁提辖，三拳镇关西后花和尚倒拔柳，而喝彩的路人竟是夜奔的豹子头……让眉君这一番钩沉索隐，感慨各种历史的吊诡，忽又让我想到我俩都推崇的网络名家嘘堂兄的五古《自由之白日》的最后一句："七彩球碰撞，一局斯诺克。"只是，以撞球游戏喻之，不免太过超然，书中诗人们的命运于历史的惊涛骇浪中起伏，大抵仍是悲情居多。

数年前与让眉君等诗友在京聚会，席间南华兄点评旧诗词，说到中国文学的先天不足，曰缺乏“上帝之眼”。然何为上帝之眼？是宗教式的悲悯，还是跳出三界于宇宙间俯瞰这小小蓝星？再联想到此前一些“大历史”观的讨论，批评我们过去的历史研究亦复如是：横向缺少中华之外的全球视野，纵向难见更宏大的规律分析，复杂度上则过度聚焦人政因素，缺少对其他如地理、气候、货币、国际贸易等貌似偶然的相关合力的关注等等。

从明清交替到清末民初，本书所写诸子，不幸都身处一个以悲情为主基调的时代——倘以俯瞰撞球游戏的“上帝之眼”来看这些惊才绝艳的诗人们，则一旦于这个悲情时代选择成为诗人或者士人，便似一粒白球已然击出，未来的命运，注定在一连串的撞击中无序地奔向四方。

清诗清词的地位，学界向有争议，争议不在其优劣，而往往在能否挑战唐诗宋词——亦即其成就之高，已成公论。“国家不幸诗家幸”，或曰“赤县神州值数千年未有之巨劫奇变”，却成了清季文学巨大成就之后的背景板。这些诗人虽其事迹风流云散，幸能留下姓名文字，为后世诗词爱好者追摹；只是作为普通家庭中的个体，他们的命运悲剧益发值得况味。乱世之中，忠臣、贰臣、顺民、狂徒、隐者，还是高蹈反叛，哪种选择更有价值？书中援引龚自珍的一段故事颇可咀嚼：外祖段玉裁鼓励他“努力为名儒，为名臣，勿愿为名士”。然而最终，定庵仍是活成了名士。

我猜想，倘以儒家“三立”对应，或者名儒曰立德，名臣可立功，而名士大约仅可立言，所以段姥爷以为名士不如前二者？那么，我与让眉君一生俯首的屈陶李杜韩柳苏辛，他们的千古文章，耿耿精魂，到底所值几何？十年前为让眉君远赴弗莱堡赠诗之时，谷歌回车键下意外发现弗莱堡曾经赫赫名儒荟萃，尤以海德格尔当时在国内极火。海氏的雄文《诗人何为》中提到上帝的离去，上帝之缺席，“自从赫拉克勒斯、狄奥尼索斯和耶稣基督这个‘三位一体’弃世而去，世界时代的夜晚便趋向于黑夜”。巧了，此西哲之“三位”庶几也能对上吾国之“三立”：耶圣立德，勇者赫拉克勒斯立功，而诗人、酒神狄奥尼索斯，或者可对应立言。

我比让眉君年长许多，小时候我与我的小伙伴们背诵过《天安门诗抄》，抄写过海子、食指、舒婷，甚至席慕蓉。后来呢，我的文艺青年伙伴们亦如撞球游戏般哄然四散天涯，有人炒股有人炒房有人炒币，有人跳槽有人发财，有人做官有人坐监。说什么三立，大家蝇营狗苟的不就是名利二字？十年来我过去的那些兴趣爱好彻底湮没于公文报表之中；于工作于生活，早已标配N套面具，不同场景切换自如——事实上这些面具俱已长进肉里，血肉相连，没有勇气撕开，也就知道自己早已配不上诗与远方。

所幸我们还有这么一位朋友加同行，让眉君，至少在立言上一直没有停步。即便中间经历了工作、成家、生子——世界五百强专业管理人士，实则跟我一样也只是金融苦力；年轻母亲，亦必然漫天的儿歌儿啼奶瓶尿片——可她这些年闲抛闲掷笔下就写出一篇篇珠玉，诗词，文论，甚至行业分析。尤其是完成本书，所需检校印证的原作、传记、笔记，工作量难以想象的巨大。2014年在北大听过史景迁讲座，于正史之外，他亦特别关注“非主流”细节，大量地从康雍乾的奏章密报、县志、文人笔记中摘取材料交叉印证。小让眉同学不可能如史景迁老师那样获取信息如探囊取物，人后的努力令我这等假诗词粉只能加倍叹服。

吾等躬逢盛世，衣食无缺，物理上自然不会像书中诗人一样，成为“大地上贫困的异乡人”；不再“贫困的时代”，“诗人何为”本亦不应成为精神上的困惑。然而此次重读《所思不远》，唤醒自己的，却是这一连串撞球式的思索。知识分子，诗人或者士人，于这个社会，确实是负有责任的。至于耶稣抑或名儒，赫拉克勒斯还是名臣，或者酒神名士，已经无关宏旨。书中能令我们捕捉到的诗人们的某种精神某种气质以及他们的某种坚持，得与天壤而同久，共三光而永光，乃是诗意的价值所在。荷尔德林亦如是说：“可是，你却说/诗人是酒神的祭司/在神圣的黑夜，他走遍大地。”

我其实并不擅长打弹子球，一篇读罢，所思甚远。感谢让眉君。

绵邈岁纪，天下文心（序二）

云中羽衣子

诗歌是我国文学史上最璀璨的艺术珍宝，在浩瀚的数千年长河之中，煌煌莹莹，灿烂列星。无数伟大诗人的名字，如同一颗一颗的明珠，串成长长的耀眼珠帘。让眉所做的工夫，在我看来就是用她的丽笔清词作为串起这些明珠的丝线，让众星珍宝有序地并拢一起散发独有的辉光，映照整个时代，是为一部诗史。

这本书让这些诗人的诗歌作品还原于他们的平生行迹，真正完成精神世界与现实生命间的辉照，并且为我们追溯前辈诗人的风采辟开独特而诗意的路径，是或锦绣华美，或端严高古的诗作真正落地成为一个个活生生的、可见可亲的人的生命的历程。

诗歌不单单是华美的纸上篇章，对于一个诗人来说，可以说诗词作品是他平生精魂所铸，由他的学识、经历、感情甚至生命共同组成，反映着一个人的德行、言语、气质、心胸和他平生的兴衰。

要想真正地理解一首诗，一个诗人，只有将他的作品放置于他整个的生命之中，还原到当时当事，才能够真正地理解他到底在写什么，为什么这么写，他想要倾诉的是什么，他引而不发的又是什么。就像理解一个人，听其言观其行，才能肝肺如见。

中国艺术是留白的艺术，诗歌讲究温柔蕴藉，言有尽而意无尽，有许多未写之写，伏线明暗交织，导致当世因为文化的隔阂，很难穷尽其意。对前代诗人诗作有许多误读。让眉此举，于清代诗词研究，功莫大焉。

比如朱彝尊一篇，以物喻人带出百年兴衰——一个人的生长环境、社会环境，正是他的风度学识、性情理想甚至遗憾缺失的根源。让眉正是旨在由外而内返照精神，探寻人物精魂——且看一部只为妻妹山嫦一人而作的词集中寻出的缠绵情事。

“思往事，渡江干。青蛾低映越山看。共眠一舸听秋雨，小簟轻衾各自寒。”她自视角视线隔绝推及内里其他五感全开，看似不经心，但对方一举一动寒温感受都在心目之中。这种千回百转的情愫，如弗洛伊德的精神分析，又如古镜照人肝胆。从这一词而下，连绵细密穷举集中诸词，摹写静夜行舟、丹鞋簸钱、元夕堕钗、归宁重逢、抱病而终……自时间及空间氤氲，层层剥出有情人半生透骨心事，悱恻心肠。

又如《“人生若只如初见”背后的纳兰容若》一篇中牵丝映带出的重重疑影。她自《木兰花·拟古决绝词柬友》一词，由立意、结构、气息、事典步步紧跟推出诗人情绪：生怨而不敢道怨。

怨之何来？让眉至年谱检阅当年大事，发现这一年连贯的这种情绪竟然如同天外飞来，没有任何史料相合，遂再辟蹊径，从《木兰花》出典见弃对象俱是君王，层层递进勾连出康熙赠药，自此启出故纸堆中的难言秘辛。

我与让眉因诗词倾盖如故，到今相契已经十二年。她是一个自具文人风骨，对待自己对待作品有十分严苛的要求，有澄清千古诗心之志的人。让眉的诗词创作起步极早，2007年诗坛鼎盛时恰逢其会，成为中流砥柱。

这本书是一个诗词创作者在追摩先贤诗人的创作历程的路径——也正因此，她无论是解读角度还是解析方法都和其他名家殊为不同：本身是创作者，对作品的肌理脉络、骨架气质甚至创作过程自然会更加贴近。

她工诗词，好书法，对乐器和绘画都小有研究。诗词一道，正宜与诸般艺术比照参看。器乐之节奏，书法之结构，绘画之意象气质，凡此种种，与诗词一道，本就如甘露渊泉，互相浸润，互相补给。正因为让眉诸艺兼善，才能从前人的诗与诗心里，还原出本只留存在行迹作品之中的前人的世界。

举例来说，书中《谈李叔同的送别》学堂乐歌一节，让眉的解析堪谓集音乐绘画文学诸多通感于一身："调式简单，六八拍行进"，这是乐曲中的节拍，运用听觉；"春景层层晕染行进，'荠花'处一个小小的跳动则如白蝶振翅"，这是视觉的通感，意象的类比；“气味欢快，用语简雅”，则是文学情感共振；在诗歌的解析中引入画山的三远法，这是审视诗词的多重意象的不同角度，就如现代电影的运镜一般——让眉十分擅长这种多重艺术手段探微，集声色光影，情绪跳跃为一体的贴身周旋，将原本缥缈难寻的前人的欢哀拉至眼前，分明如在。

清代是离我们当代最为接近，史料最翔实，也是最具有学习路径的一个朝代，是我们了解前代诗作重要的必由路径。

清代诗人也是最接近我们的精神世界的前人，他们同我们一样深受东西两种不同文化的浸润，既继承了浩如渊海的文学艺术宝藏，却也有过同样的迷思。是我们最为真切的与古典文化连接的枢纽，爱书人爱诗人不可不详加揣摩。

让眉此书，以一己灵心慧性，发诗文之光艳，道平生之幽微，既可作为同好亲近前人的桥梁风媒，也是研究作学的一块基石。书中人物彼此穿插，互相辉映，同时代的人物交集联络，渊源过从集于一书，是清代士林的社会还原，如以诗文与史料为画笔颜料的浮世绘，极尽时代风貌。它是让眉用诗心与前代诗词对话，用事体与前辈诗人对话，同时也是我们这个时代和从前的时代的对话。

这也即是我辈为灿烂古老的千年文化的薪火相传所做的一点努力。

目　录

帘幕后的箕坐——朱彝尊

乾隆五十二年（1787）秋天，秀水诗人王昙自国子监返乡探亲，经过临平湖时，他无意听说有渔人打捞起一方古砚。经一番识断，王昙认出此砚是宋末文天祥的遗物绿端蝉腹砚，当即珍而重之购得，后来转赠给了老师袁枚。

岁月更迭，人间换世，转眼之间，少年王昙的壮志雄心和他那方古砚都已化水在水，消没在历史中不知所踪。当浪迹故纸的今人站在这座即将湮没的岛尖上往更远处极目，又见到另一位秀水诗人与另一方文山遗砚时，则虽不免倍起国士不遇之叹，却也足容失意人聊慰不孤了。

这另一组人砚交辉，便说的是朱彝尊与玉带生。

至今在《台北故宫》纪录片里，我们依然能见到玉带生的真容：那是一方端溪老坑石砚，通体青灰，朴拙温润，形状像一只鞋，因砚身有一石脉环绕，故名“玉带生”。砚腰镌有文天祥亲撰铭文：“紫之衣兮绵绵，玉之带兮卷卷。中之藏兮涵涵，外之泽兮日宣。於呼！磨尔心之坚兮，寿吾文之传兮。庐陵文天祥造”。

此砚曾伴随文天祥宦海升沉，东南苦战，出使元营，又转战江西。兵败空坑后，文天祥心知大事难成，于漳水遣散部将后，将玉带生赠给了随行参军谢翱以为留念。不日文山被俘，谢翱携砚远避，浪迹闽广。待他身死之后，玉带生便被其忘年交吴贵供奉在了他生前常住的浦江月泉精舍，以为神主。

复至元末，群雄并起，年近耄耋的吴贵无力相护，遂有一位好古的杨维桢自月泉精舍将其携走据为己有，藏置自家七客寮中。至明朝洪武三年（1370）杨维桢死，玉带生转至下落不明，直到三百年后的清初，方才重回世人视线。

康熙年间，苏州巡抚宋荦无意间自民间收得玉带生，大为珍惜，在沧浪亭宴客时持以示众。斯时朱彝尊恰在其列，也便见证了玉带生的再次出世。

而宋荦究竟也不能保全它太久。某次康熙帝南巡苏州入住宋荦家后见得此砚，遂携入京，从此藏于紫禁城内，再不令见天日。转眼二百余年又过，及至近代，战乱频仍，山河复改，玉带生便随着一批国宝被运往台北。

回看玉带生几度易主，均与河山变故同历。文天祥赠之予谢翱，是时宋亡；杨维桢得之于谢翱精舍，是时元亡；杨死于明初，砚复见于清代官员酒筵，辗转有自，当不免又遭明末一番离乱。而后来出宫得见清亡，赴台又历蒋亡，无不如是。

这样一方砚，与同它有过一面之缘的朱彝尊是颇能隔世相怜的。

斯日沧浪亭小宴上，朱彝尊捧砚端详良久后曾为它作了一篇《玉带生歌》。全诗蔚然递序，气沛神完，流转关节间颇见隐痛。而倘要读它，我们或者便要先说一说朱彝尊的身世了。

朱彝尊生在嘉兴香花桥东的碧漪坊，即《风怀》诗中“居连朱雀巷，里是碧鸡坊”所讳。明代的嘉兴很是繁华，下辖一府二县，自来文气充沛，就中往来，多非俗辈。

朱彝尊出身秀水朱氏一脉，家族例以清德知名，时称“廉介自守，甘贫守约”。朱家世代诗礼相仍，及至彝尊曾祖朱国祚一举高中，得申时行亲擢为当朝状元后门楣始大。

因曾任太子朱常洛的谕德官，朱国祚历经万历、泰昌、天启三朝不衰，后阉党权倾一时，他不肯自污，索性辞官回乡，谥称文恪，勉谓善终。

朱家子弟多是朱国祚在京做官时所生，随着父亲辞官，后来大多回到嘉兴居住。国祚长子朱大竞曾任云南楚雄知府，亦属寒贫清节之辈。身为相门公子，朱大竞赴任时竟因贫几“不能治装”，靠着向朋辈借钱才勉力成行，辞官回乡时，亦“仅敝衣一簏而已”，风评甚佳，斯时云南人有歌谣“清贫太守一世难，百鸟有凤凤有鸾”，首句唱的便是他了。

复传一代，世变渐生，朱家兄弟们虽亦多有入朝，但因不肯素衣污缁，俸不抵销之事便渐成寻常。早年荫于家业尚可支持生计，及至后来朱彝尊出生时，时局动荡，他父亲这一支家庭贫困，便渐渐沦落到荒年乏食的境地了。

以市侩的眼光看，内囊渐空，官职日下，朱家似总不免要被说一句“君子之泽，五世而斩”的便宜话，但大凡了解朱彝尊父辈们的人，怕也还都不肯逞此轻薄。虽然家门清寒，朱彝尊的父母、嗣父母依然保有着故相门第涵养出的高贵志趣，瓢箪身世，不改其乐，倒是加倍地令人亲敬。

朱彝尊的父亲朱茂曙昔也是生在京中。他年少时以文名世，兼之行楷双绝，一手山水竹石更颇得董其昌欣赏，曾称他“不出十年，可乱吾真”。母亲唐氏则是状元唐元献的孙女、董其昌的外甥女，亦精书画，从父“自幼读《孝经》《学》《庸》”，足能课子，曾“口授元兄弟于蒙时”。夫妇二人笔墨相酬，贫中颇能自乐。

因大伯朱茂晖无子，朱彝尊自小便被过继到了他房下，即称嗣父子。嗣父曾授中书舍人，颇有才具，“好博览，经史之外，诸子百家，靡不兼综”，亦能诗词，“韵语不屑蹈袭前人”，曾在复社第一集被同盟共奉为伦魁；嗣母郑氏则是万历朝刑部尚书郑晓来孙，郑公家法既严，家学更精，故而郑氏于诗书一道亦是解人。

较之父母的书画双绝，朱茂晖夫妇之经史诗文则与后来朱彝尊的所好更为相近。实则十三岁上，朱彝尊就已经常追随朱茂晖参加复社活动了，及至国破，他得以借助诗社雅集崭露头角，独领一时风气，细究来历，便该当多承自嗣父。

这样的一干人物，纵值微寒，能维持朱氏一族旧有的朋辈交游，自也并不吃力。

因为嗣父、父亲和叔叔们都在当地颇多结交，年幼的朱彝尊也便常能见到许多当地名流。在常相往来的长辈里，他最喜欢的一位是项圣谟。

朱家对门的项氏，家业振于晚明藏家项元汴。朱项两姓世代婚姻，朱彝尊的姑姑就嫁在项家，故而他幼时常能跟随父母前去项氏的天籁阁探访。

天籁阁中珍奇无数，就是项元汴自己要把所藏熟门熟路地尽览一遍，也需要花上至少两个月的时间。纵然最终没能留下一份详尽的藏品目录以为印证，但凭借藏品上留下的一些印记与字码，人们最终还是推算出了当年项氏书画藏品的总数。二千一百九十件——而民国初年，故宫博物院的全部收藏，也不过四千六百件。

这两千余件藏品如今多已散佚，而我们只能从当时翰林院一位何良俊造访后的回忆笔记中窥得它们齐聚一楼时的盛况。在何翰林的回忆中，他来到天籁阁，方入正堂，便见两侧商周之鼎无数，复有汉玉触目皆是；转过一扇大理石屏风，则见晋唐巨迹、宋元名画夺目而来。当先是赵孟頫的《萧山寺图》《鹊华秋色图》，随后便有怀素的《自叙帖》、李白的《上阳台帖》、顾恺之的《女史箴图卷》、韩幹的《牧马图》，琳琅满目。何良俊且看且赞，几至忘返。他称最爱的是米南宫三帖："笔墨飞动，神采焕然，米老行书当以此卷为第一。"

他所不知的是，自己这一行所见并非项元汴的全副家藏。为恐太显张扬，项氏匿下了大量唐以前甚至六朝、晋代的法书古画，以及苏轼画作五件、宋徽宗工笔花鸟十五件未曾出示。而这，还只是项元汴三十二岁时天籁阁的规模。

项圣谟是项元汴的孙子，也是斯时天籁阁的掌持者。他能画松，有"项松之名满东南"之誉，为人也爽快大方，从不藏私。有这样一所天然的巨型博物馆在侧，又有这样一位眼界手段俱高的长辈坐镇其中，纵然身家贫困，朱彝尊的童年也实在不能不谓身在宝山。

项圣谟很爱跟人聊自己祖辈的故事，故而数十年后，朱彝尊犹能亲切清楚地记录下那位不曾谋面的前辈许多年轻时的窘闻：他记得项元汴年轻时如何为了一个妓女怒烧沉香床，又是曾经如何打眼买了贵的玩物，害哥哥为了哄他高价购还——老年笔记小品中一段段可爱的传奇，尽留着朱彝尊童年回忆中项圣谟爽朗的音容。

合是自小见惯了各样文墨至宝，项圣谟行止间绝不带分毫小玩家穷酸把持的辛苦相。每值朱彝尊行往，他都会将家藏唐宋时人所绘纨扇取出，给这位小童任意玩看取凉。直至而后许多年朱彝尊忆起此节，还有诗叹称："阿侬旧住韭溪北，天籁阁中曾数过。记得千金纨扇册，童时一日几摩挲。"

这叹息的情味十分真切，而声气中如此富足的平淡却依然只能容后人艳羡。

数年后，天籁阁中的藏品在战乱中四散江湖，少部分被一名千夫长献入大内，大半再不见其下落。而如今博物馆展柜后的我们，也就只能在这些阁中往来人零散的回忆札记里，才能看到当初这些文物被解人珍爱的鲜活样子。

说回朱彝尊。对孩子来说，华丽的邂逅固然珍贵，但若说快活难忘，当还属家门左右的自在日常。

家居之外，孩提时的朱彝尊居行最频的是姑父谭贞良家。朱氏一门诗礼传家，未及六岁，他便早早被嗣父送至谭宅所设的家塾开蒙读书。

谭宅也在碧漪坊，与朱家去来不过数十步，同学则多是中表兄弟，彼此间也很说得来。谭家有书屋五楹，几个兄弟贪凉，往往不肯规规矩矩坐在屋里，而长好置席砚于庭中鸭脚树下吟诗诵书，而塾师也便只得迁就着他们在庭院中授课，镇日在几棵鸭脚树下摇头晃脑，流连徘徊。

朱彝尊回忆说，六岁上塾师最先教几人的是对对子。某次四顾，见一土瓜在藤，便出了个很拙的上句“王瓜”命几人来对。自己思索片刻对以“后稷”，令塾师既觉胡闹，却又不得不佩服。神名瓜果，两厢无关却字字不爽，无可挑剔，正是无情对的范本。

这段回忆于曝书亭成文时，朱彝尊已几近知天命之年，但说起童年得意事，却依然颇见小男孩洋洋敏悟之态。

这敏悟，实则一直是有盛大的家学在背后暗中助益的。

他入塾年纪小，最早学对子时不辨四声，故而每每跟不上哥哥们的进度，对塾师所说的平仄相对更是不得要领。回家祖母徐氏听闻，便特为他找出自家外曾祖父潘恩辑订的《诗韵辑略》亲自教导，一番讲罢，四声即明，自此方才再不怕对对子了。

而这位祖母徐氏身世亦是不凡：她是嘉隆二朝首辅徐阶的曾孙女，同属世家出身，朱彝尊儿时就常得她相携去徐阶的世经堂拜谒，还曾在堂中数见嘉靖帝的手敕——翻阅这些史料时总要感喟，朱氏满门血脉系出名流，各恃所擅，偃仰碰撞，乃有始终不衰的文气传承。

当然，朱彝尊并不曾为此自雄——所有生而坐拥奇珍的人，都很难生出这样的识觉。他曾有一首《怀乡口号》追忆自己的入塾生涯："碧漪坊里谭公宅，鸭脚清阴半亩余。最忆儿时好兄弟，树根同读五车书。"欠伸从容，颇见岁月清好，也只有岁月清好。

那一切血脉因缘、潜移默化，也便都在追忆中潜融在这清好里了。

"藉袈桥上水松牌，白石登登雁齿阶。曾记小时明月夜，踏歌连臂竹邻街。"在嘉兴夜间的藉袈桥周遭，结束了一天学业的男孩子们常常唱着一些不明就里的踏歌歌谣，任情追逐，奔跑嬉戏。而这，也是朱彝尊偃蹇一生中少见的，无须端重自持的快乐时光。

“狸狸斑斑，跳过南山。南山北斗，猎回界口。界口北面，二十弓箭……”朱彝尊后来珍而重之记录下的、他年少时高唱过的童谣，直到如今依然在嘉兴一带儿童的拍手声中传歌不绝。

至十岁，表兄弟们养具文气，在长辈的安排下集体去跟随朱彝尊的八叔朱茂晥正式读书。及至此时，朱彝尊的天资根骨乃脱颖而见。

每日读书，他能记诵万言而无只字错漏，十二三岁上更显示出了羡煞旁人的应试天赋——任人随意拈出一八股题目，朱彝尊须臾便能命笔千字，琅琅可观。

看着侄儿如此敏悟，朱茂晥不自禁颇为心酸：视此子学力，未必不是状元之才，但朝局渐乱，今非昔比，这应制文的本事还值不值得让他如此下死力气呢？

虽然最高功名只是个县学生，朱茂晥却依旧保留着世家的高度和眼界。某日深思之后，他对朱彝尊叹道：“河北盗贼，中朝朋党，乱将成矣。何以时文为？不如舍之学古罢。”

斯时的朱彝尊正当少年，本是名利心最盛之际，但他自小性情温和，惯以顺受，竟也甘心捺下性子就此潜心古籍，再不问科考。朱茂晥此后只教《周礼》《春秋左氏传》《楚辞》《文选》《丹元子步天歌》等，再不以时文相绳——而他的这句话，也确确在不久之后应验了。

两年后，李自成入西安，三年后，明思宗自缢，又半年，清世祖即位，纪元顺治。这一年，朱彝尊十六岁。

乱世之中，嘉兴一带的遭际令人不忍卒读，朱家的满门藏书，几乎全部在嘉兴城破之际毁于兵火。

清军初下江南，南明将士慌乱之际多一触即溃，散兵游勇找不到主将，更每见沦为寇盗；而柔弱的江南士子们，国破之际却大多选择用自己的方式从容尽节。

朱家第一个站出来抗击清军的是朱彝尊的六叔祖朱大定。嘉兴城破时，朱大定身踞碧漪坊，挺剑当门，护卫存活了坊中诸多妇孺。及至嘉兴长官战死，他更带领民众奋勇抗争不怠。

然而斯时条件艰苦，不数日，年事已高的朱大定患了痢疾，不得已退居父亲朱国祚的墓堂卧病指挥，最终清兵增援，寡不敌众，被俘押运杭州，不屈而死。

给朱彝尊触动更大的是进士黄淳耀。这是他少年时唯一真正服膺的时人，与八叔谈及其文章时，不假思索即能开口成诵——黄淳耀素来主张文章经世，言之有物，一扫崇祯一朝绮丽纤靡的文风，斯时亦是拥趸无数的。

顺治二年（1645），剃发令下。明末被朝廷打压早已赋闲在家的黄淳耀在嘉定自发组织乡兵，呼应扬州、无锡等地群起抗清。这个文人出身的中年人在孤立无援的情况下领导义军守城二十余日，最终在城池陷落时不愿受辱，与弟弟双双自缢于嘉定西林庵中。

嘉定人说，他死时血喷于壁间，入砖寸许，历久不灭。月余后前来为他收殓的无等法师还曾在血印旁含泪题写了“留碧”二字。

得知此事，身处丈人家老宅的朱彝尊拿着黄淳耀那本他已能通篇成诵的《陶庵集》呆立在门前，难过了很久。

而朱彝尊的婚事，就是在这样的战火兵隳中匆促议定的。

岳父叫冯镇鼎，是归安县儒学教谕，也即县学中负责文庙祭祀、教诲生员的教官，相当于乡县学校的校长，近年也住在碧漪坊。

冯镇鼎交游广阔，兼能诗词，年逾四十方得了第一个女儿冯福贞，小字海媛，珍如掌珠，专门请了塾师教她《毛诗》《孝经》等，培养得谈吐不俗，以至于邻人费姥见过海媛后都特地去跟朱彝尊的母亲唐氏夸赞：冯家大女儿既贤且慧。

唐氏问明女孩儿的生辰，见年龄与朱彝尊相差不远，动了心意，与朱茂曙商量想请费姥代为提亲。

论及攀配，这宗亲事冯家与朱家实则是各有不趁的：门第上论，乡县校长和相门子弟实是差得太远，但从现况讲，朱茂曙家计窘迫，家里三个儿子都未成年，却和冯家又不能比了。

骤得提亲，冯镇鼎既喜且忧。他对朱家的现状心知肚明，担心女儿嫁过去要受委屈，但因提亲当夜梦到朱家故相朱国祚“衣衮造其门”，想起这位清介的前贤，冯镇鼎最终还是决定允可这桩婚事。

媒虽作成，朱家却连聘礼都拿不出。最终，朱茂曙与兄长议定，让朱彝尊作为赘婿住入冯宅，即所谓倒插门，一切婚用，便全权由冯家操持。

于是，在国变之年，朱彝尊匆忙间忽然从大伯家的过继儿子，变成了冯家的上门女婿。

行婚当时，大乱已成。朱氏一门除朱大定据守嘉兴，余人各自星散天涯，亡命而去。朱茂曙带着朱彝尊的两个弟弟狼狈奔走，先迁夏墓荡，又奔塘桥北，夫人唐氏也在这场逃难中撒手病逝在一家小乡舍里。战乱之时，人众易招祸患，为唐夫人草草殓葬后，朱、冯两家决定分开逃亡。

朱彝尊是个虔孝之人，依他本心，自然是舍不得父亲和弟弟的，但奈何已成婚入赘，身份尴尬，分手当头也只得拜别父亲、嗣父母，转而跟从丈人一家逃到了练浦的冯村。

练浦在嘉兴县东南三十里，是冯家祖居之地，地处较偏，一时尚未被战火波及。但家国破碎，母亲新丧，朱彝尊显然也并无心思和新婚妻子海媛多作缱绻。他小心翼翼地侍奉丈人、丈母之余，只兼带授几个妻妹读书，未曾稍示性情，而大抵也就在这一段时间里，他和他一生最爱的女孩子有了最初的接触。

这个女孩是他妻子海媛的三妹冯寿贞，小字山嫦[①]，这时还只十一岁。

冯家四妹、五妹年纪小，全赖母亲抚养，二姐禄贞已嫁人，日与夫郎相随，唯行三的小山嫦初能自立，日常则只与长姐海媛亲近。朱彝尊初赘，事事不得不从权，练浦冯村老宅溪田环绕下仅有板屋数间供一家居住，欲避嫌也无多处可去，故而初时每每小山嫦跑来腻着姐姐嬉闹，他便只得出去和连襟姚澍一起坐在屋外树荫下读书——两家藏书均多已散佚，乡舍里能找到的只有一些金元院本，所幸朱彝尊惯于逆来顺受，择得一卷白朴的《秋夜梧桐雨》，一样读得神驰心往。

学问被迫搁下的几年里，他幸运地找到了新的寄托——作诗。这动念由来于冯镇鼎一位诗友王廷宰的某次来访。

朱彝尊性情内敛，素来不好张扬，丈人家来了客人，他每每只居末座含笑相陪，从不多话——而自然，这却使冯镇鼎的旧交们对这位门第既高，生计却窘的世家公子更生兴趣。

王廷宰自己能诗，见朱彝尊文质彬彬便生好感，举杯问道："孩子，你学过诗吗？"朱彝尊老老实实答道："不曾。"

---

① 多有版本因《静志居琴趣》推定彝尊妻妹小字静志，我固不以为然。此依吴香洲先生《秀州风怀》中考据："冯孺人名福贞，字海媛，依例推寻，冯氏诸女必以贞字排行，齿居第三，必以寿为名，山为字，取福山寿海之意。所谓巧笑元名寿，妍娥合唤嫦是也。"

王廷宰笑着说："诗这东西，有人一学便会，也有人学一辈子都作不成，不知你是那一类。这样罢，不如你试接个对子让我看看如何？"

对子是朱彝尊六岁时便远出侪辈的。或是为酒至微醺，或是因被激发起了久违的少年得意，朱彝尊这次没有守拙。

王廷宰不停出人名对相试，朱彝尊也便不停从容应对，从"顾野王""沈田子"，"郑虎臣""沈麟士"，"蔡兴宗""崔慰祖"，"萧子云""任伯雨"，始终珠联璧合，滴水不漏，及至对到后人所熟悉的"柳三变""张九成"，王廷宰终于大为叹服，对冯镇鼎说："这孩子联语作得如此之好，以后必然要以诗名世啊。"

这话说对了一半：能诗者必能属对，而反过来看，善作联语却只是诗翁的一块台砖而已。工联者往往聪明机巧，学述兼博，尚有摆布跳荡的手段，但做诗人，于此之外还需有敏锐的感知力和真诚的表达欲。换言之，无论性格是内敛还是张扬，他必当有高于常人的感染力和被感染力。

朱彝尊倒恰好两样俱有。

朱是个外致温润，内怀缠绵的人，为着自小过继，长而婚赘，他年齿稍长便颇擅无可无不可地于人事间容与周旋，但在这周旋之外，朱彝尊却也始终未曾麻木地把自己完全交托造化气运。

他十余岁便知晓用中年的圆融自保，却一直没放弃以少年的好奇心去阅世——在沉稳性情隔档出来的安全区里，他对自己内心的触觉实则是更乐于放纵的。如香雾帘幕后的箕坐，再端严守分，人也总需有个伸展的角落——后来他为人久所诟病的“盗姨”之过，自也是出于对情感这样的隐秘放任。

诗是二十岁的朱彝尊在精神世界里找到的第一场迷恋。

他在《高户部诗序》里老实地描述着自己学诗时的狂热：“起居饮食梦寐，惟诗是务。六经诸史百氏之说，惟诗是资。席研之所施，友朋之所讲习，未尝须臾去诗也。”以他的天资和根底，如此学诗三年，自有所成。在冯家的支持下，朱彝尊褪去了早期丈人山下的羞涩，日渐跻身当地文坛，识交了一干乡贤。

新朝之下，江左遗老不肯出仕，大多以结社论诗聊作消遣，文人多心，就中不免惯有结党非异的习气，而朱彝尊往来相从间，却始终保持着合宜的距离，从不肯涉足他们“兴诅誓，树同异”的是非之中。或正因这中正平和，时人反而益发尊重这位相门布衣，渐渐地，朱彝尊的名声在江左一带传开，而家中那间小小的宅子，也成了当地文人惯爱造访的处所。

冯家姊妹众多，老宅又狭，酒朋诗侣日相往来，久之自然多有不便，兼之寇盗未平，冯家几度狼狈搬家，每况愈下，渐渐难以支持聚居度日。得知公公朱茂曙身体亦日渐虚弱，十八岁的妻子海媛便建议二人索性搬离冯家，去塘桥侍养公公。

冯镇鼎心疼长女，想从所余不多的土地中分出二十亩田券给小夫妻，海媛却坚不肯受，说：“用父亲的田地收成来养活公公，这并不是侍养之道。”她简单收拾了几件行李，二人像朱氏的祖父大竞公一样，“敝衣一簏”，便相携往塘桥梅会里去了。

在日益增多的访客面前，海媛一直努力地维持着朱家的门面——每有客至，她总要摆办起最好的酒肴相待，有时宾客聊到兴至要小住数日，时逢窘迫，海媛竟不得不典当自己仅有的几件首饰去换酒，但她却从未因此抱怨。许多年后，朱彝尊在妻子故去后的行述中回忆道：“花钿无多，尽付质库。昼夜纺绩以赎。客至复质，如是以为常。”

如此贤妻，确实不曾辜负母亲唐夫人当年的期许。然而遗憾的是，虽然已经有了两个孩子，朱彝尊却依然不能真心珍爱这样的贤孝。

海媛和他实在太过肖似。两人都早早被装在了继子赘婿和长姐贤妻的壳子里，努力经营维持着一份无关紧要的安稳。他们之间不必交心，只因对方的难处自己本也在日日同历。他们不能昧着良心去爱彼此的面具，而在这样的难处之下，他们对伴侣温定的面具后面藏着怎样哀惧的形容，也并没有有神会的勇气。

朱彝尊说起梅会里这段日子时曾有这样一段回忆：“每晦夜，婚后赁居梅里一旧屋，满屋梁皆白光，墙下鸡嗝嗝有声，女巫来言，发之当得金。孺人谢曰：‘吾夫家累世显官，可以不贫。今贫若此，天也。非所得而得之，天其殃之矣。盖居是宅十一年，未尝萌一念及室中之藏焉。’”不足二十岁的年纪，海媛已甘心将所有因遇推归命数。因为对代价的恐惧，她已不敢领受命运多一分的馈赠，这种认命的安顺委实令人心疼得切齿。

无论如何，海媛的经营究竟为朱彝尊在梅会里赢得了一些名望，开馆授徒，补贴生计之外，他终在某次结社赋诗时结识了一位重量级人物——他后来一生的挚友和贵人，曹溶。

曹溶算是同里一带颇有名望的前辈乡贤，大朱彝尊十六岁。他本是崇祯一朝的进士，与朱彝尊的叔叔朱茂曝有同科之谊，明时官拜御史，鼎革之后仍授原职，因此在后朝眼中是不折不扣的贰臣。

然而，虽然身仕二朝，曹溶却又一直和大批反清、抗清的义士遗民多有交好，诸如顾炎武、黄宗羲、傅山等人，都曾是他的座上宾。青年朱彝尊的心中依然是深深追缅着故国的，但纵在这样鲜明的立场下，他也能看得出这位同乡前辈有诸多不得已。

“回望神州，重重遮断，唯有翻空絮。岁华贪换，刀环落尽，草际夕阳如故。嗟同病，南冠易感，登楼莫赋。”在曹溶的词作里，是处可见这样心恋故国的委曲隐衷，但在这哀思之下，身在官场中的他究竟对“朱火淡东壁，谡谡清钟举”

的现实看得更明白些。

因为心念与朱茂曙的旧谊，曹溶对朱彝尊始终挚诚相待。当然，他也是真心喜欢这个文质通人，却谦逊温和的年轻人。在一次次诗酒流连中，看到朱彝尊的窘迫，曹溶当即举荐他去自己的好友杨雍建的府上做西席，教杨家的孩子杨中讷读书。

杨雍建当时在广东高要县做知县，酬金非寡。然而此行究竟要千里跋涉，斯时正值海媛重病高烧七日，几至备殓，虽终于转危为安，但视其境况，实非夫郎所该当出行之时，可是朱家早已入不敷出，实是贫苦难堪，为了生活，朱彝尊虽百般不放心病妻老父，终究还是去了。

“梦断梅销岭，囊空陆贾金。枫林悲落月，苔石忆同岑。”在岭南的第一个春天，他寄给故乡诗侣们这样一首诗。梅销、陆贾俱是有事功于南越的，而朱彝尊的来日，却仍在断梦空囊之中。

一年后，曹溶调任广东布政使，特请朱彝尊入幕，又一年，曹溶知大同，朱彝尊也便跟着去了山西。

在追随曹溶的日子里，背井离乡的朱彝尊找到了另一种充实的快活。曹溶请他主要负责的事情有这样几件：择选粤行之诗以甄录《岭南诗选》、椎拓碑文、搜访金石、鉴别考证、整理当地的文化遗产……这些无疑都是朱彝尊擅长而爱好的，也日渐成了他修书治学生涯的开端。

更令后人庆幸的是，在曹溶幕下朱彝尊开始学习填词——而正是这一次幕僚生涯，才有了后来世所公认的浙西词派第一人。

直到老来，回忆起曹溶时朱彝尊犹说：“往者明三百祀，词学失传，先生（曹溶）搜辑遗集，余曾表而出之。数十年来，浙西填词者，家白石而户玉田，春容大雅，风气之变，实由于先生。”

曹溶本身便是词学大家，他词风起于云间，转而“阐秦、柳之宗风，发晏、欧之光艳”，随即更不满于南唐北宋，追随清空骚雅的南宋诸家，这偏好的变化，恰也是清初出云间而入浙西的趋势。

他的诗学观很是辩证，不肯屈宗，也便能走得活。“所贵旨取花明，语能蝉脱”，是渐将情语分判的现代思维——无论词写到如何水准，有此思证便当致以敬意。

诗词一道，总要在传唱走到窘境时，才会回归语言，而只有回归了语言，才能见更多探索的空间，把残局做活。南唐北宋之词固然高举流转，但当在歌筵舞袂中走到“渐自知究竟”的一步时，它便已经失去了被后人所宗的资格。

及至南宋，词学走过了一段二维转三维的艰难探索，吴文英的七宝楼台便是见证词人和空间搏斗的一地碎片。当一笔画乃至简笔画走到极致也无法传达更复杂的内容时，点画法便会应运而生。用一个个小断续来生发出更大的堂庑想象，是让词不死的唯一办法。

历经明朝数百年的漫没荒芜，致用论独居上风，北宋的闲趣和南宋的沉忧都失去了踞蜕，人们的表达欲也便渐至枯竭。这枯竭之下，渐少有人乐于再去词的曲拍里拼取空间，语言的发展也随之凝滞。而江山易主之后，沦为异族朝臣的汉人们幽闷交生，遗失已久的表达欲也便重新被呼唤了出来。诚挚而多才的贰臣曹溶，也便正是在这样不能言说的伤感之下，激发了对词的思考。

在学词之初，能遇到一位肯于在身前擎火披风，不断探索的引路者实在是可贵的。而朱彝尊自身学力既高，心曲亦深，在曹溶身后，也便终于慢慢走出了属于自己的路。

在官方的说法里，朱彝尊早期学词的词集后来被辑为《眉匠词》。这一辑词总六十余首，通翻一过，词句清隽流转，但新意未多，也不见太多个人印记，小令学北宋，长调宗南宋，如是而已——如“隔帘春入燕先知”实为“春江水暖鸭先知”的作意讹变，而“歌扇影摇香月白，钿车声起暗尘红。相逢可惜太匆匆”直承小晏，“瘦影和烟，凉入隔花窗户”颇近玉田则更不消说。

有民间考据说这组词并非朱彝尊所作，而是出于一位乾隆年间名叫沈清瑞的少年词人之手。参见《“国立中央”图书馆善本书目》里措辞含糊的“《眉匠词》一卷一册，题朱彝尊撰”（而非“朱彝尊手书”），也确令人生疑。

我们且将《眉匠词》搁下不谈，朱氏词作广所流传者，当以《江湖载酒集》和《静志居琴趣》二集最负盛名。但令后人尴尬的是，朱彝尊词锋倍见出人处，往往在乎后者：一部只为妻妹山嫦一人而作的词集。

陈廷焯在《白雨斋词话》曾这样评述："《江湖载酒集》洒落有致，《茶烟阁体物集》组织甚工，《蕃锦集》运用成语，别具匠心，然皆无甚大过人处。惟《静志居琴趣》一卷，尽扫陈言，独出机杼，艳词有此，匪独晏、欧所不能，即李后主、牛松卿亦未尝梦见，真古绝构也。"况周颐《蕙风词话》中亦有言："或问国初词人当以谁氏为冠，再三审度，举金风亭长对。问佳构奚若，举《捣练子》云云。"

这首被推为清初最佳构的《捣练子》即《桂殿秋》，正出自《江湖载酒集》，也或许是大多数人听过的朱彝尊唯一一首词：

思往事，渡江干。青蛾低映越山看。共眠一舸听秋雨，小簟轻衾各自寒。

词确实好。犹所谓"至深至浅清溪"，清澈得令人摸不透厚度。

通篇摇摇曳曳，仿佛在一艘小船上悠悠行进——思往事，即复是一回渡江干。全词中，女主角只有青蛾低映这般一瞥中的残没影像，足见作者视角之遥远，也足见其内里之关心。

不肯抬头的是女子，又何尝不是朱氏自己呢？这样自知目光黏着，却只能垂下眼帘的姿态，如隔花照水，不知其止，实则正是朱彝尊的性格和审美所必然的取向。此后看到听秋雨，看到各自寒，读者乃不难知晓：词主人始终开启着一切感官，只除了视觉。

这样阻绝视线的传递，实远比细碎的修眉曼睩、红袖柔荑要更加绵密长久得多了。

冯氏一家在练浦塘东老宅居住未及数年，因战乱避地六迁，及至梅会里王店赁宅别居，朱彝尊接父亲朱茂曙同住时方才与岳家暂别。是以后人通常推断他与妻妹山嫦之间的感情，当是在定居王店前的屡次仓皇搬迁间生出。而词中这一回“渡江干”，也自是朱彝尊随妇翁家自冯村经练浦塘西北行至王店途中的故事。这一年，山嫦十五岁，已是知愁的年纪。

朱彝尊究竟是从何时对山嫦生出这份不同的情愫，至今已未可知。我们只约略能看到一些很散碎的片段。

他年长六岁，初赘之时，山嫦当未出童稚之龄。“两翅蝉云梳未起，一十二三年纪”，正是最欢活鲜妍，无忧无虑的时候。战乱生死之间，有个“走进蔷薇架底，生擒蝴蝶花间”的小女孩镇日长见，这在惯于操持循顺的朱彝尊而言，当也是一星有趣的点染。

写小女孩的词是古来惯有的，就中以欧阳修被污盗甥的《望江南》最为出名，后来还被金庸晚年裁剪化用，移给了黄药师与梅超风，引发三联新修一脉公案。

江南柳，叶小未成阴。人为丝轻那忍折，莺连枝嫩不胜吟。留取待春深。　　十四五，闲抱琵琶寻。堂上簸钱堂下走，恁时相见早留心。何况到如今。

欧公热烈，写人寄意，素来不遗余力，此词亦明白如话，难得只在闲叙中的耐心，如见茶叶在水里慢慢舒展，是欧词少有，但曰“留取待春深”，曰“何况到如今”，终究有一丝掌控感悬于人物之上。而同说簸钱，朱彝尊有一首与山嫦调笑的《鹊桥仙》更见轻俏。

辛夷花落，海棠风起，朝雨一番新过。狸奴去后绣墩温，且伴我、日长闲坐。　　笑言也得，欠伸也得，行处丹鞋婀娜。簸钱斗草已都输，问持底、今宵偿我。

簸钱始于唐时宫廷，及至宋乃入百姓闺阁。玩法大致是持四五枚铜钱于手中，拈取一枚三度抛起，在抛动时落子间隙拨动翻转余下数钱，最终一手扣覆，令同伴猜量正反，以定胜负。女孩儿家长日无聊，每每恃此为乐。

“几处簸钱声，绿窗春睡轻。”在大多文人眼中，铜钱落地玲珑之声只是这样遥远而亲切的背景音，独欧阳修在词中肯走下庭堂，亲看女孩儿玩耍——及至朱彝尊，则显然更未止旁观，而已好脾气地陪玩了数局。

《静志居琴趣》中，仓皇凄楚者有之，爱悦缠绵者有之，这却是为数不多一首写二人无虑共处的词。推算起来，所述当是练浦闲居时事。

小词起句颇具时间感，花落花开、当风带雨，如见豆蔻女童渐渐发身长大。而下起"笑言也得，欠伸也得，行处丹鞋婀娜"，则是在时间流上温柔地横向挑出了一角渡头，专任她一人欠伸巧笑。就中看去，似是女孩子百无聊赖，一刻不能消闲，然而以弗洛伊德之解梦说回视，在自己布置的词境里安排如此无序游走的闲笔，却实是旁边静坐的朱氏心如飞絮的映照。

二结一出时间，一出空间，均是絮絮闲话。"且伴我、日长闲坐"是软语商量，而"问持底、今宵偿我"却隐约有一丝调笑的味道在了。与女孩言及"今宵"却丝毫不见亵昵，温存之间自有骨力，最是其难得之处。

伴着这样的丹鞋声响，朱彝尊在他的年谱中淡淡地治学、作诗、访友、持家。他等待着出人头地，也习惯了心平气和。在他行居坐卧的余光里，小山嫦渐渐长大了。

从词集里看，少年朱彝尊一直在这个小女孩身上维持着二三分注意力。先头或只是出于保护者的怜爱，后来则似渐有了几分将心比代的意思。"唤作莫愁愁不绝。须未是、愁时节。”历经国破、家分、离乱、丧母的朱彝尊自然是更有资格说愁的，而肩负如此沉重的他看到一个被保护得极好的小女孩那一点闲愁时，却依旧心存呵怜，只在旁温柔地看她煞有其事地“绾同心结”“拜初三月”，这或是诗人自觉的悲悯。

倘使冯家的日子就在这样抱团的定居、逃难、再定居、再逃难中进行下去，朱彝尊这晌温柔或许终会随着小山嫦的长大、定亲而慢慢消卸。但海媛提议下的分家提上日程后，二人的感情却似乎有意无意被这分别用力地推了一步。

行舟渡水，终点即是分离。这一次船行，当是二人定情之时。

在注定的分离下，朱彝尊松了一口气般地放松了自己素来紧绷的抑制，而也正因这放松，情事终成孽业。

冯家迁居，水路甚长，行至城镇，则常需下船买办，朱彝尊也便屡屡得以携山嫦上岸出游。按情理海媛当也是相从在旁的，但在朱氏录写的《朝中措》《渔家傲》中，我却从不曾见到她的影子：词中春光骀荡，花鸟惺憁，无邪声景宛然如见，而一派花光水影之中，穿梭其中的也只有一位亭亭少女。

兰桡并载出横塘。山寺踏春阳。细草弓弓袜印，微风叶叶衣香。　　一湾流水，半竿斜日，同上归艎。赢得渡头人说，秋娘合配冬郎。

词是宜雨不宜晴的文体，写春日难得似此灵活生香。由水入山，又由山回水，则当是词人自时流间博出无碍一瞬的特地安排。

上结叠词用得很妙——弓弓摹女纤足之象，声气也颇具动感，及至叶叶，为其亦有世代之意，则在承接细草的木叶声闻里，不免令人尚生出“人情叶叶都如此，世路悠悠古所难”的牵想，得以自衣香宕入时空。下片自时空回归现实，作者牵出渡头人语，实是时间与空间之外自下的注脚，如弗洛伊德所谓梦中“客体替代主体”之道。秋娘冬郎之喻或非实典（秋泰桥渡是妓典，而冬郎雏凤之喻，用此亦非恰），止一秋一冬，与前春阳迁连流转之下，用此则有少女款款长成，而檀郎却经霜气冷的难称之叹——两个成词称呼之下，词境即自喧丽转往萧条了。

一首写罢，还嫌不够，及至《渔家傲》，翻头重味，则痴心亦不免渐自生出回照。

淡墨轻衫染趁时。落花芳草步迟迟。行过石桥风渐起。香不已。众中早被游人记。　　桂火初温玉酒卮。柳阴残照柁楼移。一面船窗相并倚。看渌水。当时已露千金意。

上片春游，下片行舟，较之前作之细密交织，此作则是前后相峙，互不相夺。

春游的视角依旧站在女主角的背影之后，没有视线交织，唯见女郎一袭时新的单衫，一种姗姗的姿态，和一段趁风而来的暗香（即前作“微风叶叶衣香”所谓，这香气想来大有木婉清香药叉之风，颇令历者难忘）；而下片则是舟中闲坐的家居情境。

桂火即桂帐，自是锦幄初温，炉香不断耳。视此情境，则酒必非出于长辈出席的寻常家宴，而当是海媛为二人驱寒所特备的。在这酒晕灯影中（不言桂帐而言桂火，乃朱氏用光手段），船续续前进。柳荫残照，是别离将至，余情难返之象，言至于此，乃有心曲独露，再难自已。

不同于前作，词到此节，二人忽而有了视觉交互。所谓看渌水，即二人并看水中，终在波光形影里成其眼神胶着，即所谓“已露千金意”了。

少女羞情微露，而迁船也摇摇缓缓，终于行到王店。至居王店，姊妹遂分家，海媛随朱彝尊照顾老父，山嫦则依父母居。因盗寇不绝，朱家又有数迁，先由接连桥搬到樊楼，之后终定居荷花池上。

若二人情分至此而终，发情止礼，也未必配不起一句清好。只可惜日子终究要过下去。

数年间，山嫦的年齿已大过了海媛出嫁的年纪，时局稍安，冯镇鼎便也为她许了婆家。这段许婚我们能看到的资料不多，只在《风怀二百韵》里的“夙拟韩童配，新来卓女孀”中略微能看到端倪——山嫦的未婚夫福薄，未及新娘过门竟便先死了，这也不得不令人怀疑冯家或者是将她嫁去冲喜的。

无论如何，女子未嫁丧夫当非吉象，再度议婚之说也便不得不又搁了数年，而自然，“渐于牙尺近，莫避灶觚汤”，山嫦也就又有了许多去姐姐姐夫家探访小住的日月。

在朱茂曙垂顾下，朱彝尊也只妥妥帖帖地伴着海媛起居生活。

他开馆收徒，结社论诗，几年间和海媛生了二子一女，也经历了长子德万早殇的痛彻心扉。但在年谱之外，我们依然能窥见朱、嫦二人日常来往间眉梢眼角的波澜，《风怀》诗中淡淡一句“有时还邂逅，何苦太周防”，细味起来颇见前路难期的苦涩与甜蜜。

而这样的“周防”，终于在某年元夕留了一角罅隙。

山河鼎新之后，江南诸多节庆日渐恢复如例。冯家姊妹多，每年的元宵节灯市便成了冯家妇孺得以如闺中一般嬉游相聚的所在，而家中的男子们，则可趁机在书斋享得一角清闲。

这年的元宵节，看灯之后早早归家的朱彝尊独在庭中，默抱追盼，而山嫦也辞别姊妹，独自潜还。仿佛各自有待，也仿佛无意相逢，在元夕这样古所有之的情人节里，二人终在一个无人的回廊见了一面。

令节矜元夕，珍亭溢看场。闹蛾争入市，响屧独循廊。
枨触钗先溜，檐昏烛未将。径思乘窘步，梯已上初桄。

“枨触钗先溜”，落钗之事在朱彝尊的诗词中数见频出，想有实指，但当也不免令人思及李易安的“见客入来，袜划金钗溜”——只易娇憨为枨触，却更见咫尺天涯之叹。

这一支金钗，不知是否后来朱彝尊写下“金簪二寸短，留结殷勤，铸就偏名有谁认”，又隔代经年被冒广生外公周氏在太仓某家寻到那只镌着“寿常”二字的簪子（冯三娘名为寿贞，字唤山嫦，是所谓偏名），但无论如何，总已是朱彝尊《静志居琴趣》里不可磨灭的一点光影。

“梯已上初桄”是用《大智度论》“譬如缘梯，从一初桄，渐上上处，虽高虽难，亦能得至”，既实写少女登楼而去，又有后缘今始，挫里追攀之意。

那夜情境如何，外人自不得而知，我们只能依稀看出二人有过数语交谈，而后山嫦金钗跌落，转头奔上绣楼，而朱彝尊欲追未能，终究由她独往，恍如塞林格那句著名的“有人认为爱是性，是婚姻，是清晨六点的吻，是一堆孩子，也许真是这样的，但你知道我怎么想吗？我觉得爱是想触碰又收回的手”。

元夕私会当是朱、嫦二人情事又一关要，朱彝尊后来亦曾数次追想，而就中辞色最为分明的，是在一首《金缕曲》的上阕里。

枕上闲商略。记全家、元夜看灯，小楼帘幕。暗里横梯听点屐，知是潜回香阁。险把个、玉清追著。径仄春衣风渐逼，惹钗横、翠凤都惊落。三里雾，旋迷却。　　星桥路返填河鹊。算天孙、已嫁经年，夜情难度。走近合欢床上坐，谁料香含红萼。又两暑、三霜分索。绿叶清阴看总好，也不须、频悔当时错。且莫负，晓云约。

词作于山嫦嫁后重会之时，以金缕凄楚之调来制，原也合适。

朱氏用典，每如羚羊挂角，不着力却极妥帖：所谓玉清，是《独异志》中织女侍儿梁玉清与太白星下界私奔之典，而险追著语，当谓私会之提心动魄——“径仄春衣风渐逼”，想来是家人骤返，二人终于语未能详。后以凤写钗，乃以意设境，追一笔仙凡迢隔；而上结以李商隐“无质易迷三里雾，不寒长著五铢衣”为喻，则是人间天上，廊中楼上的相望而不得相亲了。

不知是否冯家对二人情事有所察觉，山嫦十九岁这年，冯镇鼎又为她许了一户人家。

这家人姓甚名谁今已无考，但自《风怀》诗里“青绫催制被，黄竹唤成箱。玉诧何年种，珠看满斛量。彩幡摇婀娜，漆管韵清锵。白鹄来箫史，斑骓驾陆郎”云云不难看出，当是吴门一富户，也为迎娶山嫦颇致了一番诚意。

朱彝尊就此有一首激烈得几乎不似出于他手的诗：“媒人登门教妆束，黄者为金白者玉。阿婆嫁女重钱刀，何不东家就食西家宿?”贫穷当前，清贵的旧家门第不堪实打实的黄金白银轻轻一击。较之嫁海媛时冯镇鼎为朱国祚的才名门风而允婚，则可知经过几番战乱，到嫁山嫦时，冯家的内囊也渐渐空了。

据吴香洲先生考证，山嫦此番行嫁，是从王店登船，经马王塘，过濮院镇，出妙智汛、石灰桥，再东北行，以达苏州。“朝霞凝远岫，春渚得归艎。古渡迎桃叶，长堤送窅娘。翠微晴历历，绿涨远汪汪。日影中峰塔，潮音大士洋…… ”朱彝尊将沿途风景细细描述，每如亲历，不知是真的曾经行伴送嫁，还是只心随人远，“魂行千里，见黄河大江”。

这一年，他写了一组《闲情》，就中有这样的句子：“门前种树名乌桕，水上飞花尽碧桃。三里雾同千里远，九重楼恨十重高。”所谓乌桕树自是出自《西洲曲》的“西洲在何处?两桨桥头渡。日暮伯劳飞，风吹乌桕树”，言及恋侣暌离；碧桃花则脱乎“重门深锁无寻处，疑有碧桃千树花”，是隔院听笙，两不知处，而言及三里雾与上重楼，便自然还是那个元夜的生发。伊人已嫁，他便也只得在送别山嫦的七夕独作牛女之词，聊以寄意了。

山嫦嫁后，朱彝尊收拾起心性，浑若无事，如例酒朋诗侣，课徒购书，无一闲日。

几年间他行走了许多地方，譬如跟随叔父去南湖参加十郡大社，从而认识了后来与他齐名的陈维崧；譬如去淞江、吴门一带游玩，又专程探看了曾祖父朱国祚做何家赘婿时居住过的老宅；譬如去绍兴探视新任教谕的岳父冯镇鼎，并为殉明的黄道周、倪元璐祭扫；又譬如去山阴与祁理孙、祁班孙兄弟相从游冶。

此前一年，明鲁王逃到厦门，依郑成功自立。作为明代的遗民，在自身的情怨之外，朱彝尊更不能忘却的当是对故国的追思。

一些研究表明，青年时代的朱彝尊一直没放弃参与复明大业，而他的朋友中，祁氏兄弟也正是反清通海的倡议者。努力去做一些事情，或者也能略为熨平心底的相思。

而后，妻子海媛重病，朱彝尊为衣食行计远游岭南，追依曹溶，编书考古，转眼又是数年。据他后来的回忆中说："忆壮日从先生南游岭表，西北至云中。酒阑灯炧，往往以小令慢词更迭唱和。有水井处，辄为银筝檀板所歌。"在广东的岁月间，他日子过得较从前惬意松快很多，酒阑灯里，也未必便会少了柳巷花街一些逢场作戏。

生活重心日渐转移，朱彝尊和曹溶、屈大均等人关系也渐渐亲厚，仿佛已经将那段多年来的情衷彻底卸下了。两年后，为着曹溶调去大同，三十岁的朱彝尊踏上返乡之途，经过江西豫章时，他还兴致勃勃地买了五大箱书，一路负还。

这两年间，海媛已带着两个孩子迁居到了河西村舍——想是独立抚养孩子总有不得力处，故而要住得和父母略近一些。

一步步重归故园山水，朱彝尊的心情却反而转益沉重。“卜筑仍无地，来归转自怜。痴儿犹昨日，病妇已连年。”离开赏识他的曹溶和一众岭南诗友，回到熟悉的地方，他发现自己依旧是那个贫困无钱置地，要依靠病弱的妻子纺织操持才能勉强支持生计的赘婿。

或因在新居住着总觉不自在，朱彝尊与妻子商议迁回梅里。而就在搬家这日，他迎来了一个意外——二十四岁的山嫦归宁，探视过父母后来见长姐，恰逢二人买舟迁居，便决意索性随二人一道去梅里玩玩。

五年重见，往日那些被文旅仕途、国仇家计填埋得密密实实的爱怜、关心、倾许、离别一时还僵蜷在心茧中，未及缠绵蔓延——首先涌上朱彝尊心头的只有开心。

纯粹的、绝不同于他刚回家那组自怜贫病的诗的那种开心。

他择了《鹊桥仙》这个看来很是贴切的牌子写出了这段心情，留题很是简净，只落了个日期：“十一月八日。”

一箱书卷，一盘茶磨，移住早梅花下。全家刚上五湖舟，恰添了、个人如画。　　月弦新直，霜花乍紧，兰桨中流徐打。寒威不到小篷窗，渐坐近、越罗裙衩。

早梅花下即指王店梅会里。“月弦新直，霜花乍紧，兰桨中流徐打”，朱氏特地用了两个紧绷绷的字眼来交衬后文的“兰桨徐打”，即郭靖黄蓉长岭遇雨所谓的“前面也在下雨”，那索性慢慢行去罢了。

世外的大雨中，二人修得了一程水路间一扇小篷窗的缘分，终容以渐坐渐近。有前番缓急相凑，则结句便不见轻佻，反觉在转瞬即逝的逢会里，二人还不得一诉衷肠，尚须心肠百回，各怀试探，颇见苦涩。

舟行数日，终顺利乔迁，而山嫦也不能久居，不日便当离去了。

或是深感再见难得，不愿错过，朱彝尊再未拘束自己的行为，对山嫦屡行琴挑。这是他后来颇遭诟病不能自辩之处，但词中软语商量之意，在情人眼里却实在是动人心肠的。

十一月十四，“坐近越罗裙衩”的第六日。渊博的朱彝尊找到了书中一桩事典：“仲冬二七是良时，江下无缘与子期。今日临岐一杯酒，共君千里远相离。”

这是秀州精严寺一桩鬼故事中的诗句，说有女鬼柳氏与县令陶象的儿子嬉闹相约“仲冬之月，二七之间，月盈之夕，车马来迎”，而后被辩才法师一番宣诵经咒而悟，遂与陶子吟罢该诗，杯酒而别。故事是个很简单的故事，而代入“共君千里远相离”的萧索，却不免令人对仲冬二七这个日子生出一番来日无多的悔触与期盼来。

仲冬二七，算良期须果。若再沉吟甚时可。况熏炉渐冷，窗烛都灰，难道又、各自抱衾闲坐。　　银湾桥已就，冉冉行云，明月怀中半霄堕。归去忒匆匆，软语丁宁，第一怕、袜罗尘涴。料消息、青鸾定应知，也莫说、今番不曾真个。

“冉冉行云，明月怀中半霄堕”，视以《风怀》诗之“乍执纤纤手，弥回寸寸肠。背人来冉冉，唤坐走佯佯”自是形容女子“夜半来，天明去”之欲走还住之态，而“归去忒匆匆，软语丁宁，第一怕、袜罗尘涴”则是反用《洛神赋》，视之二人早年约定的“洛神赋小字中央，只有侬知”，则颇见几分自我嘲弄的意味。

“若再沉吟甚时可”，朱彝尊已浑忘了他当初假《洛神赋》自许的“收和颜而静志兮，申礼防以自持”，只如一孩童般执拗地等着山嫦的回应，而山嫦显然在他少见的坚持下，终于没有拒绝。

“啮臂盟言覆，摇情漏刻长。已教除宝扣，亲为解明珰。”在朱彝尊少见放肆的描述中，二人终成欢会。

在这段描述后半，有两句很透骨的诗引起了后世研究者的注意。“领爱蝤蛴滑，肌嫌蜥蜴妨。梅阴虽结子，瓜字尚含瓤。”蜥蜴者，守宫也，而瓜字含瓤以破瓜之说论（明清以降破瓜即多指女子破身了），亦有落红之意。结合前面提到过的《金缕曲》中“走近合欢床上坐，谁料香含红萼”，以及此后

《减兰》中的“一段归云。谁验蛇医臂上痕”看来，意思很明显：山嫦虽然已嫁近五年，但或因与丈夫不睦，此番仍是处子之身。

纵事不关己如我察知此节尚觉惊讶，遑论朱彝尊本人。

“绿叶清阴看总好，也不须、频悔当时错。且莫负，晓云约。”得伊人守身相待，朱氏原本克制的情感也日益恣睢决荡。二人数日日常相处，渐至难舍。

许多年后，朱彝尊在《曝书亭集》第五十五卷对杨贵妃入宫时是否处子之身做了很长一段讨论。“妃既入道，衣道士服入见，号曰太真……然则妃由道院入宫，不由寿邸。陈鸿《长恨传》谓高力士潜搜外宫，得妃于寿邸，与外传同其谬。张俞骊山记谓妃以处子入宫，似得其实。”

虽然这节考据多年后已被陈寅恪在《元白诗笺证稿》指谬，但对这桩公案的孜孜索求，或许也正来源于对山嫦的这一层发现。

在整件事情中，海媛的表现始终十分克制而温和。在时人的记载里，她只有过一回不算发作的发作。徐珂的《清稗类钞》中有这样一段记录：“竹垞平日尝矫夫人命召其姨。一日相约，俟夫人卧后作深谈，夫人微闻之，即先卧。次晨起，乃命老妪送之归。”纵在十分耻言尴尬的境地，海媛依然用装睡给这对情人保留了面子，在另一则记录中我们能看到她次日“笑问先生昨夜事，先生曰：‘无他，但怜才心切，小叙深情耳。’夫人终不信”。虽然未必全真，但此一笑间的隐忍难堪，依旧令人想来心酸。

然而，此刻的朱彝尊已全然无暇顾及海媛的心情。山嫦被送回父母家后，他只是任着自己纵情想念、想念，这样浑没顾忌的箕坐，似已几欲脱出香雾，曝露帘前。

当年新岁，二人终于又得一见。朱氏作《洞仙歌》称："别离改月，便恹恹成病。镇日相思梦难醒。唤连船渡口，晚饭芦中，相见了、不用药炉丹鼎。”从《风怀》诗中看，初一到十五，二人双飞双宿，所谓瞒人，似也已仅余了面上的一点敷衍。

绮衾容并覆，皓腕或先攘。暮暮山行雨，朝朝日照梁。含娇由半醉，唤起或三商。连理缘枝叶，于飞任颉颃。

朱彝尊有《渔家傲》调笑山嫦："众里偏他回避早。猜不到。罗帷昨夜曾双笑。”语渐放诞，不加收敛，全不似年逾三十，已有二子一女的成年男子。少始老成的他，在丧乱、离分、谋食、重聚之后，终选择了埋起头来，在一段鸳梦里当起了热血冲顶的小伙子。虽然在岁序和伦常的流掠下，这迟来的热血已显得那么狰狞夸张，不合时宜。

“听唱遍、青春蓦山溪，待拆了歌台，放伊归去。”他心中该当任性地决意，既固有一别，那便索性别前尽欢，别后也便无憾了。

欢会终将散场。“解道临行又开封，背人一缕香云剪”。归宁已久，山嫦终须返回夫家。百般缠绵，欲留无计，也便只能留下一缕青丝，聊慰来日思念。朱彝尊作了一阕《婆罗门令》留别，题目一例简净：“九日。”

渠去日、一帆春水。侬到日、也一帆秋水。怪道相逢，翻不是、相期地。无一语，只当相逢未。　霜风紧，霜叶脆。上危梯，九日层楼倚。楼头纵得潜携手，催去也、怨鹦鹉红觜。别时真惜，住也无计。此恨绵绵，讵已每遇登高会，便洒登高泪。

循环反复，春水秋水、遇会洒泪，是词家常见手腕，只质直清朴，语拼全尽，却犹似分缕未到，是至情人方能为此。

送别山嫦，总在水边，含悲商略，则每有高楼。

女儿绣楼无过十数级梯，但聚时非稳，别时能隔，当是朱、嫦二人间永远甜蜜亦无奈的距离——二人情词八十余首，我最爱的便是一阕高楼上下的《一叶落》。

泪眼注。临当去。此时欲住已难住。下楼复上楼，楼头风吹雨。风吹雨。草草离人语。

寥寥数语，无一费字，如短乐府。朱氏用笔，画境文质运转流丽，这则小令亦早已出离了线性行进的套路。每一小句，均有前因后果，交互环鸣，相映成象。

泪眼、风雨、离人语，语象飘零，离披屑瑟，破碎断续。“欲住已难住”胶合后文“下楼复上楼”，则得情肠往复，百转低回。

前之“临当去”，即是“楼头风吹雨”——画面陡然拔至高处，再无折冲，再无避掩，除却担当，焉得他途？方之冯正中同样居于画面高点的“独立小桥风满袖，平林新月人归后”，孤零寂寥相类，而凄惶萧索实已倍过之了。

此后二人亦多聚散。战乱未歇，山嫦夫家亦遭兵祸，为避难，她又曾数度投靠。朱彝尊称“天定从人欲，兵传迫海疆”，倒是颇感激这场战事，然而见之逾炽，别之逾恸，亦徒奈何。

二年后，曹溶荐朱彝尊赴山阴去宋琬门下做幕僚，为了家计，他也便不得不再次与山嫦分别。

这次去山阴，朱彝尊之所望除了酬金，依旧在为复国尽一番心力。在宋府间隙，他参加了山阴“通海”之举，屡屡奔赴西湖与诸多同道商议该当如何秘密配合郑成功、张煌言大军的北上之计。为此他也曾多次力邀请曹溶共往，不惜数次夜访游说[①]。然而曹溶究竟在官场浸淫多年，看大势要比一众前明布衣明朗得多，虽然多方暗中支持，但始终未肯亲身介入反清之事。当然，也正是因为他的不曾介入，后来才得有继续帮助一众志士的余力。

朱彝尊形容温隽，但并不是个善于伪装的人。不久，宋琬也发觉了他与山阴祁氏兄弟往来密切。同曹溶通书数次后，为防引火烧身，宋琬馈赠了朱彝尊一部分财物后终将他辞退，对外只称自己幕府小，用高才实是委屈。朱彝尊志不获骋，也只得收拾行囊，再度返家。

这一番游幕间，在海媛的默许下，朱彝尊与山嫦并未断绝音信。从一首多年后的《好事近》颇可窥知，二人始终多有通书往来。

往事记山阴，风雪镜湖残腊。燕尾香缄小字，十三行封答。　　中央四角百回看，三岁袖中纳。一自凌波去后，怅神光难合。

既及离绝，情语遂入高致。“中央四角”，是苏伯玉妻之“令时人，知四足。与其书不能读。当从中央周四角”。而“三岁袖中纳”，则自为“置书怀袖中，三岁字不灭”，音书中

① 有《夜过曹侍郎溶倦圃二首》可略见端倪。

相思别苦，不须多言。

在这回离别间，山嫦的夫婿离世了——距他昔日谨备彩礼，自吴门亲赴梅里明媒正娶之时算来，至多不过六七年光景。

史料中并无记载这个男子的家世名讳，我们也无由得知他的苦乐悲欢，但从海媛的际遇也能推知，这许多年来，他的婚姻亦必不快活。他死后，山嫦在婆家亦承受颇多非议，积忧病倒，索性彻底搬回了父母家——朱彝尊归来后，也便顺势接过了照顾她的差事。

山嫦虽尚在病中，但既无名分羁绊，二人幽会，便更未为少数。“力弱横陈易，行迟小胆慌。留仙裙尽皱，堕马鬓交鬟”，与《风怀》诗参看，下《洞仙歌》亦出山嫦新寡后事。

城头画角，报横江舻舳。催上扁舟五湖曲。怪乌尼噪罢，蟢子飞来，重携手、也算天从人欲。　　红墙开窔奥，转入回廊，小小窗纱拓金屋。随意楚台云，抱玉挨香。冰雪净、素肌新浴。便归触帘旌侍儿醒，只认是新凉，拂檐蝙蝠。

虽写偷情之事，亦未落美成之荡，率而不昵，是竹垞高处。而从此词亦可见，二人私会行迹虽未全露，亦已渐入常态。或者朱彝尊已有打算待她居丧期满，能与冯家合议，姊妹同娶，但他最终没有等到这个机会。

一年后，康熙帝继位，“通海案”发，山阴好友魏耕、祁班孙等人或被杀、或被捕，朱彝尊也被通缉，不得不匆促出逃。曹溶百般襄助，最终为他引荐至永嘉王世显县令署中作记室，得以避祸，而就在同年，岳丈冯镇鼎也因病辞世了。

曹溶怜他孤寒，邀他来大同追随自己。而自此一去，朱彝尊再也不曾见过山嫦。

两年后，山嫦死在了家里，虚岁三十三。

虽然没有任何记录凭据，但我们不难推想，在生命中最后数年中，山嫦过得必不顺遂。未嫁死一夫，嫁后复死一夫本已易招非议，孀居归家，父死依姊，海媛多年隐忍，想来也已很难再与她亲密如故。

那个少女时代无忧无虑地簸钱扑蝴蝶，喜欢穿着红色鞋子、淡色衣衫，娇憨又温柔，羞涩又坚定的女孩子，终在一片难堪的谣诼声中抱病而终。

万里将行，剪灯重伴西楼语。远书欲附。细把邮签数。
风雨江头，不许离人去。离人去。断肠归路。秋草真娘墓。

匆匆返家的朱彝尊终于只剩了去她墓上一哭的缘分，而这哭，却也颇含着名分不正的尴尬。这一年，将逾不惑的朱彝尊再没顾及任何流言，将十年来只有两人见证过的近百首情词公之于众，编成《静志居琴趣》一集，一时文林四惊。后又数年，《风怀》诗成。

及至他功成名就的古稀之龄，朱彝尊仍坚称“宁拚两庑冷猪肉，不删《风怀二百韵》”。朱家诗礼传家，所求无过是享留文名，入儒林传。而朱彝尊犹豫再三，宁可失去他终身追求的配享孔庙之荣，最终也未肯在文集中删却此诗。

镜心浪影，江湖风雨，种种堪与不堪，也便终于成了后世的佳话。国变之间，朱彝尊的前半生实无一事能出乎自己裁度。他负了妻子，也未能对得住妻妹，但在这种种相负中，他又实则不曾为自己的情愁起过半分争掌的私心。

三十余年后这点无谓的决断，或者是他这一生能付予山嫦唯一的东西了。

对于很多人而言，人生的落幕往往在矢志所求终被宣定无望的一瞬。视以人逾不惑的朱彝尊，爱人既逝，抗清难成，似乎其一生究竟，已当大抵可知。

然而事有偶然。难能爽烈的人，总要多些难折的韧性，朱彝尊的成就，却正得之于其少年梦破之后。

在外避祸的日子里，他曾先后在王显祚、刘芳躅、曹溶、陈上年等人处游幕，就中所得犹以居太原时最多。斯时一批以文知名的前朝遗民多聚太原，如昆山顾炎武、岭南屈大均、富平李因笃、太原傅山等。

山西的官员多为降臣，如曹溶一样，这些无奈仕清的旧文人多肯给予这些前朝士子们格外的优容和推敬，也颇加心力为他们安排了合适的公务。在岭南曹溶幕下时，朱彝尊便常做些辑词、考录的事体，而在王显祚处，他此番长处则愈发显见。

王显祚性情豪侠，与傅山交情尤好，曾为其置宅居住（傅好碑学之始，正由来于晋中王氏的资助），对朱彝尊也是颇加尊敬，解衣推食，敬为上宾，尝有以千金白玉碗置酒同饮，落手不惜之事。

在幕主们的纵爱之下，朱彝尊获得了相对自由的学术空间。如十年前在岭南一般，四十岁的朱彝尊在古迹中孜孜追索行游。冢墓废墟、祠堂佛刹，靡不求索——只是这番，他心里已不再有那一缕留命待桑田的拘泥挂碍了。

少年已老，魂梦都安，为词锋或是憾事，以治学却恰在得所。朱彝尊与顾炎武、傅山等人一字一字揣摩温想，终承晚明实学，成了清代考据学的第一批拓荒者。

这样的追寻中，朱彝尊渐渐显露出了老态——无论形容，抑或心境。四十二岁上，儿子昆田新得一子，他当上了祖父，自这年客居时一首写雪的《辊绣毬》中不难见得，词人背影已见佝偻：

寒雀敛层檐，正万里、同云催暮。去年曾记，梅花溪上，童孙喧笑，纷纷团就，玉狮盐虎。　　回首乱山如许。对孤烛、异乡同住。遥怜千里，老妻无恙，竹坨门掩，多应压遍，小园高树。

方之前两三年意气仍存的情词，朱彝尊此时的笔墨已渐至醇和雅驯，声气也沉回了文人画中面目朦胧的名士形貌。

词中不难侧见，海媛也老了，或者说，虽然比山嫦只大四岁，但在朱彝尊的词作中，海媛好像从不曾年轻鲜活。他们是默契的伙伴，在多年的合作中，纵然没有爱情，也总有几分共事相安的依赖。无盐餐饭，终究亦能果腹，钝化起味觉，一日日熬过也便是了。

令朱彝尊尚觉稍稍能挺直腰板的是，年前在济南刘芳躅处游幕之时，他赚得了一份不薄的束脩，终于得以将父母灵柩合葬，又在嘉兴一处竹林畔购置了一处宅子，自此以竹垞为号。后来昆田的婚礼，也半出此资。

这趟游幕，总算让镇日依旧在典当铺里谋短债的海媛稍得松快了些，究竟半年前她还在为朱彝尊贫病离世的乳母叶氏“典衣买棺而殓”，频繁写信催朱彝尊赶紧寄钱回家。

次年，游滞扬州江都的朱彝尊无意偶逢了故人——项元汴之兄项笃寿的后人。

朝代更迭，山河鼎新，朱氏身家微寒固与前明无二，而当年藏甲一方的天籁阁、万卷楼两门项氏如今也已各自流落江湖，生计偃蹇。这位项氏子“称有万卷楼残帙”无处安排，朱彝尊犹豫再三，终还是“畀二十万金购之”，避免了这些珍贵的善本沦于市商，而当然，为此拼力一购，他的生计也便再次陷入了贫顿。

在海媛的埋怨中，朱彝尊打叠了十二分精神整理着这些珍本，心中也不免悲凉：上一番从岭南返回梅里时买回的五箱书已在“通海案”避祸时被海媛尽数烧掉了，这次购来的一批残卷是他好不容易再次攒起来的家底。然而，一次尚能支撑，下次再见遗珠，又能如何？他想起与曹溶相交之时，曹曾数次向自己喟叹过挚友钱谦益藏书“好自矜啬，傲他氏所不及，片楮不肯借出”，最终绛云楼大火不及救援，致令无数孤本付烬，而抢救回来的那些残本，也因钱家后人不善察辨（如不辨《陶渊明集》之宋版与宋庠版之分）而多见折价流落。

经历且耳闻了太多书事，朱彝尊渐渐感到作为一名仰人鼻息的幕僚，自己站在那许多需要保护的古籍面前是多么无力：善本多舛，而为学者资力年光却有限。阅事既多，眼界乃大，在这注定有涯逐无涯的求索中，朱彝尊自来的家国心力，也终而渐渐淡了下来。

他甘心去求索追挽那些在历史边角中存在着也消湮着的暮色。站在永恒的时间面前，是清代还是明代，是降臣还是遗隐，那些少年时候的执着于他已不再重要。游幕的生涯已经消磨了他太多光阴。“每一念及，志已降矣，尚得谓身不辱哉！昔之翰墨自娱，苟非其道义不敢出。今则徇人之指，为之唯恐不及。”多年来他独坐首阳，诚然无愧家国，然而仰食周粟之人的鼻息而活，恐早不能再以气节自命。

在京中孙承泽处游幕间隙，朱彝尊有一首自题画像的《百字令》，艰难苦恨，令人颇不忍读。

菰芦深处，叹斯人枯槁，岂非穷士。剩有虚名身后策，小技文章而已。四十无闻，一丘欲卧，漂泊今如此。田园何在，白头乱发垂耳。　　空自南走羊城，西穷雁塞，更东浮淄水。一刺怀中磨灭尽，回走风尘燕市。草屐捞虾，短衣射虎，足了平生事。滔滔天下，不知知己谁是。

求隐无能，才位难副，多年的辗转遭逢，俱在过片“空自”一句叹开。自“一刺怀中磨灭尽”用祢衡“阴怀一刺，既而无所之适，至于刺字漫灭”之典，更足见其在京畿日久，已有出仕之心。

怀才不遇之语待出未出，如换旁人后半六字定要提高嗓门，用意恚怼以将词锋拔起，而朱彝尊和厚中正，却反手假荆高于燕市“相乐也，已而相泣，旁若无人者”漫没还尘，自消自解——不加一语于外，却是愈见抱闷有待，待而不骋了。

后文“短衣射虎”，自是借老杜《曲江三首》尾韵：“自断此生休问天。杜曲幸有桑麻田，故将移住南山边。短衣匹马随李广，看射猛虎终残年。”殿有前番二典，此射虎，则自草屐捞虾一铺腾跃而起。悲音之中不舍壮气，正所谓烈士暮年，壮心不已，方之纳兰容若少年时同样一句“算功名何许？此身博得，短衣射虎，沽酒西郊”，判筋力强弱则实不可道里计了。

在这样志怀不甘的跂望中，新朝廷投来了橄榄枝——康熙十七年（1678）正月二十三日，皇帝谕吏部开博学鸿词科，广纳博闻布衣。

彼时的清廷实亦并不安定，虽然南明早已荡平，但东北有沙皇俄国，西北有准噶尔，西南吴三桂以“朱三太子”为帜掀起三藩之乱，犹成牵扯，而东南郑成功退守台湾，亦有长图。纵然天下大势已判，但要防范动摇，安汉民之心，二十五岁的康熙帝无疑当在身怀故国之思的文人士子身上下更多功夫。

此番开科，新朝展现了足够的诚意。一百九十余名受荐者中遗民入荐四十三人，无论已仕未仕，甚至因事革职均不碍入荐，考前更命体仁阁为参试者设宴、赐茶果——较之在贡院溷厕般小格子中困坐疾书的常途士子，实见天地之别。为恐文人们不适，这一科的题目也颇宽松易行：仅作《璇玑玉衡赋》与五言二十韵的《省耕诗》各一即可，不设策论。

被迫入荐的许多江南儒士中，实则恐生事端不敢辞考的占大多数。但为全名节，许多人虽然参试，却有意在应考时胡乱答题，失粘落韵，以求不录。与朱彝尊同在“四大布衣”之列的严绳孙更是索性只写了一首诗，赋这一节则交了白卷。错误正要犯得无理，才好令天下人知晓。

然而，这点心思既要让天下人知，则康熙又焉能不知呢？可安人之际，他也只是雍容亲善，能留则诚心相待，特命评卷宽些，对有才名者莫加苛责，对执意求去的亦全不非难，最终倒颇博得了一些感虔。比如当年被破格录取的严绳孙，辞官时就百感交集地写了“何意片词亲简自枫宸，九死从今总负恩”以为谢恩。

一众遗民中，朱彝尊是较为配合的一个。他被举荐后便老老实实地带着儿子朱昆田赴京备考，为此，他也不得不承受颇多旧日挚友的鄙夷。

岭南的挚友屈大均嘲他“鸳湖朱十嗟同汝，未嫁堂前已目成”，持词辛损固然；平湖的词侣沈岸登在送他赴京时亦有一句“唤起阶前猿鹤问，还肯劝君留否？”掩藏在不忍深责之后的不以为然，却更刺人心肠。及至很多年后，尚有人称：“竹垞以明显宦之后，磨剑十年，结客五陵，声华藉甚，终不免于轻出，论者惜之。”以为白璧之瑕，不得少恕。

“一队夷齐下首阳，几年观望好凄凉。早知薇蕨终难饱，悔杀无端谏武王”。受荐之后，便自需将从前一切清介返影出的骂名一身担起，他避无可避。

然而朱彝尊真的忘却了故国么？我却只知，他上京之时身边珍而重之带着的，是一册自行收抄的《乐府补题》。

这是一本遗民词选——知南宋词史者该当明白这本小册子

的重量。元兵掘宋帝六陵后，宋室文人借分咏龙涎香、白莲、莼、蟹、蝉等物，悱恻迷离，哀情各寄，遂成此集。朱彝尊在题跋中特地点出了这一点："诵其词可以观志意所存。虽有山林友朋之娱，而身世之感，别有凄然言外者。其骚人《橘颂》之遗音乎？"

是隔代解人，又何尝不是夫子自道？参加博学鸿词科的许多文人多来访会赏读，蒋景祁更是出资"镂版以传"，一时争相效仿传和，仅在京的名流便有四十余人交出和作，加之异地传应者，一时竟有百余之多。

在这些几乎有些刻意的诚衷追慕中，不知藏着多少被荐遗民进退两难的酸楚。

那个十余岁便能作八股时文少年，在近知天命之年终于到京登考，虽然这一次他也并未能以功令文应考。

来到高祖朱国祚曾以状元之尊行经的午门之下，已剃发易服、华发苍颜的朱彝尊默然一晌，叩领新恩。殿试不久，朱彝尊授翰林院检讨，充明史纂修官。

甫入官场，他便领受到了许多在野时不曾臆想过的倾轧。从他给海媛写的信中可见，他这明史纂修的营生来得很是不易：几名阅卷中堂嫌他不来认门生，均"极贬我诗"，置于一等末，将一些"文有极不堪者，诗有出韵、重韵者"都排到他之前，终以康熙帝力排众议，虽对其"菖叶小于钗"句颇不以为然，但终称"一日短长，亦不足定人生平"，又说"斯人固老名士，故略之”。有此定论，朱彝尊方得以入明史纂修授以待诏。

修明史亦是朱彝尊一直以来的心愿，他也早有了许多主张。入史局后，他先后就明史编纂思路写了七封信交予总裁，对体例、凡例提出一系列见解，最终都被采纳。

固然朝卯暮申，颇多劳顿，亦因布衣中选，不免多遭谣诼，但在家书中他只称：“得再次受苦，须得二年功夫，史乃可完。”坚心苦撑，如是而已。

这封信中无意的一句“二年”实则是极具前瞻的。两年后，他因为人勤谨，学识渊博，被起为日讲起居注官，乃近御前；而后出典江南试，入值南书房，则愈见风光飞腾，这是朱彝尊一生中难见的辉煌时候。

数年间，康熙赐他皇城居住（在如今景山之北、黄瓦门东南），其友人钮绣曾称朱彝尊在康熙二十年（1681）上所受礼遇，远隆于进士及第。“迨其入芸局，典棘闱，珥笔禁近，受眷最隆。非常之遇，不且过于扶醉入钿、一朝释褐哉?”南书房本在乾清门内西廊下，而康雍时期皇帝正居于乾清宫，外人出入皆须奉旨，而朱彝尊却得赐以禁中骑马，至乾清门方须下马之荣，确是殊遇。

在这段时日中，朱彝尊也写了很多应制诗来答谢君王。

本作渔樵侣，翻联侍从臣。迂疏人事减，出入主恩频。短袂红尘少，晴窗绿字匀。愿为温室树，相映上林春。

应制诗多无可观，招致后人“杜陵诗格沉雄响，一著朝衫底事差”的讽评也便并不足冤，但就中可见的，也是一份压抑了数十年无处投向的气血诚心。

对朱彝尊来说，宫中是最好的治书所。公务闲时，他每每私下搜集古书善本，又时常带楷书手进宫抄录，以备考辑。受命出典江南试时，他更曾用黄金翠裘收买了江南名士钱曾的书童，趁其酒酣偷出他成书后不肯示人的《读书敏求记》，雇令数十位抄书人连夜誊出，以为观照。后来离开江南时，他特地向钱曾数度赔罪，并立誓绝不外传方才罢了，一时被同侪谑为“雅赚”。

带着一腔近乎天真的书癖，朱彝尊埋首研学，几不知身外何事，而可叹的是，最终他的仕途生涯也半为此折。

康熙二十三年（1684），入值南书房刚满一年的朱彝尊正在辑录《瀛洲道古录》，为此他利用在史局值班的时光找机会带了抄书手王纶入禁，抄录四方经进书。

他以布衣入录，又见爱于上，本已触动了许多康熙帝身边原以多才著称，却并无太多真学的近臣利益。因数十年山野的一派天真，兼之圣眷忽隆，不免丧失警戒，朱彝尊踏实公务之余一心著书，并没自觉有何不妥。

南书房本是极复杂的所在。“以深交中贵人、探索消息为声气，以忮忌、互相排挤为干力……苟非其人，即不能容”，而朱彝尊却是个最不肯结党的人。他全没察觉南书房中当年那位曾作词赞他“文采风流，问当代、谁为词客”的故人，早已“深衔之”，背后谈及他，竟会将手炉掷地，“忿然作色曰：‘甚么老成人！’”①

是以当掌院学士兼礼部侍郎牛钮以“漏泄”罪弹劾降官时，朱彝尊全无招架能力，陡然接到勒令迁出皇城的消息，心情上也明显很久不能缓过来。迁居之时，他凄然写下这样一首诗：“诏许携家具，书难定客踪。谁怜春梦断，犹听隔城钟。”

那本《瀛洲道古录》，终其一生，也没能编纂完成。去来无据，不外一场大梦罢了。

据常理，京官被贬，多是要回故乡养老，以待平反或调任的。但朱彝尊一直心存希望，虽然被迫搬离了皇城，却还是不肯还乡，而是留京迁居至宣武门外古藤书屋，期待着“将来补官，亦是京职，或于补官之日仍留词林”。

翻阅了一些海媛与他的家书，我约略也能明白他不愿返回梅里的原因——夫妻二人数年音问往来虽多，但历经山嫦一节，又兼生计磨折，书中内容早已无外钱银琐事，全无一语体己话了。

① 据李光地《榕村续语录》。

当然，也正因如此，我们能够更清晰地看到朱家真实的样子。

在海媛掌持之下，家中每日吃饭人口便有十一二人，姊妹媳妇之外，尚有仆役七人。此外，教授孙辈的私塾先生固要常年寓居家中，尚有些听闻朱家发达便来打秋风的闲人镇日往来。量米取油、烧柴稽器，兼之收地租等杂事，均需海媛一手操持，年老力衰，事体繁杂，当时也不免多有怨语。在朱彝尊未应考时，她曾来信称“就是你们在京做官，家里人亦要性命来顶带。就是我该属饿杀，家里一班小的难道多饿杀他不成?”当家主母的焦急无奈，栩然可见。倘二人还乡，自然便要立时陷身于种种家族式的冗务之中。

而这时的朱彝尊正打叠精神，准备编写一部关于北京历史和风俗掌故的《日下旧闻》。编书之辛苦与学古尚不尽同，其间搜集资料、考问索据乃至他年的寻人捐资作序，均颇难在家乡异地并行。是以纵然儿子昆田多次表示不能理解，他还是坚持想办法留下了——而自然，这意味着一笔极大的开销。

京官俸禄本不高，京师地价又极高昂，是以大多士大夫均需租房而居。朱彝尊准备搬去的房子在海波寺街，是清代开国贰臣金之俊所建，因宅中移植了两株紫藤花，故而名之为“古藤书屋”。

书屋建成以来数度赁出，寓居主人均为才子名士，如朱彝尊相熟的龚鼎孳、何元英俱曾在此居住过。朱彝尊自己十余年前来京，到此过访何元英还曾数度留诗，是以也是熟所。

院落虽小，但历经诸多文士打理倒也颇见雅致。“庭有藤二本，柽柳一株，旁帖湖石三五，可以坐客赋诗”。朱彝尊尤爱那两株古藤，及至后来搬走，还恋恋不舍留有“藤花又让别人看”之句。

根据记载，直到1953年这两株古藤仍在院内。张江裁的《朱竹垞先生故居记》中称：“馆内犹胜紫藤二株，尚未伐尽。春花夏叶，虬柯未改。”教后人替朱彝尊多领了二百年的芬芳。然而及至今日，海柏胡同16号院已颇为破败，只留有一座曝书亭，其余花木，却已均不复存了。

这番迁居，虽因出宫之故难得再复抄录地方上陈的许多珍本资源，但居所毗近慈仁寺，书事之所失所得，则又堪可打平。

慈仁寺又称报国寺，在如今广外大街北侧，因顺治朝颁移城令将汉人驱于城南，周遭渐成汉官、士子聚居之地。

博学鸿词科后，应诏入京的许多藏书家被迫长居于此，相互间有了交流需求，是以位于各省会馆中间的慈仁寺也便应运成了当时一大书籍流通所在，有称“殿前廊下书摊相连，寺周街巷书铺林立”，且长年设摊，不似庙市聚集仅在每月朔望及二十五三日。我儿时在父亲带领下亦常往来于其间，陪他购置过数幅字画，可见数百年来，此所聚集虽衰不灭。

朱彝尊居住既近，有此所在自然如获至宝，常流连不返，在京所置书籍，十九皆出于此。而关于慈仁寺，我所感触的却是另一个小段落：

盖尝以月之朔望，观于京师慈仁寺……见陈瓷碗，争视之。万历窑一器，索白金数两，而宣德、成化款识者，倍蓰焉。至于鸡缸，非白金五镒，市之不可。

慈仁寺之文物集市亦是京中知名，明朝覆亡后，皇宫旧物多有流出，集散轮回，也便难免。朱彝尊购书闲隙见到这些瓷碗时，便不免勾动了这样的回忆："彝尊儿时，见先王父母治酒食，燕宾客，瓷碗多宣德、成化款识，近亦嘉靖年物。酒杯则画芳草斗鸡其上，谓之鸡缸。若万历窑所制，至或下劳傔从，见闻所习，无足异也。既遭兵火，往时之杯棬尽失。"

昔年家中惯见之物，如今已是价高难购，只付错肩相见，再复忘却。故国今身，萧瑟如是。

为了节省开支，来京投靠尚未几年的海媛再度浮舟南下，回归乡里。朱彝尊说海媛劝他"君恩重，夫子且留，毋悻悻去"。这一个"且留"，便又是七年。

为了支持购书和人情开支，朱彝尊不得已在京内开了一家酒楼。对于这件事，想来他是自以为耻的，寻遍其诗文，均不曾见半句记录，只能从昆田给海媛的家书中见到端倪："父亲既不补官，又不出游。在京开饭铺，真属无谓。数次作信苦劝南还，终不决计也。"可见其无奈，也可见其坚持。

昆田究竟是不懂他父亲：朱彝尊看似苦盼新恩的停留，实则并不是无谓等待。孙承泽说："吾见长安客者，务攀援驰逐。车尘蓬勃间不废著述者，惟秀水朱十一人而已。”此方为切语。

在京的这些年并未虚度。康熙二十六年（1687），朱彝尊五十九岁，其编纂的《日下旧闻》四十二卷成书于古藤书屋曝书亭，次年刻印竣工。

这部书起稿于天桥的一座酒楼上，门人王原回忆朱彝尊著书的数年光阴时曾说：“先生自罢供奉，僦居宣武门外，日夕坐卧一室。藤床竹几，架上藏书万轴，围列左右。先生目不停披，手不绝书；又时时延访遗老，质问逸事。或摹拓残碑碣，攀崖俯涧，侧足重茧不惮困……其采稽考辨，可谓勤且瘁矣。”固见其勤虔，而冯溥所谓“风雨一编，青灯永久。人见其萧然阖户，疑有牢愁羁旅之思，不知其搜拾旧闻，订讹辨误，于古人角胜于楮墨间”，则又知其气志。

然而在这之外，我想还有一些朋辈们不敢说出的缘由。

在这部书中，朱彝尊或是想尽力追还一段浩变之前的历史，重历一回未经劫火的帝京。在那里，他的曾祖曾堂堂正正为官掌政，祖辈曾磊磊落落入仕听封，父辈曾安安稳稳地读书论文。《日下旧闻》里的北京，是朱彝尊本该以一种年少独有的峥嵘气度，清清白白踏入的都城。

全书分为十三门，列次为星土、世纪、形胜、宫室、城市、郊坰、京畿、边障、户版、风俗、物产、杂缀等，包罗万有，而就中无一语涉清朝之事。

或者这亦隐含着他屈节之下对故国的最后一点顽固坚持。

七年间，白发加增的朱彝尊也渐到了故人星散的年纪。与他交好的龚鼎孳、顾炎武、龚佳育、曹溶等人先后辞世，而其中最令他扼腕的是小他二十五岁的纳兰性德。

容若词宗北宋，虽不免质胜于文，但在清初满人中亦算得翘楚。二人相交始于朱彝尊游幕之时，尚早在博学鸿词科开科五年前——原是当时十九岁的容若心慕朱彝尊学力，投书相邀，而朱彝尊也便“纠履布衣，访君于第”了。

容若出身贵介，却生来一副善体物的玲珑心肠，性情衷忱（“绝地生还吴季子”一事可证），又对汉文化眷恋尤深，是以汉人多愿与其往来。朱彝尊对这位忘年小友尤为看重，曾言：“平生知交赤牍笔疏，推曹侍郎秋岳第一，此外则容若侍卫，书记翩翩，天然绝俗。”

容若在后海有别墅渌水亭，常呼朋引伴，以为雅聚。有时是取自己新得的字画给大家赏看[①]，有时便是直接联句或分咏。及至后来朱彝尊贬官出迁，生计偃蹇，容若也不曾杜门避讳，依然亲去探望，执手相宽。“我官既谪，我性转迂。老雪添鬓，新霜在须。君见而愕，谓我太臞。执手相勖，易忧以愉。言不在多，感心倾耳”。这样的赤诚，在官场之中更是

① 朱彝尊便曾应他所请题写过李唐的《长夏江寺图》、赵孟頫的《鹊华秋色图》等，后者亦曾是他儿时天籁阁中见过的项氏爱物。

十分难得。

因推尊朱氏词学造诣，容若每成一词，俱红笺小字，密密抄付，寄予朱彝尊先阅，“日必有札及予，或再至三至”，其亲挚可见。

海媛不在，朱彝尊想来是并不很着意收纳的，是以容若每番来访，都能看到自己寄来信札在朱彝尊的案头杂置。或是出于一种宫禁中人特有的谨慎，他每次见到，都会嘱朱氏阅后“投瓮火之”。而显然他过往颇频，常写常赴而常烧，乃至其逝后，朱彝尊翻遍与友人往来书札，竟找不到一封容若的遗笔。

很多年后，友人张见阳集得若干容若的手札，在金陵朝阳门承恩寺僧舍交付朱彝尊阅看。斯时已经七十六岁的朱彝尊看到熟悉的字迹，不由悲从中来，题跋后复录了一首当年一众诗侣联句所作的《浣溪沙》以为留念。

出郭寻春春已阑。（陈维崧）东风吹面不成寒。（秦松龄）青村几曲到西山。（严绳孙）并马未须愁路远。（姜宸英）看花且莫放杯闲。（朱彝尊）人生别易会常难。（纳兰容若）

即兴所作，词句均清浅，构架也只是中规中矩，不见太多个人印记。然而在这联辔并句的七字句中，我们至今仿佛仍能听到一众诗人清脆的马蹄声响彻西山故道，而因着一句

“人生别易会常难”，不免也便会跟着生出一丝简简单单的哀意来。

“合昏花开暑雨微，故人留君解骖騑。合昏花谢故人死，燕市酒徒看渐稀。”在朱彝尊惆怅的惦念里，浮生渐知究竟，知交已俱模糊。

这该是皓首穷经者必经的寂寞。

康熙二十九年（1690），朱彝尊官复原职，经历又一番读书、抄书、搜书，因明史所撰诸文不合上意，两年后再度解官回归故里。《日下旧闻》既成，他在京师便无牵挂，索性回到家乡梅里建起藏书楼，仍名曝书亭。斯时，他已坐拥图书三万余卷。

归里后两年，海媛去世。朱彝尊将家务交付子孙辈，自己则沉下心来，潜遁于古籍整理之中。他一边点检自己的藏书，一边比对不同版本的异误，每抄成一书，都要详加校正，辨考近乎一字不苟。不数年，三百卷《经义考》成。又数年，三千四百家《明诗综》成。

前者是目录学史中绕不开的经典固不待言，而《明诗综》则更近乎《日下旧闻》的延伸，仿佛朱彝尊又一次盛大的追缅。

是书上自洪武下至崇祯，历朝作者几网罗无遗，不独为帝王、诗家作了小传集评，又分载诸家评论，亦以极大篇幅收容了乐章、宫掖、闺门、僧道之诗，乃至民间杂谣歌词，且

“间缀以诗话，述其本事”。

年近八旬的朱彝尊以一己之力遍游塞北江南，终而完成了一部前明三百年的浮世绘。他温默地吐纳，也决固地交融，最终拼尽全力保藏了那个他生于斯却无缘同历的朝代最鲜活的尘土珠华、光影音声。

在序言中，他欲说还休，自称“庶几成一代之书，窃取国史之义，俾览者可以明夫得失之故”，而实则，这个站在明清之交始终意存愧疚的老人，早已能揭开那重帘纱，在众多首阳山上的遗忠们面前伸伸脚了。

在《明诗综》付刻的第二年，朱彝尊在沧浪亭见到了那方文天祥的“玉带生”石砚。至此，我们也便终于可以回到文章起首提及的那首《玉带生歌》。

玉带生，吾语汝。汝产自端州，汝来自横浦。幸免事降表佥名谢道清，亦不识大都承旨赵孟頫。能令信公喜，辟汝置幕府。当年文墨宾，代汝一一数。参军谁？谢皋羽。僚佐谁？邓中甫。弟子谁？王炎午。独汝形躯短小，风貌朴古，步不能趋，口不能语。既无鸲之鹆之活眼睛，兼少犀纹彪纹好眉妩。赖有忠信存，波涛孰敢侮！是时丞相气尚豪，可怜一舟之外无尺土，共汝草檄飞书意良苦。四十四字铭厥背，爱汝心坚刚不吐。自从转战屡丧师，天之所坏不可支。惊心柴市日，慷慨且诵临终诗，疾风蓬勃扬沙时。传有十义士，表以石塔藏公尸，生也亡命何所之？或云西台上，晞发一叟涕涟洏。手击竹如意，生时亦相随。冬青成阴陵骨朽，百年踪迹人莫知。会稽张思廉，逢生赋长句。抱遗老人阁笔看，七客寮中敢嗔怒。吾今遇汝沧浪亭，漆匣初开紫衣露。海桑陵谷又经三百秋，以手摩挲尚如故。洗汝池上之寒泉，漂汝林端之霏雾。俾汝留传天地间，忠魂墨气常凝聚。

七十六岁尚能作长歌，可见以学养气，老而弥烈。七古如长幅行草，不似近体诗可供把玩观赏，其不可忽略处，反而是时间性。

呼吸吐纳，一如笔下飞白，删之即滞。行歌愈长，愈得以保全作者的创作过程，而也便愈见其在近体中亦妥善宝藏的气血流转，情致坚柔。

全诗一气贯行，洋洋不绝，节奏多有折冲变化，三字五字乃至于十字，缓急交夹，字字用实而仍能于细微处作腾挪，足见朱氏心潮往复，笔法多谲。读七古略近听戏，一声消歇了便是消歇了，不容回头，只能尽力打叠起精神来应对下一句。即便早看熟了全本，再听时亦复如是，是以近体诗最看重的结构于古体而言，反是不太紧要的东西。

然而即使如此，朱彝尊这首《玉带生歌》的结构与音韵绞缠，亦完好得耐人推敲。

视其用韵，以势大力沉的语麌御遇部前后交加写砚，前事全用上声，见其懊闷，近事全用去声，用其沉坠；中间佐以细锐叹息的四支韵写事败之后，文、谢二人际遇，则兼见锋芒和刚不可久的游弱。

全诗行文端稳凝持，虽写极激烈之情绪，却句句立得安稳，仿佛舞者腾旋，虽偶有前后跌仰，而摇摆间总却不出重心之内，法度俱在掌握之中——这是数十年学力涵养出的真国手，下笔前已杜绝了一切失误的可能性。方之百余年后谭嗣同为文天祥另一方遗砚所作的《文信国公日月星辰砚歌》，固一得青年激扬，一得暮老浑沉，而真以功力较量，则不免自见黄蓉的“逍遥游”与郭靖之“降龙十八掌”之别了。

这首长诗写罢，朱彝尊的人生也便堪可谓落幕。

他自己便是这样一方玉带生，只是际遇更苦些。纵不必“事降表佥名谢道清”，终不免作了“大都承旨赵孟頫”。

他在山阴与祁氏兄弟密谋“通海”反清之时，亦有过忠信幕府文墨宾的时候，而看着张煌言、郑成功海战节节败落，也不免感喟过“可怜一舟之外无尺土”，“自从转战屡丧师，天之所坏不可支”。“通海案”发，四方游幕，心爱之人死去也无法回乡，无非“手击竹如意，晞发涕涟洏”，更后来辗转被召入宫，亦无外是满足了皇家的收藏癖——“七客寮中敢嗔怒”，最终他也果然是为明史一事与上意相悖辞官而出，回归江南，即所谓“吾今遇汝沧浪亭”了。

一句“以手摩挲尚如故”，朱彝尊是当得起的，而“忠魂墨气常凝聚”，则表里互参——取忠取墨，留人评说。后来他自改为“墨花恣洒鹅毛素”，则自身的慨愧担当，更易见之。

我在网间曾见过他八十一岁重书的《玉带生歌》手卷，运笔爽利明快，轻重得宜，不带一丝烟火气，平矜释躁，淳雅雍容，可谓人书俱老。其平生哀乐离聚，放纵坚持，也便都在这一重香雾下翩然起落，反身回归了历史的帘幕。

古人烧土为器，八百度为陶，一千一百度乃能成瓷。不过三百余度的差值，却不知要历经多少个春秋寒暑，其如银似玉，坚而不浸的骨相方始能为人所见。

反而视之，人亦如此，无经身迁世变，不足以出陶化瓷。所屈所辱固然在不免，而自砺自成，亦未始不腾托于季世。

行文至此，已无余地。搁下笔时，我们也便只能任那个自称“小长芦钓鱼师”的朱彝尊负着一身的毁誉飘然行去，终于消融在那一片雨过天青的颜色里了。

附：

文天祥有许多存砚流落江湖，除玉带生以外，有名的还有本文开篇提到的王昙赠给袁枚的绿端蝉腹砚、谭嗣同曾为之作歌的日月星辰砚和岳飞的遗物正气砚。

绿端蝉腹砚在梁绍壬的《两般秋雨盦随笔》中曾被这样记述："砚修广各三寸许，受墨处微凹，底圆而凸，象蝉腹。沿左边至顶，刻谢皋羽铭云：'文山攀龙之明年，叠山流寓临安，得此遗砚焉。忆当日与文山象戏，谱玉碰金鼎一局，石君同在座右。铭曰：洮山石碧于血，千年不死苌宏骨。'款识'皋羽'二字。"袁枚自王昙处得砚后，曾打了个檀木匣子珍重存放，更后则不知所踪。

日月星辰砚系光绪年间一农人在江西萍乡与湖南醴陵的交界地老关周遭掘得，为醴陵人张乐颖所藏。其外观可自谭嗣同《文信国公日月星辰砚歌》中觅得。谭本已藏有文天祥一把蕉雨琴，见此砚更生追仰之心，歌序称：

砚藏醴陵张氏，长五寸，广半之，博又半之。质细腻微白，圆晕径寸，黑白周数重，中微黄，又中则纯白。圆匀朗润，皎若秋阳。星二，一径分，一半之。背晕益大，黑白纷错，宛然大地山河影。太极图一，径二分，赤白各半。余类云霞类沫者，乍隐乍见，莫得名目。右侧镌铭曰：瑞石成文，星辰日月，不磷不缁，始终坚白。末署文天祥识。昔杨铁崖以七客名寮，玉带生居其一，吾不知视此奚若？而铁崖不矜细行，厥号文妖，张氏宝此砚，尤愿有以副此砚也。余旧蓄信国蕉雨琴，亦旷代罕觏，行出相质，而诗以先焉。

即写来历，其歌言：

天地既以其正气为河岳为星日，复以余气为日月星辰之怪石，河岳精灵钟伟人，伟人既生石亦出。吁嗟乎？石不自今日而始，石亦不自今日而终，信国与之亦偶逢，遂令千载见者怀清风。当年喋血戎马中，与尔坚白之质相磨砻，方谓事定策尔功，天枢一绝徒相从。天枢绝，坤维裂，潮无信，海水竭，御舟覆，崖山蹶。丰隆伐鼓呼列缺，云师狂奔风烈烈，双轮碎碾蔚蓝屑。万星尽向沧溟灭，竹如意断冬青歇，叠山之外谁见节。斯时日月星辰安在哉。赖此片石，独留不夜之星辰，长明之日月。

渐后渐佳，一组三字句将情节推上悬崖后不急纵其流泻坠落，而是鞭石击水，复加驱使，终起之一砚，歇之一砚，气足神完。这方砚由张氏收藏二十年后，民国后期被醴籍书画名家阳卓湘数百两黄金购入，流传到解放初期却不知何因转卖流失，从此不知去向。

正气砚更见传承。此砚作长方形，呈紫色，其后镌有岳飞手书的“持坚守白，不磷不淄”八字砚铭，岳飞遇害后几经辗转，为谢枋得所收藏。谢在砚侧镌楷书：“枋得家藏岳忠武墨迹与铭字相若，此盖忠武故物也，谢枋得记。”及至咸淳九年（1273）十二月，谢将之赠与文天祥，文爱如珍宝，便也在砚侧镌刻铭文存念：“岳忠武端州石砚向为君直同年所藏，咸淳九年十二月十有三日寄赠，又自撰铭曰：砚虽非铁难磨穿，心虽非石如其坚，守之弗失道自全。”光绪甲午（1894），安徽督学吴鲁在皖南购得此砚，并将自己的堂号“肃堂”改为“正气砚斋”，而后辗转流传，在“文革”期间失踪，吴鲁后人至今还在重金寻访。

点检下来，文天祥的四大名砚，我们至今能看到的也便只有远在台湾的玉带生了。2010年，央视十台曾播出过《台北故宫》纪录片，其中第七集《巧夺天工》列举了十四件文物精品，第四件便是“文天祥玉带生砚”，有兴趣者颇可一观。此聊备读者散知。

公子家的公子——陈维崧

儿时看《神雕侠侣》，对郭襄金钗换酒那一节印象很深——郭芙说钗头一颗明珠便值百来两银，可襄儿兴致来了，却肯随手拔下作抵十两，以换得十斤酒二十斤羊肉与众人同食，看罢只觉人间至性，概莫如是。

及至大些，我在元稹的“泥他沽酒拔金钗”又见着了金钗换酒的景境，只换成了丈夫贪酒，乃去求妻子拔金钗沽来。有了二人互动，豪爽之外便添了一层温馨，但为前句“顾我无衣搜荩箧”，相较郭襄的挥手不吝，也难免又沓出了一层窘迫。

而前阵子翻到陈维崧的《赠孺人储氏行略》，我又瞧见了一只钗子。陈维崧说他回家时付不起船钱，急切之下，常常不得不“归而拔妻头上钗以偿艓子钱也”。以此间仓促狼狈来追印前面那两只金钗，便让人不得不心酸了。

看一件物事在文人手中从美学意义跌入生活需求，读书最残忍事盖莫过此。

陈维崧是清初词家里面目最分明的一位。与他齐名的朱彝尊、曹贞吉等人虽也端丽多能，去来无方，但力势总是裹在宽长翩飞的襟袍底下的，虽令人惊羡，却终究如隔水随鱼，难著追写。而陈维崧的词作却大多挽着袖子，一身短打，读之如山中遇虎，筋节肌肉之力彰然可见，令人不自觉便要提起十二分的警醒相与周旋。

作为一代名家，陈之壮词得辛神质已见十之六七，在龙榆生的近三百年选本中看去，只觉其赳赳一身横练，但是，与行伍出身、文武双致的辛弃疾不同，陈维崧的家世却是清初诸多作手中最为清贵的一位，细溯从来，原也是当得一句“公子家的公子”的。

战国以降，史上便常有以四公子断代之议，只序第距今愈近，良莠却愈见参差。

如论人品高洁，好客风流，最得战国公子相的，或便要推明末的陈、冒、侯、方四公子了。而其中年纪最大的陈贞慧，便是陈维崧的父亲。

陈氏自南宋名儒陈傅良始迁入宜兴，因古陈国建于安徽亳县，遂自定村名为亳村，世代聚居，及至明末，开枝散叶，已成一方大姓。欲说亳村的陈维崧，上追至陈贞慧或还嫌不够，当从其祖父陈于廷说起才更加稳当些。

虽人丁不稠，最盛不过一千五六之数，但亳村士风颇盛，文气久萦。自北宋天圣二年（1024）而至清末，亳村出有进士五十余，举人八十余，更得一名状元，一名解元。陈于廷便是这煊赫名录上的一位。老人万历二十三年（1595）中得进士，历任三县知县后擢为御史，曾出巡山西、江西、山东三省。明代的巡按御史虽然秩不过七品，但因“代天巡方”，却是极具权威的。陈是朝堂上出了名的硬骨头，曾被《东林点将录》列为“天慧星拼命三郎”，巡按往来，均直切积弊，素有能臣之名，且不欺不媚，不挫不屈，名声既响，遭嫉自便不免。

天启朝魏党当权后，对陈于廷常多忌惮，拉拢利诱不得，便施报复。几经周旋，尘埃遂定——陈于廷与杨涟、左光斗一起被斥为民。却幸其早早落势被黜离京，倒反未如杨、左二人遭逢大难，最终保全了性命。

及后崇祯朝魏党既罢，陈于廷遂重拜南京右都御史，不久迁左都御史，复加太子少保，官至从一品之高位。虽得拔擢，老人却旧持故我，因不肯附帝议言官罪，先后五不奉召，最终落得削籍再度还乡的结局——一生起落之大，官场中亦不常见。

陈维崧是陈于廷第四子陈贞慧的长子，生于天启五年（1625）。

他出生恰值陈于廷岁逢花甲。虽已不是陈家第一个孙辈，但因生在祖父被阉党发落回乡的闲适时光，自母娠至降世，均为老人亲见，故而自然要较其他第三代多得些眷爱。

陈于廷为孙子取名维崧，取自《大雅·崧高》首句“崧高维岳，骏极于天。维岳降神，生甫及申”，分量极重，复与后来表字“其年”相照，便更易见陈于廷那份家国永固的愿心。

陈维崧少年时代便是在亳村的老宅子里度过的。从一些残存的章句里，我大概能看到这座老宅分为数进，正堂之后有“丹阁飞起”，是陈家与文朋结社联咏之所，名唤远阁。

登上远阁，隔山烟草露跂望，则东湖宛然能见。阁下玉栏分引，有月榭临于小池之上，各房于墨花帘隙年年逢迎燕子往来，画檐雕梁也便多了一重温存。

父亲陈贞慧的读书楼安置在正堂后的二进楼左侧，因窗子正对两株文杏树，便名之为文杏斋——或意在与王维辋川的文杏馆遥应。陈维崧极爱这两株文杏，很多年后，他因乡里欺凌不得不赁屋别居，还特地择了叔祖陈于泰家一户有杏花的宅子。他作《探春令》咏窗外杏花，谓“崇仁宅靠善和坊，旧雕阑都坏。问玉楼人醉今何处，只一树、花不在”，写到窗外存树而不花颇多感喟，当是忆起了父亲窗外的杏花天影。

从陈维崧的《文杏斋记》散淡的追述里，不难从一些莳花置木的细节看到主人的用心：陈贞慧在窗前垒石砌成对景，又牵来白山药、绿萼、丹桂各一本萦绕石上，宛然有蘅芜苑中乱石插天，薜荔交覆的情致。又于石下掘开小池，得于方寸之间收汇水木清华，便又补上了蘅所外沁芳水系的那一分灵气。

为恐秋冬上冻，草木凋零，陈氏父子还特地在石侧补种了蕉桐与枸杞。如此一来，冬窗读书眼乏抬头时，即使药藤萎谢，庭中依然有红葩朱实可娱人心目。

时序自迁，春秋不易，方寸之小庭间，正宜文人涵养丘壑。

在这间种着文杏树的小庭院里，陈维崧渐渐长大。不负祖父所望，他自小颖悟有捷才，“五六岁即能吟，吟即成句”，八九岁上则已“熟读史汉编”，对《史记》与《汉书》了如指掌。

他存世最早的一篇文章成于崇祯七年（1634）。依小注推循，这由来于祖父的一个动念。再度谪居回乡后，陈于廷追思往事，辗转托人依挚友杨涟生前容貌造了一幅画像。像成后，老人命陈维崧代自己为杨涟作一篇像赞——这一年，陈维崧十岁。

这幅画像连同像赞在陈家保存了三十余年，直到陈维崧四十三岁，落拓江湖时方才送还给杨涟的长孙杨苞。斯时杨苞已经时任清廷安徽广德知州数年，两个东林党的孙辈异代重见，对先人画像痛饮一场，共点了一出《党人碑》，追忆往昔，大哭大笑，直不知斯日何日。

这篇名为《杨忠烈公画像赞》的文章至今仍能在陈维崧的《湖海楼集》里找到，题下存其自按：“代大父少保公，时崧年方十岁。”就中不难见其昂然自许之意。

我特寻此文读了一过，虽不见奇丽，但笔法雄劲，叙事明白，也绝不似童子手笔：开篇“江河纬地，日月经天。谁其参之，曰维圣贤”，如横槊当胸，引而不发，继以“故剑虽嗟，遗簪莫惜。移宫一疏，列宗动魄”说移宫案，以“五侯辇下，七贵长安。二十四罪，宵人胆寒”说劾魏阉，也均精警峻切。及至篇末，由“应山桐城，留丹化碧。余独何人，须髯如雪”作为收束写故人喑恸，则沉响分明犹作。

这篇像赞里，陈维崧童蒙时期便修锻起的醇沛文气固然不掩，视其笔端纸背，陈于廷的影子却也不时闪见：十岁的孩童能把官场之事看得如此明白，自掖庭而至朝堂，人物关联指辨不爽，更有余力加以针砭，这样的胸襟眼界，当然少不了祖父燕居闲谈的默化之功。掩卷想来，一位曾直面阉党，气不稍沮的硬汉最终落得暮年失意，志怀不骋，而只能在乡里端居时与总角孙辈絮絮忆话平生，方之“白头宫女在，闲坐说玄宗”者实更令人心酸。

像赞作完不到一年，陈于廷感染了风疾，卧床不起。又逢是年凤阳皇陵被农民军焚毁，消息传来，老人叹愤交集，骤然离世。

这一年，曾与阉党相抗的东林三子已尽归尘土，而人间，山雨欲来。

大树既倾，当先追踵而来的是接连不断的家变。

父辈们论嫡论庶，起了分家异爨之争。而亳村久与陈氏并峙的周家（即崇祯朝新贵周延儒家）见其有隙，就势卷入其中，几将一家彻底拆散。于此参以《项脊轩志》中归有光所谓“诸父异爨，内外多置小门”，便知同为第三代，面临父辈分家的归氏淡语间隐痛之深：同源分流，人易世疏，在乡里宗亲的体系下，家族之争的酷烈往往并不亚于朝堂。

为了修补各方关系，父亲陈贞慧以“最小偏怜子”之身多方奔走，先寻宗亲长辈主掌大局，又数番让利，终将几位兄长劝和。然而陈家各房，究竟在这次纷争中伤了元气。

分户之后，陈维崧正式佐助父亲，自立门楣。

大凡早慧的少年，总更乐于与年长者交洽，而不肯以齿稚稍示弱相。或为自彰沉睿，或是为安父心，陈维崧十三四岁便留起了那部著名的络腮胡，得了个“陈髯”的外号。

大胡子常被小说家许给武勇莽夫，但生在世家公子的脸上，看似倒也不显得多么蛮鲁。陈贞慧的挚友吴应箕在《阳羡歌为陈其年作》中说“定生有子年十三，神明秀澈映秋潭。不知胸中何所似，下笔顷刻布云岚”，不难看出，纵然早早蓄须，这个大孩子依然是形容秀整、神采飞动的。

大部分男孩子在成长过程中须跨过一段“弑父娶母”的心理情结，但这种“否定之否定”当要建立在对父亲的原初崇拜上：在少年时代的陈维崧眼中，父亲亦本是人间一等一的人物。

“先君慕义比原尝”，陈贞慧俊爽倜傥，好受宾客，广交游。据陈维崧回忆，父亲某日遇一人以扇障日当街行走，错身之际觑见扇上题款，便立时辨出身份，定下结交。这样的细致与豪爽交映在同一人身上，本就极有魅力。

“我家东楼极幽靓，千竿冷翠攒篦筹。晴床髹几蛮茧滑，竹风沸与歌声鏖。客堂春杪鼠姑放，千朵万朵争低高。”花树同春，竹林歌啸，鸿儒才子，往来不绝。虽然陈家已因分户而不似当初那般周阔，但慷慨容与如此，方是世家公子的气象。

诗中易见，四房分到的院落里除了文杏斋石藤树池的一进小院，更有一角潇湘馆样周以千竿修竹的东楼，隐天蔽日很是幽静；竹院外再一进是客堂，左右分置花树，庭前又植有牡丹（即诗中鼠姑），高低错落，热闹明丽，又有怡红院的气象。

园相即人意。以蘅、潇、怡三位参看，实则也不难见到陈贞慧知时用世、素情自处与交洽娱情的三面交融。

陈贞慧在这里曾以书生之身做了一件大事——这也是这位明末公子平生仅见的高光时刻。

这件事与《桃花扇》中的奸人阮大铖有关。

阮自崇祯二年（1629）以附从阉党被定逆案后避居白门，时移岁易，隐有抬头之势。他多方结纳权贵，一时令南京诸当事“上下其手，阴持其恫吓”，已颇能左右局势。此人颇多为恶，昔日左光斗之狱，初便为其构害魏大中所唆而始，后虽得叶向高暂保，但终成惨狱，故而陈贞慧等清流公子大都深恶其为人。

崇祯十一年（1638），陈贞慧的朋友吴应箕写下了一篇《留都防乱公揭》公讨阮大铖，是拼得身陷囹圄，也要将阮除去。事实证明，这请愿是对的——后来南明速败，与阮大铖对复社大肆报复，致使内耗过甚不无干系，更后降清，大节复挫，便更不如马士英了。

成文后，吴未急于发出，而是先来亳村与陈贞慧商议（他作《阳羡歌为陈其年作》夸赞陈维崧，便是在陈家小住那几日)。文章慷慨锋利，层次分明，陈贞慧看毕大赞之余，也提了一个意见：阮大铖是皇帝钦定的“逆案”，文中应将此二字特别点出，方能对依附者有所警醒。至于其他招摇撞骗、贪诈无忌种种，对于与阮氏沆瀣一气者，倒反是次节。吴应箕闻之很以为然，二人连夜在文杏斋灯下“随削一稿”，一篇公揭遂成定论。

此文一出，果然将阮大铖整治得狼狈无地，一时“士大夫素鲜廉耻者，亦裹足与绝”，乃至多年后阮与周延儒幕友饮酒时仍絮絮自语：“贞慧何人何状，必欲杀某?”对陈贞慧之记恨竟超过了起草公揭的吴应箕，可见“逆案”二字点铁化金之功，正证高门子弟眼光凌厉，出手即不空回之能了。

作为公子家的长子，陈维崧引人接物响快潇洒，亦不曾稍堕家门风致。

他十四岁以诗文名动乡里，十五岁以《昭君曲》得云间六子中李雯盛赞，被荐在陈子龙门下学诗，至十六岁上，他已是宜兴“秋水社”最稚的社员。侯方域赞他“东江族望多才俊，不及平原作赋年”，那自是说“陆机二十作文赋”亦不足与他相较了。

不过在父辈的视线之外，陈维崧其实也和寻常男孩子一样贪玩。

他说十来岁年纪上，自己“意钱、白打、弹棋、格舞、赌跳”种种杂戏，无不精通，学业闲时，常少不得与乡里的玩伴一起博戏，而每番若被家人，甚至弟弟的塾师看到，都少不得要挨一顿好骂，不待“头颈尽赤”不能了事。

在那些近乎自嘲的散忆里，我看去最觉会心可爱的，是这样一句话：“余时则肠肥脑满，著高屐于市上，作谢镇西鸜鹆舞，意盖洋洋甚自得也。”谢镇西即谢安从兄谢尚，时谓姿容风流，善作“鸜鹆舞”，俯仰屈伸，旁若无人。这样实则带着强烈模仿性质的“求不同”固然可谓是对东晋头巾气的沉迷追续，但我更愿意将它理解为在“被注视臆想”阶段的少年时代里，陈维崧张置起来的、一种只属于自我的精神结界。

在独立人格形成之前，每个大孩子都不得不通过不断地汲取和内化来宣示自己的独特。他们幼稚而自得，空乏却锋锐，但无论如何，没有这些令人追想尴尬的坐标，孩子便永不可能成长为大人。

世上没有真正老成的少年，即使天才如陈维崧，也不免如是。

倘时势不悖，走过茫然的少年时代，这个早早留起胡子的小孩前途或者不逊乃祖：他十三四岁写下的试帖功令文便曾教吴应箕击节盛赞，传诸文朋，科考一节，对他来说当不致有太大阻障。然而，与他往来的那些成年人虽不肯说，却大都哀戚地看在眼中：明廷的局势已逆他成长惨淡直下。陈家祖辈的荣光，恐将同千千万万的名门士子一般，终随时运而不复了。

陈维崧渐见脱颖的这三四年间，崇祯帝正在内忧外患中狼狈支绌：数年下，清军犯巨鹿杀宣大总督卢象升，入济南擒德王朱由枢，更于松山大破明军，东北颓势已见；李自成这边也已连下数州——攻陷河南时更将福王朱常洵剐肉与鹿肉同食，一时人心惶惶，中原形势亦危。只江南裹于软红尘深处，环护留都金陵，倒犹是笙歌鬓影，丽辞频翻，款款未成乱象。

陈家父子就尚在这偏安寸角，一边打听着局势消息，一边犹在有条不紊地治学应试，期许着如陈于廷般按部就班进入朝廷。

大凡自身天赋不弱的高官二代常易有些眼高手低，难能务实的弊病。盖其自小耳濡目染便俱是朝中大事，便不免将眼界挂在了父辈的冠带上，藉之生出自高的错觉，即所谓将平台错归为能力之谬。

家中镇日相过的人物诚然常属当代翘楚，但真能落入他们眼中的，却无外是这些人衣马轻肥的慵娴态度，与歌饮文筵上一些指东打西的本事——对于自小便得家风陶熏的子弟而言，拿握起这些姿态却并非难事。

倘无意功名，又有足够的经济基础能得倚自立，以二代们的府垣之高本已不难成就一代名士，但若心存家国，有意走出前辈的影子去经受一番锻砺，他们却每易受制于姿态，甫陷挫折，便沦不振，往往转以求隐自全身段——未必是惧畏担当，只因害怕狼狈。

他们总会隐隐存起“我与他们原不一样”的崖岸心地。而这心地，往往终会阻断他们的进取之路。

检视陈贞慧平生，虽遭逢季世，沦隐非战之罪，但实则依然逃不出这样的窠臼：他风度潇洒、喜聚善饮，品味雅逸，又颇多解颐妙语，自有天然的主人风致；兼之为人正直孝悌，却又不似乃父陈于廷顽硬不能稍以转圜，除却指点吴应箕力抗阮大铖那一回骨勇，也不曾真与人结起过太硬的梁子。

然这同时，他也便不免为交游所推，自视过高，致使才名稍不得彰，便以为大辱。而对读书人而言，最惨酷的磨折，自然便是科考。

十五岁这年，陈维崧随同父亲赴南京参加乡试。一时酒朋诗侣应见无数，在父亲的接引下，陈维崧结识了李雯、陈子龙，又正式拜吴应箕为师，修习文史。父子二人均是人才玉立，文采无匹，金陵一行占尽了风光。

然当年放榜，陈贞慧未得及第。

三年后再赴南京，又考，仍不第。陈贞慧引为大耻，一时心灰意冷，绝意功名，遂回到亳村，“誓墓不出，绝不与户外通”了。

这时陈家的景境实已大不如前，因陈贞慧不务生产，分户后便渐已入少出多，到归乡瞽墓时，则已至“不足以供饘粥”的境况。

世家子弟花销仍全不节制，“喜宾客如故”，陈贞慧不但依旧时常呼朋引伴在东楼宴聚，还时常收容一些朋友在家中长住——“客或卒岁不去，或一客而居吾家者几至二三十年”[①]，也委实令持家的妾室时氏颇为窘迫。文杏斋中的陈贞慧依旧镇日与朋辈高谈阔论，可虽名士巾袍如旧，内囊却已“尽上来了”。

岁月眇徂，陈家的香火仍在代际推承。十七岁这年，陈维崧娶了妻，妻子储氏是陈于廷三弟的外孙女，大他一岁。

在晚年回忆妻子的文章中，陈维崧说二人的这桩亲事是祖父在他们儿时便定下了的。储氏幼时随母归宁，祖父一眼看中她“明敏淑惠”，许谓“可为吾家妇”。

亲事定得很早，二人结亲却很是匆忙。十七岁上，陈维崧正自准备参加次年江阴的童生试，储氏也丧父不久，本打算缓一二年再成婚的。但当年陈母汤氏重病不起，屡发咳血，对丈夫陈贞慧说若一见冢妇，死亦瞑目，陈家方才匆匆张办起了喜事。

① 如某名为寄寄的僧人，陈维崧说他“少时挟万金谒选都门，为平康狭斜游。不数岁，斥废毕尽，惭愤不愿归，客余家者垂三十年，久之为僧于吾邑之西庵”。

因本是冲喜，故而新妇刚刚过门，便立刻承担起了照顾婆婆的重任。陈维崧要备考攻书，储氏便自告奋勇代他日日守在汤氏榻前，凡有疴痒便代为搔抓，事事关怀极细，从未稍有懈怠。病榻上的汤氏常至哽咽："三日新妇，犹生客也，顾孝我能如是哉?"

母亲病逝时，陈维崧正在澄江参加童生试，未及赶回。虽然那一次考试他一举夺得第一，也依然不能稍减自责——幸而储氏在家将一切打理得停停当当，才免去了陈家的措手不及。

丧事既了，作为陈家唯一成年的长子，陈维崧便在陈贞慧主掌下自立了门户，分得百亩田地。在这之后，妻子的好处才慢慢显见出来。

储氏的父亲在世时是一位太学生，因虑及女儿早早定了亲，乃长以贤妇准则相绳：储氏童蒙时便上过女塾，《孝经》《内则》都能熟记，持家一道也已早早随母学习。

女训之外，这位贤妇实则亦有些不肯轻露的才媛爱好。

陈维崧少年时书法不佳，他回忆说某次提笔时储氏曾打趣他："君岂腕中有鬼?"他开玩笑回问："若亦知古有簪花格耶? 原来夫人是善书的么?"储氏便笑而不答了。后来还是陈维崧闲来在她的针线管箩里看到几张残字纸，辨出是她闲抄的晚唐诗截句，方知妻子持家之外，原来却也通诗书，只是深知丈夫才情无匹，故而守拙不露而已。

储氏当还会下棋。陈维崧记得某年夏日露夜二人乘凉时，她曾试图与他闲谈弈道，可因丈夫对围棋一窍不通，兴致缺缺，她也便再不多口了。

在二人相处的大部分时间里，她更多只是殷勤地做好了一个当家主母的本分，柴米油盐，童仆衣食，无不安排得妥帖，得陈贞慧分得百亩田地后，种种账目细节，虽然丈夫并不在意，她却依然“月以十告，年以百告”，认真打理却从不自专。

大家冢妇并不易做。陈维崧回忆说，十八岁那年，储氏惦记公公陈贞慧的四十寿宴，生了长女刚满十天就挣扎着从城里的娘家冒雪连夜赶回了亳村。一位未出月子的产妇在后厨亲自打理食粮酒水，调教仆佣，接连两日至三更不倦，唯恐筵上有“酒醪水火之失宜”“肴蒸酖醢之失和”“持铛捧杓庐儿偷惰之不中法程”，令公公和丈夫失了面子。

然而即使这样，公公陈贞慧依然偶能寻出她的短处来：“当宾客满座时，所制鲑菜小不当意，辄谯诃随之。”这当是世家公子自小矜养太过的毛病了。

但无论如何，以正妻标准而言，储氏实已近乎完美。只是她的好处太过隐柔克制，而此时陈维崧少年飞扬，有太多的事情去关怀挂意，对妻子的妥帖和委屈也便只能潦草过心，尚全不能耐下意去体恤珍暖。

并且，时局也并未给这对少年夫妻太长的相安相处机会。

储氏生长女第二年，甲申国变。李自成入京，崇祯帝自缢煤山，不几日，清军入关，家国震动。随着福王朱由崧继位，南京自江浙环护下的温暖小处被迫拔立，成为首都。

钱穆说“文化集中的地区，每个人重现实，少想象，不会引生大理想”，这话发于他拒绝定都南京的论著，而回溯看来，实也算明末南京的写照。

弘光朝的成立迅速缓解了崇祯帝死讯带来的冲击，江南士子们心中怀了南宋偏安的追想，以为尚不至多么酷烈，包括陈贞慧自己，确证消息后虽也“大恸失声”，但除却向新朝廷为父亲请恤追封少保外，好像也并未做出多少实质的举动。

弘光朝对陈于廷的追赠或者曾令本已宣称绝意仕途的陈贞慧再次兴起了入朝效命的意愿，他在南京停留了五个多月，未必不是想趁改弦更张，以追拥随侍，徐图一展抱负，但究竟世家子弟豁不下抢椅子的身段。

马士英掌权后，阮大铖已早早依附再起，炙手可热，想起《公揭》一案，遂寻事端将还在找机会与朝廷搭线的陈贞慧扣押下了狱。

同案的另两位首倡者均在这一场扣押中死在狱里，陈贞慧对仕途方才升起的一线幻想乃于惧怖下瞬霎腾沫而空。换了新朝，不赏识他的人依然是不赏识，而曾与陈于廷有旧，能加抚恤的昔荫也须臾散尽。

他的筹码是浮动的，而短板却在骨血里：站在风投关口，人人以为自己能搏一回超额收益，这往往才是利空出世之时。

后来，还是长期寄居陈家的侯方域及时赶到南京，多方打点，送钱求人，才最终把陈贞慧从狱里捞出来。两位名门公子郁郁回到亳村，还未断定主意追取仕途还是再度暂墓，不多时家乡又乱：与陈家为难的不独散兵游勇，亦有朝中逢迎阮大铖而不断寻衅的官兵，陈贞慧遣家人四下避难，一时狼狈已极。陈维崧则携妻女跟着姑父徐菾短途出逃，亦难免惶惶不可终日。

又半年，清军屠扬州，下南京，短短一月，弘光帝在芜湖被执，再一月，剃发令下，四野哗然。亡国已经不再是道路上的消息，而切肤痛到江南腹地。

陈贞慧以自家世受国恩之故决意求隐。甲申、丁酉之后，他独坐亳村东楼二十年，至死未再出仕。在这同时，他也命陈维崧弃去诸生，抛掷了十八岁那年“拔诸生第一”的学籍。

明清易代，弃诸生辈不在少数。无论是顺是清，都清楚读书人是天下文脉，实则也均未太过非难士子。是以在这些手无缚鸡之力的读书人而言，手裂诸生巾，是实打实舍弃了半终身制的津贴收入，和“免于编氓之役，不受侵于里胥，得于礼见官长而无笞捶之辱”的尊严底线，也即亲手斩断了自己的成长通道。

这与殉国并无大异。

陈维崧很长一段时间都处在不知所措的状态：神童遇到成长体系之外的大变局，为了掩饰惶惑无力，那便只能佯狂度日。他故作潇洒地说："束书归仓颉，掷笔还江淹。自除博士籍，不受文章箝。"随即镇日与同里的几个才郎厮混，作诗饮酒，不愿回家。他害怕面对失去生员津贴后，小家庭生计的日益窘迫，也害怕看到自己彻底失去社会地位和未来所有可能的现实。

作为冢嗣，陈维崧的少年时光与宝玉无异——名门儿郎，素不务生产，在祖父和父亲的教育下，他之所能无外是诗文策论这些博上进的功夫，而赶上连墓志铭都没得写的战乱时节，那便全是些换不来钱的营生。

分家后他得了百亩田地，然而明末原就天灾频仍，兼逢甲申、乙酉两次国变，田中所出那一点田粮早已不足过活。父亲陈贞慧子女尚众，又多未成年，自也无措手相助的能力，靠着妻子储氏变卖陪嫁首饰贴续，不出一年，家底也便耗得差不多了。

清廷站稳后，逋赋日剧，而陈维崧在这些年所作的，却似乎也不外仍是结社、吟诗、结集、求序这些小文人的事，他自称虽曾发奋想学学"米价及果蔬鸡凫羊豚诸物价"为家里分忧，但最终只是昙花一现，"旋即忘之"，储氏也只无可奈何。

顺治五年（1648），陈贞慧被一伙太湖游窜而来的盗贼劫掳，几番索讹，却发现陈家竟已贫困得全无可取，最终无奈放归。这位昔年名动一时的复社公子狼狈地回到家后，父子相对，不免又是一回自嘲与灰心。

陈维崧此时方才确切地懂得，少年时他所憧憬并笃信的京师高第、花阴文宴，早已随着不再高大万能的父亲一起退入了烛灭后的无尽翳昧里，再也不复存在了。

十年辗转，双目微瞬。

陈维崧浪游江南，既不能报以仕望，便只得寄心诗道，将少年时一点闲余的心气重行拾起。没了业余的托词为退路，他反倒以诗为“浸淫于性命述作之事”。脱乎皮肉声相，则筋骨渐堪负重。

拜父亲的好人缘所赐，陈维崧仍能毫不费力地维持与当时诗坛顶尖人物的交流——陈子龙、李雯、吴伟业辈，江南奔走闲时均常与他对面论诗。日常间他也多与自己的诗友聚论，“三阐诗体，简练音律，深叹诗家渊源，良有定论”，此则是技法和音声上作美学探索了。

二十六岁这年，陈维崧初集《湖海楼诗》，邀莱阳姜垓作序。在等姜“报扎”时，他却忽患痨病，几乎不治，幸得道士蒋函九以练气法救愈。蒋原也是读书士子，与陈维崧一般在丁酉之变后弃去诸生后径自出家修道，从此炼药求仙，“翛然尘外”，成了陈眼中“丹房彩翠”样的人物。有了生死交情，二人少不得也颇有几番长谈。然而即使经过了这样的神迹，世外的幻光却也到底不能吸引这个大胡子的小公子彻底洞彻尘芥，掉首归空。

没有真切地价定过自己之前，没有人能甘心走到无我。

病势稍得好转，陈维崧便依然文酒行游。

靠着给人写写序，拟拟墓志铭，他足能维持生计，但换来的钱也留不住，除少量寄回家外，余者转眼便又在宴饮中花掉了。这样李白式的不得意，看着虽潇洒不羁，但实际依然是角色扮演。

也在这一年，他结识了两位现如今名气已不那么大的常州朋友，邹祗谟和董以宁。邹、董二人均是词家，“放笔不休，狼藉旗亭北里间”，于填词一道热情极高。

陈维崧说二友作词每于“河倾月落，杯阑烛暗”，正是人易动情肠之时。为着生小便常随父往来金陵，陈是惯听戏文也颇擅音律的。筝琶箫笛，他无一不能，而在懂音声的人耳中，醉吟低唱间的令词，原也确有令人心折处。

词是诗从乐歌中生出的二级文体，因其所继已随散曲杂剧沦入市井，是以大多有进取心的诗人总不愿为它投诸太多心力，生恐入席便失了好的座次。

日前我与诗友聚会，谈到诗词之别时便在筵间遭到了诘问：“单问一句你们写词的，词是唱出来的。你现在还会唱么?”其实不独是我，在陈维崧的时代，词便已经面临着这样的尴尬：明嘉靖年间的李开先便谓唐宋词“传至今日，只知爱其语义，自《浪淘沙》《风入松》外，无有能按其声词者”，而同时期的冯惟敏亦说：“宋曲见于今者，有辞无声，其仅存者，一二而止”，可见明代中期，大多数词便已不再能唱了。虽然明人几经推断，定出词谱，勉力维存起这一门文体，但由倚声转易为按谱，即席音乐性既已丧失，自然也就渐渐消解了词的原生生命力。

然事有往复，也是经此一变，词彻底从时下流行的散曲杂剧里为自己划出了一条独特的分界线——曲是开化盛世的大众文体，诗是不避口过的君子重器，而词，则属于情肠百转而觳觫缄口者。

我们不妨以时景为比，说得清楚。

听曲如轿里看长街，与诗之长篇歌行类似，均是不能忽视其时间性的产物。它不须观者裁夺布置，便自有一番流动的热闹自在。人在曲中，求的本不是一方心灵孤岛，反而正是窗子里不息的那一股子鲜活气儿。

诗则是府宅。前堂后寝，一进有一进的功用划断——不提东西厢房的高下分别，就连入门的方位也不容人轻变。读者自能通过院落几进，大门到仪门需多远，仪门前后加不加塞门，正厅是三间还是五间等等要素来品评主人贵贱格调，但究竟倘如曹公写宁国府般，“从大门、仪门、大厅、暖阁、内厅、内三门、内仪门并内塞门，直到正堂，一路正门大开”，这样任长镜头重重延伸，我们不难看到诗仍是堂堂正正，次序景然，而绝不容主人藏拙的。

词却类园林。失去即兴感后，其审美则以掩映摇曳为上，而同时，它也绝不再如筵间旧日肯置身俗市。词是逃离者，一如园林实际也是隐逸自守的象征。

它婉转顿挫，正如造园喜迂回而不喜平直——总有些不愿纵人知晓的私愁更适合用词安置。极简单的比方，要以同样面积的建筑来摆布小品，自然是园林类的曲线式构造能给人以更大的弹性和空间。

明清易代以来，士人背负了许多不能言表的耻痛，降清贰臣犹然。以谋家求生所需，这些耻痛不得不被妥善私存在顽石蕉底、藤萝影下、芦塘舟里，而非如烈士抗暴，独恃一张太师椅置于四合院正中。

他们把亡国后进退失据的苦闷藏在统治者所不齿的艳科小道里，去捱一晌兽烟香篝下的揭痂默坐，掌灯回眼。于是自吴梅村、龚鼎孳、曹溶、李雯等人始，词遂在亦步亦趋的谱学里再度复兴起来。

而这，正是一直在江南没头苍蝇一般行游谋食的陈维崧消解内热、也驱发内热的最好媒介。

明亡十余年来，他都在诗酒流连中颐养着自己不知当去怨怪谁的不得意。

他愧见妻子储氏，每年在外总有十个月之多。这期间赖于平民身份，不受官吏不得狎妓的拘束，他也曾如父亲在金陵时恣游秦楼楚馆，亦在吴门遇到过心仪的姑娘。

他们在寒食定情，而显然露水欢后，陈维崧也并未能真的将她置于脑后，后来几十年里每每思量起她，亦颇写过几首好词，但无论如何，从词作里也看得出，他连耽溺于温柔乡里的勇气都没有。

“想那日妖娆，唤马药栏，微雨碧城凉。”任姑娘相唤相留，他最终还是落荒而去。而那声马后的呼唤，也成了他后来频频回省的一个镜头。

在这样无稽也无谓的浪荡里，当年那个俊朗神气的小公子忽忽已过而立。三十二岁上的六月某日，在苏州看花访友的他忽然接到储氏来信，得知父亲陈贞慧在一次故友来访的连日会饮里大醉五日，数日后一病不起，已于月前溘然离世。

“我于吴市做孤儿”。这年中秋，他没有回家，而是携着琵琶独自去虎丘看月，填了一首《贺新郎》。

月上空山早。喜今夜、关河一碧，游氛都扫。二十年前曾醉此，坐客锦衣玉貌。事已作、开元天宝。独对孤光成太息，叹秋娘、已嫁何戡老。且细把，金樽倒。　　飒然声犯龟兹调。是征南、牙门营将，筝琶竞搅。赢得姮娥临桂殿，揄袂娟然一笑。讶旧曲、人间绝少。沧海月明浑是泪，料来宵、晶饼看逾皎。重枕藉，涧边草。

这算不上陈维崧集中绝好的词，毕竟这时他于词道浸淫尚未久长。“月上”“孤光”“桂殿”“月明”“晶饼”……虽是看月词，但同类意象重复运作如此，也究竟疲沓。而相较李商隐的“沧海月明珠有泪”，陈作的“浑是泪”也草率狼狈得多。李作以珠光喻泪，点点不收，遂有鲛人痴望之想，而陈作海月化泪，万里汍澜，哭得则总太狠了些。但无论如何，这些小瑕终究都是他太贪婪表达的缘故。

“二十年前曾醉此”，写的是他十三岁那年中秋随父亲来虎丘看月的时景。那时的父亲倜傥得意，自己初露峥嵘，宾客如云，筝琶不绝，透着一孔圆月望去，那曾经属于他们的王朝仿佛仍在青春红颜。

他会弹琵琶。数月前他寄居朋友何雍南家时有词说“天寒沽酒拨琵琶，消尽丹徒客夜”，足见家境衰败后的陈维崧时常以歌弦自娱，强销愁闷，也正是通解音律之人，才能拥有二十年不灭的听觉记忆。“飒然声犯龟兹调”，他今次所弹的是胡风快曲，而《贺新郎》，原也是快词。

这首词已初见学辛端倪——通章除“赢得姮娥”处稍用了些切转手段，“涧边草”下了个无力的典结之外，几乎全为散文化挥写。只是他用力太实，少了辛词关节小处的折转从容，便不免稍失融汇。

尚不是大词家的写法，但却已端然可见至情人的骨相。

父亲死后，陈维崧致书几位朋友，以墓碑文、传和墓表相托。

这些人多为誓不仕清的遗民，而陈维崧此时为了佑护家中老小不受同乡仇家周氏的欺辱，已与几个弟弟禀明父亲，恢复了诸生身份并重新开始参加科举考试——但比朱彝尊幸运的是，朋友们都不曾对他的复出如何责难。

江南所受兵乱人祸已太多，这些同在力求保全家小的人们也实已无心去折辱朋友。

求文尚算容易，于陈维崧而言，尚有更尴尬的事。以目前陈家的实力，他竟连安葬父亲的钱都拿不出来——陈贞慧的棺柩，就这么在亳村停了近两年。

父亲死后，陈维崧一直有意无意地和家保持着不远不近的距离。他常年在江南游荡，常州、苏州、丹阳、金陵……虽然他说“八口尘生釜，双亲榇在堂”，以家累太重，双亲未葬而拒绝了追随朋友北上谋求官职的建议，但父亲去世后的两年里，他也很少踏足亳村。

“田畴之芜没者，诟租吏之夜打门者，责息之人声若豹者，妻戒司阍，绝不使余闻也”。偶尔回家时，储氏从不问他有没有带回钱来补贴家用，而只“篝灯煴火，用相劳苦”，更独自应对所有犯难，以保陈维崧在屋内“安居恣意，曼声讴吟自若”。然而陈维崧真的如他所说那样“自若”么？从这段文字中我们也看得出，他一直知道父亲死后，失去最后庇佑的妻子在家乡支撑得多么艰难。

他只是无法长期面对这样的艰难。

储氏嫁他时虽也匆匆忙忙，但究竟正是他一举考中诸生第一的光彩时分。甲乙之变后，陈家家境渐衰，陈维崧也是眼看着妻子勉力经营，左支右绌。她越是周到妥帖，他便越明白自己的文名才气都是怎样被供养出来的。

从“归而拔妻头上钗以偿艓子钱也，濒行，则又谋诸妇，质衣买艓子以去”不难看出，他每番归来时有多么狼狈，而离去时又有多么急切决绝。

从一个充满希望的开端跌落下来，以陈维崧的高傲，要与一个曾满怀信心地把终身托付给自己，而现如今却独力站在自己身前直面霜剑的小女子去分享这样的痛楚，实是强他所难。更何况，他虽然已与储氏育有一女，但直至赴水绘园前，二人相处时间加总起来也并不久长。他们婚前虽是世交，却相见不多，也未相互倾心，婚后二人接连遇变，更已来不及培养起爱情。

于是一年多来，他在各种即席诗词里喋喋不休地倾诉，但最体己的话，却始终不能在最亲近的人面前说出来。徐紫云和水绘园，恰恰就出现在了陈维崧最需要一个能让他不必背任何包袱的听众时。

三十四岁那年，亳村形势进一步恶化，陈家兄弟被周延儒的儿子周奕封屡加欺凌，几无安身之计。“阖门惶遽，踌躇进退，万难为怀”，无奈之下，陈维崧匆匆送年仅十四岁的幼弟陈宗石入赘侯方域家，又将年仅六岁的弟弟寄养在舅母家，自己也跑去南京避风头。这一去，他遇到一位父执辈的贵人，同为明末四公子之一的冒襄。

因与陈贞慧世交最笃，冒襄对陈维崧一直殊多照拂，此番听闻陈维崧乡里生变，便邀他来自己在如皋的水绘园读书小住，一则避避风头，二来可为重赴科考先行准备。冒襄虽然自己志不仕清，但对下一辈却看得开通：周家明朝首辅的儿子都去做了清朝的进士，陈家又为什么不行？毕竟陈维崧兄弟补诸生时便早该想得清楚：仇家既有了新朝的功名，倘陈家仍不图仕宦，那在亳村只能是越发失去立足之地了。

陈维崧思量了很久，决定答应冒襄的邀约。回家与储氏交代一番后，他于冬日启程往如皋而去。

许多信件证明，冒襄与陈贞慧、方以智等人实则均在清初或多或少地暗中参与过复明的活动。他们曾屡借诗文往来传递信息，而陈维崧在浪游江南的那许多年里，或者也曾帮他们通致过一些书函。

时局尘定，大业不成，渐渐地，大家的心思都灰了。陈贞慧誓墓不出，方以智出家为僧，而冒襄则定居自家水绘园，以诗酒自乐。他在园中收留了不少朋辈的后人，其中便有曾和陈贞慧一同起草《留都防乱公揭》，后来死于抗清起义的吴应箕之子吴孟坚；湖州抗清起义，最终不敌而绝食殉节的戴重之子戴本孝与戴移孝等。此外，许多冒家的后辈与当地的贫穷学子也都在水绘园中日夕读书，颇多诗文唱和。

是以陈维崧此去，虽是寄人篱下，但毕竟有诸多交好同辈，倒也并不多么难堪。

水绘园在如皋城东北角，依城墙而筑，“城围半园，雉堞俨然”，内里则毗邻中禅寺与伏海寺两座禅院。此园原为冒家私园，冒襄接手后曾专门延请治园名手张涟、许荫松重行设计扩建。修葺之后，全园呈品字格局，碧水周流，林峦掩映，盛景如画。

冒襄本是雅人，而水绘园的重构，更多少寄托着一些以园言志的意思。譬如他为了纪念亡友戴重，便曾专在水边修了一座碧落庐以为追思。

“是为戊戌冬，层云莽寒厉。同行一老僧，衣垢鞋袜敝”。陈维崧从宜兴一路赶来，抵达如皋时已颇见狼狈。而为了给他接风，冒襄也付出了最大的诚意：“担囊甫到门，仆马立街砌。先生喜我来，圆方选芳脆。令弟喜我来，倾筐争拥篲。令子喜我来，齐肩若棠棣。杂沓溢宾徒，欢噱及奴隶。”

看到这段诗时，我每每想到如林黛玉进贾府般的一组长镜头：担囊先行，遂有仆佣外迎；入得家门，乃见冒襄、冒褒兄弟亲来迎接，盘馔相承，持帚相候；而后小辈上前相认，直如男版三春初见；续等寄居冒家的儿郎与家中的奴婢含笑见礼时，则令人几若能听到电视剧里熟悉的声声“林姑娘来了”。

在陈维崧这段很多年后的回忆里，徐紫云的出现被加工得仿佛曹公写的宝黛初逢。“阿云年十五，娟好立屏际。笑问客何方，横波漾清丽。先生顾我言，此会有神契。”他笔下的徐紫云虽年纪不大，却落落大方，见客能主动上前问话，而冒襄更仿佛连最后贾母那句“如此便更和睦了”都演了全本。

但实际上，在真实的初见里，陈维崧最多只是对这个清秀的少年有些较旁人不同的留意，且这留意也是在后来的酒筵上（“乍见筵前意便亲”），而并非乍见之下的屏际。作为晚辈，他并不可能在初次登门就直接与主人为一个优伶而眉来眼去。

陈维崧被安置在冒家得全堂北的一座小楼上。当晚，冒襄大办宴席为他接风，并召集了自己的家乐班来助兴。戏班中最出众的男伶有三个：一位杨枝、一位秦箫，还有一位便是徐紫云。杨枝与紫云擅长南昆的歌板与舞技，而秦箫则能度北曲，走激越凄楚一派。

冒襄于戏曲一节有极深造诣，不但会声解意，还能亲自指导戏班，于音律上加以调和。他性情宽柔，早年虽与陈贞慧等人一般地厌恶阮大铖，但在阮死后却并不否定其戏剧才华，还不计前嫌地收留了阮家乐班的许多乐师和伶人（杨枝的父亲、徐紫云的老师陈九便都是阮大铖家乐班的老人），让他们教冒氏家乐班表演阮大铖所作的《燕子笺》《春灯谜》等剧作。经过几年经营，冒家的戏剧也便渐成了入清以来江南的一块招牌。

徐紫云便是在这种氛围下成长起来的。

他是明僮，也即是俗称的“兔相公”。明中叶以来，朝廷禁官吏宿娼，罚令慎言，却未禁狎优，因而男风大盛，这也无须讳言。一个清秀的贫苦人家男孩子被卖给了冒家乐班——虽然终究还是好过了外面的戏班或者真的所谓“下处”，但小小年纪日常要应付主人家的狎昵，也已是顶顶命苦。

然而，究竟他也因这清秀与贫苦，得以在日常的挣扎里触碰到那个时代里一干几乎最好的戏曲研习者。视以香菱学诗便知，在苦涩的命运上，一种能走到极处的爱好，已足以慰藉一个痴人。

人谓陈维崧对徐紫云一见倾情，是爱他的容貌、歌技和性情，而我倒觉得他所珍重的，或者还是这种能在污贱中自乐的痴心。与妻子储氏逆境中的坚持抵守相较，十五岁的徐紫云这样毫无争决心的专注与快乐，或者才是此时这个偃蹇不名的公子真正对症的解药。

关于陈徐二人定情，有个流传很广、被过度文人化的传说。谓某日陈维崧与徐紫云相从约游于水绘园梅林之中赏花，冒襄发觉后一时大怒，缚住徐紫云意欲杖责。陈维崧唬得赶忙去求恳冒家太母，于其门外长跪不起。老太太心软跟儿子传了话，冒襄遂使人告陈维崧言，需咏梅诗百首，方不见怪。陈于是连夜作诗百首送上，冒襄读罢大为击节，便将徐紫云送给了陈维崧。

这故事初见于钮琇的《觚剩》，蒋京少亦有类似记述，但因人物形象的呈现与情节的走向上实在太有传奇戏本的气味，却不得不令人生疑。

冒襄在故事里被塑造成了一个脸谱化的试炼者，但从种种记述来看，他在徐、陈情事上扮演的角色实则要复杂得多。

作为徐紫云的主人，冒襄对这个小伶素来心怀怜爱，也早有幸昵（后来他曾明确拒绝陈维崧将徐紫云带离水绘园的请求），而身为水绘园的客人，陈维崧要紫云长期在身侧相侍，也当然必须要经过冒襄的首肯。

钮琇用一百首梅花诗简单地构建了这个过程，但实则我看到的是，早时的陈维崧一直在用杨枝作平衡，来掩饰自己对徐紫云相对特殊的关注。

除夜听家乐班唱曲后，他同时为杨枝、秦箫和徐紫云三人作诗，不分亲疏，而单看早期在水绘园间的日常酬唱，也似乎是写给杨枝的更多一些。“如皋忆，按谱砌新词。传语东君须婉转，此情莫遣外人知。除说与杨枝”“捻杨枝。问杨枝。花萼楼前踠地垂。休忘初种时”，均亦婉转有情。

这种刻意的平均无外出于两种可能，一是陈维崧斯时对类似身世的男伶一样怜悯和感触，并不分你我轩轾，二则，他并不想在这种事情上多生事端，把所有关注集中在一个优伶身上，而让冒襄为难。

“重五节，记得在如皋。小展簟纹融似水，杨枝低唱紫云箫。回首路迢迢”。镜头的化用本自“小红低唱我吹箫”“回首烟波十四桥”，但不难看出的是，在陈维崧的笔下，他自身是抽离在箫与歌之外的。这两个冒家班里顶尖的小伶只是背景，是带点人文化的橹影水声，而他的心事，最终还是落在“回首路迢迢”一句。陈维崧来水绘园是避祸，他惦念着家乡，期许着仕途，也绝没想到自己会在这里一住八年。

而对徐紫云而言，陈维崧的到来便并没有那么复杂。与温柔平和的杨枝相较，徐紫云是个“坦率易失欢，与人多睚眦”的小刺头，略有袭晴之别。这个少年简单纯粹，除了日常的练习和不得不去的陪客外，他并没有什么需要着意经营的事体，于是我们也不难想见，他既对陈维崧见面便生好感，自然也会在无事时频繁去找他。

在陈维崧后来的《怊怅词》二十首里，我们不难窥到二人日常生活的样子。“一枝琼树天然秀，映尔清扬照读书”，这是闲窗夜读；“旅窗若少云郎顾，海角寒更倍许长”，这是晚归看顾；“记得端阳五月中，君曾薄醉倚帘栊”，这是黄昏小饮；“记得与君新月底，冰纹衫子铺秋虫”，这是节令玩乐。

种种回忆大多是和着黄昏与夜色的，于陈维崧，是不愿示人的掩映，而于徐紫云，则是纷忙不忘的关心。

陈维崧比徐紫云年长十七岁，从年龄论已近乎是长辈（徐较陈之长女不过小一二岁年纪），但他对紫云的感情最初来看却不并太似忘年情乱，反而更类面对一个境遇更多舛的自己的镜像时，一种跨时空的怜惜。

从大量的诗词中可见，陈维崧对这个少年并没有独占欲，相反倒还很为紫云拥有众多爱慕者而自豪。《怊怅词》里有这样一首诗：“薄命都由伎艺工，怜才那复古人同。平原座上人如许，独酌椒浆酹马融。”就中“马融”指的是冒襄的舅舅马羽长，陈维崧特在小注中点出此老生前“最爱云郎”，视其诗，颇有引为同道之意。

有人见招时，紫云常需深夜外出陪客，而陈维崧在其居处相候时也并不生妒。“三鼓出门乌夜飞，五更还家星宿稀。水晶楼角几时暖，独坐待君归未归。”这种等待在今日看来甚至是从容宽爱的。不难得见，在如皋的这段时间，即使是二人关系最亲近的时刻，陈也并未将徐视为自己的私产。

但他确实是喜欢徐紫云的。这种喜欢与对杨枝的单纯怜恤不同，而更近似一种对青春的追寻。徐紫云才艺出人，率朗天真，亦因主人的缘故自小便得与一干老名士往来，待人接物落落大方，有种不知天高地厚的鲜活劲儿，这均与少年时代的陈维崧有相似处。此外，他上佳的音乐天赋也让通解音律的陈维崧心存敬意。“一声两声秋雁叫，千缕万缕春蚕丝”，“高才扪曲惊莫敌，细心入破真吾师”，陈维崧对其歌艺的欣赏是在技术层面，而不带太多亵玩态度。

这也并不难理解，因为他在水绘园中对徐郎的种种眷爱，其实说到底不过是一场怀旧的投射。

“徐郎醉汝一杯酒，汝醉还能作歌否？请为江南曲，一唱江南春。江南可怜复可忆，就中仆是江南人。”因为事业无成，他一直不肯走出自己的少年时代。一切稍让他觉得亲切和熟悉的事物，都会被他吸卷、美化，用以辉想当年。

从这个角度看他对徐紫云的依恋与纵容，或者便能清明许多。究竟陈维崧是有过几位异性恋人的，且即便在如皋与徐紫云相聚最密切时，他也未曾停止对那些女子的惦念。当然，这惦念里尤其包括对他的妻子储氏。

大多数人在言及水绘园一节时会特地模糊掉储氏的存在，而将陈徐之恋渲染成一场不管天地凉热的冲动，实则我却以为正是因为有了徐紫云，陈维崧的心才更加贴近了妻子。

某个将春未暖的夜晚，他赏罢徐紫云、杨枝等人的歌舞弦管后，从水绘园回到冒宅自己的小楼，准备给妻子写家书。听着遥遥犹未消歇的乐声，倚马千言的陈维崧拈着笔，凄然良久，不能下一字，最终索性填了一阕《八归》寄回亳村。

弹得弦清，飘来笛脆，曲室诸郎歌管。他乡风月佳无比，只是中年以后，心情顿懒。遥忆故园妆阁上，镇玉臂、云鬟凄断。伤心处，何事尊前，听一声河满。　　却是绛河欲没，珠绳乍转，画角谯楼哀怨。旧事如尘，新愁似梦，可惜一场分散。奈天涯滋味，瞒不过、南归鱼雁。吮霜毫、才提还倦。莫虑春寒，罗襟红泪暖。

这首词几乎摆脱了他早年的所有习气，未用任何手段而皆是心音自剖。在词的最尾，这个素来眼里笔端全是自己的公子难得地将一个温暖又凄凉的镜头留给了妻子。

从“奈天涯滋味，瞒不过、南归鱼雁”处不难见，他已不再试图和储氏划开距离，特地去在她面前摆出“曼声讴吟自若”的模样了。急弦繁管后的月下灯前，徐紫云等人再次回归了背景音，当他偶然离开那些少年而看到自己的衰颓时，陈维崧渐渐接受了他一直在经历着的不易。

他老了。

陈维崧留在水绘园本是要踏实读书，图取三年后的高中，好以功名之身庇佑家乡的亲人，但他的考试运似乎也已随着大明的国运远去，虽然他日夕苦读，却屡战屡败，后续接连两番赴考都是颗粒无收。这对于一个年少便有才名的文人来说，无疑是最大的折辱。

而他在水绘园的暂住，便因为这两次下第而渐渐演化成了滞留。冒襄对他仍然是极好，但冒家因亲戚族人多有不睦，食客又众，财力纵大，亦显出力有不支之相。陈维崧看在眼中，自责亦不免日甚一日。

在这样的惶遽和自怨里，水绘园有了一件微不足道的喜事——年过弱冠的徐紫云在母亲的安排下娶了亲。虽然这娶亲只不过是传宗之举，对其日常生活并无影响，但就仿佛宝玉听闻迎春订婚便预见到青春散场般，陈维崧对此事大为感伤。悲欣交加里，他写下了那首著名的《贺新郎》。

小酌荼蘼酿。喜今朝、钗光簟影，灯前滉漾。隔着屏风喧笑语，报道雀翘初上。又悄把、檀奴偷相。扑朔雌雄浑不辨，但临风、私取春弓量。送尔去，揭鸳帐。　　六年孤馆相依傍。最难忘，红蕤枕畔，泪花轻飏。了尔一生花烛事，宛转妇随夫唱。努力做、藁砧模样。只我罗衾浑似铁，拥桃笙、难得纱窗亮。休为我，再惆怅。

开到荼蘼花事了，全词首句便明确地亮出了陈维崧实际的感伤所在：他不甘地见证了又一个少年的长大成人。

说是喜，但自"滉漾"二字的水意不难看出，词人的眼中是带着泪的——他看不真切新人的样子，钗鬟芳容，于他只有光影一片。

视觉不真，入听则明。自隔屏扰扰的喧笑里，他辨听到了"雀翘初上"的消息——雀翘，一名去母，音又谐鹊桥，用以言明徐紫云经过闹房终于走进婚室，双关之意甚妙。而后词境便陷入想象：紫云容色秀美，陈维崧因此猜度新娘偷看他时会生起雌雄之疑，至于会悄悄用自己的绣鞋去比量，方能断定性别。当推想已细化到这一节时，他才能够真正在心里决定，并接受了"送尔去，揭鸳帐"的事实。

下片走入回忆，自新人的鸳帐回到了旧日之枕席。不难看到，"红蕤枕畔，泪花轻飏"是作者特地拈出的又一回泪眼，正与上片"钗光簟影，灯前滉漾"相照相生。从相看的泪眼写到今日的花烛，自然便不免令人在十分的欢喜热闹中，生起“蜡炬成灰泪始干”的怅触。其后所谓“妇随夫唱”，除却祝愿二人音声相和外，更不难推知的是紫云并未高娶。他较大可能是如蒋玉函般配了个丫鬟，或者新娘干脆便同是乐户人家的女儿。这自他婚后亦仍是乐籍，也依然不能摆脱唱曲与陪客的窘境亦不难佐证。

境况既无改观，又多了一人追随，此局如何解法？“努力做、藁砧模样”，这样的劝诫，不独是对紫云，也或者更多是对自己的。由此后文“罗衾浑似铁”除却映照前事，自伤孤冷之外，更多则是从自己的凄寒身世里，对紫云来日的一种悲观预言。

到此当知，最末一拍的“休为我，再惆怅”实则并不是陈维崧故作大方的作态，而是一种人生层面上的大悲悯。

这首词手法上相对简单，不过是上下片间对折映照，中间辅以少量羁词牵拉接引，于陈维崧的手段而言，并不见多么高明。但因这一段不寻常的情事，数百年来它持续地被文人们轻薄地追捧。

他们猥琐地猜度着陈维崧奇特的失落，并予以自己廉价的同理心和小文字，但词里的彷徨，不舍，决断，悲悯，甚至彻悟，最终蒙在一场脸谱化的同性恋情底下，绝少有人察觉。

“两战两不收，霜蹄一朝蹶。我闻长安街，连云矗扶荔。金张许史家，敝裾尚堪曳。逝将舍此游，愿言一谒帝。”这年，陈维崧向冒襄告辞。他决定放下身段，去北京找找路子碰碰运气。

“人当临别歌偏妙，曲为言愁韵转和。正是客心凄断处，漫天丝雨不须多。”冒襄再次办起宴会为他送行，在细雨中的别筵上，重听徐紫云、杨枝等人的戏曲，陈维崧十分伤感，但再未犹疑。

这个三十九岁的老少年在自己的镜像也终于走出青春幻境之后终于下定决心，站起身来，离开了父辈与妻子为他苦苦撑出的象牙塔。

因为王士禛的极力劝阻，本打算即刻北上的陈维崧在江南停绊了数年。

在王士禛的描述中，易代后的北京城人情错综，权力倾轧，绝不适合江南文人生存。陈维崧闻言不免对京城起了畏意，遂至踟蹰，但即使如此，他也仍未再返回如皋冒襄家长住，而是转赴扬州一带奔走，借着文名赚些润笔，以资亳村妻女需用。

储氏子女缘薄，虽早时亦有孕诞，产下过三女一子，却因族祸频仍，第二胎惊吓小产后落下了不足之症，以致此后的孩子均未成活。及至陈维崧自水绘园归来，夫妻二人都已年将不惑，她膝下长大成人的最终只有一个长女。

“当时两小，乐卫人夸门第好。零落而今，累汝荆钗伴藁砧”。一位通文墨、解琴棋的高第女子二十年来苦守空闺，日夕劳作，为夫家抵挡乡里豪强欺凌之余，还要独自接连面对丧子丧女之痛，就中艰难，实不堪细想。

数年后，陈维崧与储氏为长女议定亲事，许给了宜兴词派名家万树的侄子万峰。从门第上论，万家上推数代不曾出过一个像样的功名，配陈家该算高攀了，但以陈维崧当今的潦倒沦落，能得万家婿也已是不坏的选择。

爱女既嫁，次年除夕夜，陈家便只剩了夫妇二人。储氏虽已极力操持，少了一人的家中仍不免更见凄凉。

陈维崧素来善感，每值佳节都极易触动情肠，不几日到了立春，他思及又是一年劳苦无得，心下凄然，下笔填了一阕《满江红》：

父念儿耶，珠泪迸、溪流同涨。屈指算、四时作客，三秋抱恙。山左未寻周栎下，广陵且觅王贻上。乍榴花、时节载愁还，堪谁饷。　弱女嫁，罗衣漾。诸弟隔，羁鸿唱。又匆匆去买，高邮雪酿。寒夜才归阳羡棹，灯前拟试金焦杖。向泉台、泣数一年间，飘零状。

当头一句便是至痛之语。全词晓畅明白，未刻意作哀音，然短短数十字间，一年行计已如狮子滚球，交加纸上。扬州高邮自元代来便是产酒重邑，陈维崧昔在水绘园时，归家途中便每要绕道去高邮买酒：“败荷衰柳，且买高邮红玉酒。群盗如毛，月黑邻船响箭刀。”昔时纵盗贼四伏，惊险万状，他也不改此好，今年嫁女后生意凄凉，显然他又专程绕道去买酒了。

“向泉台、泣数一年间，飘零状”。他借着醉酒，任性地在父母灵前大哭了一回，但醒来后日子却还要过下去。

陈维崧后来零星又去过几次如皋，与徐紫云相见，也自然复有悲喜。他有一阕伤别离的《水调歌头》甚是动人：

真作如此别，直是可怜虫。鸳裯麝薰正暖，别思已匆匆。昨夜金尊檀板，今夜晓风残月，踪迹太飘蓬。莫以衫痕碧，偷揾脸波红。　分手处，秋雨底，雁声中。回躯揽持，重抱宵箭怅将终。安得当归药缺，更使大刀环折，萍梗共西东。絮语未及已，帆势破晴空。

通篇缠绵不舍，曰别曰归固不待言，但看到如神龙腾起的尾句以五字将前事一抹而空，方叹服其势大力沉。不过，词虽这样写，陈维崧本人却并不能如此决绝。从“安得当归药缺，更使大刀环折，萍梗共西东”句约略看得出，在重聚的期盼之外，他竟更生出了将徐紫云带走的念头。

在陈维崧得到友人资助，再一次鼓起勇气打算上京谋个官职时，这个念头付诸了实践。或是徐郎一意追随，也或是陈生百般难舍，康熙七年（1668），四十四岁的陈维崧没有禀告冒襄而私自将徐紫云带离了水绘园，二人一路并辔同游，千里北上，再未回归。

从一些诗作大致看得出，陈维崧带徐紫云走，除因所谓的“相从甚洽”外，更多是以徐郎性情直率，在水绘园戏班一众伶人中已不能见容之故。十余年过去，徐紫云年齿稍加，雌相渐泯，在冒家也就日益失去了恃宠而恣的资本，在这样拜高踩低的所在，失去上位者的关注便是彻底失去了立足之处。是以此番私奔，实则是陈维崧救苦而不得已之举。

思及冒襄待他甚诚，陈维崧为此极感愧疚。二人行至山东时遇到了冒襄之子冒青若，他赧然特地修书一封托他带回为自己请罪，上京之后又是第一时间恳请龚鼎孳写信代为说情。

龚鼎孳极会说话，致书谓冒襄言：“弟以老盟翁一片深情，生平怜他人过于自怜，怜其年又当过于怜云郎，定无后督意也。”连消带打，将冒襄架得甚高，彼也自不能再追究。当然，从冒襄后来所作“陈生奇文乱典坟，陈生痴情痴若云。曲间知己无如我，不遣云郎竟与君”来看，他也确实没有打算再追究此事了。

龚鼎孳住在宣南，陈维崧此来投归为求方便，便也寓居在了宣武门外的长椿寺中。南人北居，虽饮食气候多有不便，见闻往来却也别有新鲜。

寄居期间，他逛过五月初五前门的庙会，见识过六月初六上斜街外的洗象节，追随前辈们混迹过慈仁寺的书市，也跟着酒朋诗友领略了平乐园的戏剧。虽然此番真的拥有了足够的空间，但陈维崧并未沉溺于与徐紫云的共处，相反，他似乎更乐于放任两人自由。早已名满江南的徐紫云在这次的京师之行中，也得以多与当地伶人交流，“南腔北播，菊部歌儿多摹其音，于是京邑剧风为之一变”——顺势牵带起京中戏剧的渊源发展，倒是这回私奔的无心插柳之功了。

在这段时间里，陈维崧与朱彝尊“合刻一稿名《朱陈村词》，流传至禁中，蒙赐问，时以为荣”。这部薄薄的册子虽然已失传，但隔世看来实在是极有分量的。它是清初词坛浙西、阳羡两派巨匠的第一次并峙交辉。虽然此时二人均在偃蹇落魄的境地，但究竟因着这回合辑，在高手如云的京中，甚至禁中第一次留下了自己的名号。

因居近帝都，陈维崧的诗歌视角也渐显高阔。在这一年，他见识了北京夏季自来的暴雨，也经历了山东大地震的余震。他写下《大水行》《地震行》《长安老屋行》等长诗，哀悯郁怒，却略有少陵乐天以诗存史之意。虽然这些诗在他而言并不算上佳之作，但这对于一向只执着于自家哀乐的陈维崧来说，堪谓又是一层成长。

在怜诸苍生的同时，他当然也没有停止自怜。在京中花销本高，陈维崧没有俸禄，随身银钱用完后，生计所依便无外龚鼎孳一人。镇日赏花文酒的生活看似极是潇洒，但这不过是他在殷勤等候龚氏或能为他说合到一份职位的无奈羁留。

这种带着乞怜与焦虑的期待，极损人心气。

八月初八之夜，他自书家纪伯紫处归来后心情萧瑟，填了一阕《念奴娇》：

挥杯一笑，恰举头、又见昨宵明月。如此清光兼老伴，遗恨真无毫发。莲子轻抛，蘋婆细劈，慢取橙齑切。风前倚幌，满城晓角初歇。　　可惜万事蹉跎，半生偪侧，难得胸怀豁。谁把银河阶下泻，快作西山积雪。感极关河，愁深砧杵，一寸心俱折。为浑脱舞，乃公直是奇绝。

开篇破口直歌，而后情致渐转渐细。缓述筵食，实是隐写闲谈——抛莲子，切苹果，分橙脍都是慢条斯理的活计，手上忙着这些事体时，口中自然便最宜说述平生了。词境方入慢拍，上结风幌忽而一闪，须臾至曲终人散。晓角初歇，画面瞬间回归至作者一人。

下片扶醉归来，仰看星辰侧看山，便大可纵横今古。陈维崧把收束交给了一段醉中的快舞。尾二拍用了张元幹“怅望关河空吊影，正人间、鼻息鸣鼍鼓。谁伴我，醉中舞”的意思，但为有上片一段暖香，下起一回清醒，这舞倒是劲健得醇厚而有回力了。

想起他年少时“肠肥脑满，著高屐于市上，作谢镇西鸜鹆舞”那得意扬扬的样子，这中年酒宴散后独自带醉的一舞的

“奇绝”实在引人心酸。

陈维崧这番是鼓起很大的勇气来到北京的，但最终的结果却并不如人意。虽然龚鼎孳尽力周旋打点，终未能为这个年少成名的江南才子找到一份像样的职缺。日子忽忽过去，作为折中，龚鼎孳只得致信中州学使史逸裘，乞来了一份幕僚阅文的差事。

我们可以感觉到陈维崧本心并不愿意，毕竟在后来的诗书信件里，他都很少提到这份营生。

与朱彝尊不同，他自来是心高气傲的，从前虽售文谋生亦属不易，但毕竟文人间的体面还在，尚能维持起一种平等的错觉，似这般直接仰人鼻息，却是最后一层遮羞布都被人扯掉了。

然而，毕竟长者好意，兼之家乡祸乱未平，也无处可归，他权衡再三，终究还是去了。走之前陈维崧赠了龚鼎孳三首《沁园春》，语意中依旧满怀感激。此组词颇见陈维崧学辛手段，也多为各清词选本所青睐。能以韵语为文而不拘于韵，率直潇洒，择一首观之，便知不虚。

归去来兮，竟别公归，轻帆早张。看秋方欲雨，诗争人瘦，天其未老，身与名藏。禅榻吹箫，妓堂说剑，也算男儿意气场。真愁绝，却心忧似月，鬓秃成霜。　新词填罢苍凉。更暂缓、临岐入醉乡。况仆本恨人，能无刺骨，公真长者，未免沾裳。此去荆溪，旧名罨画，拟绕萧斋种白杨。从今后，莫逢人许我，宋艳班香。

这路词原已不必以技法相绳，只因它的好处原不自玩味中取，而全出乎吸卷的动势。换言之，它的能力在于将读者作者化，这种作品实则是反理性，也反批判的。

从词作中，我们不难看到他的自高与自弃，向世与厌世，不舍与决绝，而所有后者，都是前者的掩映。“禅榻吹箫，妓堂说剑”，均是鸡同鸭讲、无人能会的大不合时宜，玩世不恭中是词人满满的自嘲。他说自己要回老家，算是给中州幕僚之行打了个掩护，“拟绕萧斋种白杨”用《宋书》萧惠开之典，也算后世黄仲则“愁多思买白杨栽”的前身。

浮生之苦，已令人几欲弃世了，而从最后一句更可见，他实已宁可抛弃掉他那样看重的声名，也不想再担负这样的苦楚。

此去入幕，陈维崧主要的工作是帮学使审卷子。公务间隙，他还去了一回商丘探望入赘侯家的弟弟，顺便和旧友草草联咏，松快松快精神。

早年在水绘园时，陈维崧曾托人为徐紫云绘了一幅《九青小像》，许多文朋都曾凑热闹在卷上题诗，画也越补越长。每到一处，他都会带着这轴画卷，集邮一般请友人在上面续题。老朋友们当然也早就习惯了他这样的恳托，其中也很不乏有人题了一次又一次的。

然而这年，当他请同乡好友董以宁再次为他题卷时，却遭到了拒绝。

病中的董以宁极诚挚也极峻切地回了一封很长的信，信中当先絮絮讲起的是他的两个儿子。董以宁说老大如何可爱，老二又如何可爱，自己很后悔耽于俗务而没早几年生孩子，以致现今百病缠身，实不知还能陪他们多久。言及此，董以宁随即语气转肃："足下更长于仆五年，于少保公为冢孙，于处士公为冢子，生子事大。虽支离潦倒，不宜更有此无益之好。遂阁笔不复为足下题九青图。"

今日看来这种劝诫或许是迂腐的，但作为二十余年的朋友，董以宁却不可谓不懂他，此番也是难得地倾倒肝肠说了直话。他不客气地指出陈维崧对徐紫云图卷这种大张旗鼓的索题不过是"吾辈失意之人，支离潦倒之所托也"，实在不必坚持这许多年。此后，他更在陈维崧一直深以为憾又不愿明言的子嗣之忧上推了他一把。

写完这封信没有多久，董以宁就去世了。陈维崧"重趼狂奔，哭君百里"，而这封董以宁最后留给他的拒信也不免深深烙在了心上。

随之，他对徐紫云的一腔痴意，也渐渐挣脱了各种仪式感，回归了平常的相伴。

第二年，他在中州托人买了一名南京来的伶俐少女作妾，第三年，小妾便有了身孕。陈维崧将母子俩安置在了商丘，兴奋地返回宜兴祭祖诉说这个消息，顺便绕道去了趟如皋水绘园。谁料正值此时，吴三桂忽然举旗反清，中原兵乱遂起。

陈维崧在江南接到消息，得知小妾生了个儿子，奈何想去迎接时却被战乱阻隔，只能望着长江无计可施。

买妾原本只是为了绵延子嗣的，但真成隔绝，他也动了心怀。“思念愁多类魇。记帘窥秀黛，柱映娇脸。讵意分飞后，相思苦、泪滴桃笙红淡。长江天堑。况万重、败驿荒店。料此际有人，只为我翠蛾敛。”这样带点家庭温存的思念，从前只给过储氏，而如今也有了旁托。

这一耽搁间，便是两年过去了。陈维崧尚没见到儿子，却又迎来一个噩耗：年仅三十二岁的徐紫云病逝在了宜兴。这年清明，陈维崧为云郎填了一阕《摸鱼儿》：

正轻阴、做来寒食，落花飞絮时候。踏青队队嬉游侣，只我伤心偏有。休回首。新添得、一堆黄土垂杨后。风吹雨溜。记月榭鸣筝，露桥吹笛，说着也眉皱。　十年事，此意买丝难绣。愁容酒罢微逗。从今纵到岐王宅，一任舞衣轻斗。君知否。两三日、春衫为汝重重透。啼多人瘦。定来岁今朝，纸钱挂处，颗颗长红豆。

在这首词中，他全然没有掩饰自己的伤心，却也首次婉转而隐晦地将徐紫云与自己的关系做了明确的界定——“此意买丝难绣”用“买丝绣作平原君”，谢的是冒襄的知遇；“从今纵到岐王宅”用“岐王宅里寻常见”，感的是国变的飘零；尾句则用“颗颗长红豆”，以王维“红豆生南国”为藉，终将这段阴晴不定的情事定位成了一段羁绊至深的友情。

这或是年近半百的他得了子嗣之后，最后给自己和云郎的交代。

终于见到爱子时，这个被他唤作狮儿的男孩儿已经快三岁了。小妾将他抚养得聪俊可人，活泼异常，逗得久未听过婴童啼唤的陈维崧一见之下欣喜若狂，急急写下四首《西江月》。

猛兽产于绝域，骁腾来自安西。一呼百物尽披靡。何论猘奴鹞子。　　我顾灰颓若此，儿应跳荡如斯。神仙将相讵难为。万事取之以气。

昔日游梁枚叔，儿生此地名皋。滑稽敖弄解诙嘲。曼倩同时绝倒。　　我意殊为不尔，诗书莫误儿曹。凭他上树日千遭。长大耘瓜扑枣。

儿已健如黄犊，翁何此日才来。怒涛雪浪吼长淮。兵火连天四载。　　细听吴音小却，戏投粔籹旋回。怪娘仓畔有于思。笑问客家何在。

牵狗高辛集上，呼鹰埊泽门边。愿儿无若宋人然。庄岳之间不远。　　六岁定归家塾，有甥与汝齐年。西风亟趁下江船。虾菜东吴正贱。

一时天上，一时地下，一时说不要孩子读书，一时又连几岁入塾都盘算好了。这样语无伦次的欢喜，全不似一个经历了半生蹉跎的中年人，倒像是一个年轻的新手父亲。

他发掘出了极丰沛的慈爱，也找到了极幸福的奔头。四十九岁的陈维崧在这个传承着自己血脉的孩子身上看到了重新开始的希望，而从“有甥与汝齐年”一句也不难看出，在有了自己的儿子后，他自以为终于能在同辈亲戚面前抬起头来的自得。

陈维崧千里跋涉，带着小妾和孩子回到了亳村。

他想让狮儿在他成长的地方长大，以弥补自己的种种遗憾与不甘——这孩子生在了时局平定的新朝，不必经历他所经历的一切苦涩，同样是陈家冢嗣，他这一代却已可以全无包袱地读书，谋仕，成家。

他带狮儿在亳村走遍了自己儿时的回忆。某日看到在甲申之变殉国的三叔陈贞达少年时读书的开远堂已被辟为酒肆，陈维崧也不免一阵怅惘。他犹记得当初画檐上的鸱吻和紫色的鸳鸯瓦，也记得当年这位倜傥却正直的三叔曾多么欣慰地看着少年时的自己，并执意让自己为他的《渔隐图》题诗。

那不久，他风华正茂地去了京师，也跟着崇祯皇帝和大明死在了那里，再也没有回来。

陈维崧说希望狮儿能够不要再如自己般领略这样的惆怅，而狮儿的回应却更为惨淡决绝。这个背负着父亲余生希望的小儿郎因为水土不服，没几个月便急病早夭在亳村善和坊家中，死时年龄尚不满四岁。

五十二岁的陈维崧几已经没有余力再去为狮儿写一首哭儿词，不久，丧子的小妾也因与储氏多生不合，在陈家再住不下去。这个曾经“眼波长，鬟云光”的“石头城下小萧娘”就这么被遣去，连名字也不曾留下，转身隐失在了历史里。

不两年，他与储氏嫁在万家的爱女也撒手病逝了。至此，陈维崧在被国难打断而始终未完结的少年时代里腾化出的幻光全部熄灭，他的余生，已只剩下了自己。他迫切地需要在生命结束之前，给自己出人的才学留一点交代。

又一次科举失败后，康熙帝开博学鸿词科的消息就这样应时而来。“一代之兴，必有博学鸿儒振起文运，阐发经史，以备顾问。朕万几余暇，思得博通之仕，用资典学。其有学行兼优、文词卓越之士，勿论已仕未仕，中外臣工各举所知，朕将亲试焉”。

来得实在很晚，但终是来了。

陈维崧几乎毫不犹豫地写信给旧友宋德宜请求举荐，储氏虽已沉沉病倒，“思亲忆女，隐约回环”，却依然坚定地对丈夫表示了支持——她再一次抱病送陈维崧离开了亳村。

几经生死聚散，陈维崧又来到北京。“予生已迟暮，近状倍蹉跌。飞扬五色毫，半被穷愁夺”。经历了一次来京受矬，七番科举失败，此时的他对自己已是全无信心。

我不知道在辉煌敞亮的体仁阁中应试时，陈维崧回头想到江南贡院那个笼子样的小班房会是什么心情，但无论如何，环境好了，结果确实就也好了。

四月初一发榜，博学鸿词科取中五十人，著修明史，陈维崧在其中位列一等第十位。一众老名士们战战兢兢地在钦天监火神庙统一着朝服顶戴后，次日共赴史馆，各领授衔——陈维崧被授为检讨，也便是这一回。

五十五岁这年，这位老少年终于证明了吴应箕四十年前“掀髯抵几，立饮尽一斗”后对他的称许——“子异日良史材也”。只当时大明尚在，而当他真的做了清朝的良史时，距吴应箕反清不屈而死也已三十年有余了。

在北京立稳脚跟后，他便想立时把妻子接来。这样出人头地的喜悦，陈维崧最想与之同享的便是储氏。

这是他陈家欠了储家半生的承诺，也算是夫妇二人一直的期待——就在他年逾半百，最近一次科举失败后，妻子仍温言笑着安慰：“以君之才，何忧不得官？第忧他日仍一穷官耳。”如今他倒确实当上了最穷的官——京官，想到这句调笑，陈维崧也自觉有趣。

他想好等储氏过来后与她一叙前话，但盼到储氏回信时才得知，妻子此时的身体已再不能支持舟车劳顿，实是无力北上了。

史馆公务繁重，他自也不可能得假回家。在置身翰苑的第一个七夕，陈维崧思念妻子，写了一首真正意义上的情词——《玉簟凉》。

太液荷香。怅良夜今秋，仍卧他乡。输他天上景，又填鹊成梁。一从上苑入直，金鱼佩、谁放疏狂。瓜果宴，奈庾楼高处，风露偏凉。　　秋光。旧家节物，往日心情，赢得无限思量。一钩眉样月，记曾照幽窗。粉云此夜千里，盼不到、小院疏廊。银汉底，料有人、和泪凝妆。

陈维崧虽然通音律，却不曾研究词谱渊源。他选词牌素来跟着心情，择定字面相和的便依着谱填下去。从他赠徐紫云大婚用了看似好意头的《贺新郎》，而并不睬这个牌子实则激越凄楚，并不适合贺人便知。他择定《玉簟凉》这个词牌，或正出于一种美好的想象：暑热未消，远在亳村的妻子独卧玉簟，没个人相倚，想来也是“清辉玉臂寒”罢。

“旧家节物，往日心情，赢得无限思量”。这是一种尘埃落定后，对前尘带着淡淡微笑的回思。在幽窗、小院、疏廊的词境中，他“和泪凝妆”的想象，实是对已年将花甲，百病缠身的妻子一种逆光的追视。他写储氏的诗词向来少涉容貌，只有神态与动作——这是出于皮相之外的相知，却也即二人韶华时节的错过。

陈维崧在入职史馆的第二年接到了储氏的死讯。她死在十二月初五夜晚，次日便恰是陈维崧的五十六岁生日。

家信中说，储氏临终当晚，还惦记着天明便是丈夫生辰，命小婢供佛时务必换上新鲜蔬果。此事既了，夜漏五下，她心知不起，叹了一句“我将去矣”，留下请陈维崧“广求妾媵，早延嗣息”的遗言，便即“端然而逝”。

及至最终，她也并无一句话涉及自己。

消息传到京城已是两个月后。陈维崧接到讣闻几如五雷轰顶。“自二月闻讣以来，白昼则懵然中恶，意忽忽有所忘，中夜则泪直浮枕簟去。私欲排纂平生一二事迹以不死吾妻，而伸纸舐墨，哽噎不成一字者数矣”。

这并非虚语。在他最终写就的《赠孺人储氏行略》中，储氏的形象也只是侧身在他人生诸多节点的缝隙中，仿佛一个小小的影子。他写不出她应付村中豪强打门欺凌的惶遽，写不出她接连失去孩子的痛楚，写不出她青春正好时不被丈夫爱重的失意，写不出她面对一位年轻妾媵和陌生幼子时的自伤，更写不出她在家乡僵卧二年，临终也没能再见到亲人一面的遗憾。

陈维崧着力写的，只有一个上京前的细节：扶病为陈维崧置办妥行装后，储氏曾在灯下取出一股金簪和一只羊脂玉盒送给丈夫——“惟将旧物表深情，钿合金钗寄将去”，从这两件物事的选择也知，她是熟读唐诗的。

储氏不常见地絮絮跟陈维崧谈起了簪盒的来历，她说簪子是她嫁时所戴的，买的时候花了多少钱，如今或者卖不了那么多了，但应该还能值多少。又说盒子是她八九岁时最喜欢玩儿的，原是她早逝的父亲专门为她从金陵买回。

陈维崧伤心地说她想来是预知四十年伉俪再见无期，方才为他留下念想，又怕他不知物价，随意抛掷，才要细细说起来历。而我以为，他只说中了一半。

储氏的这两件物事，实是她对自己的最终定义。羊脂玉盒是她无虑的童年，这个一直坚强可靠的女子也曾有过只属于她的荫蔽疼爱；而金簪则喻她嫁后：“买时值价若干，今恐不然矣，然尚可值若干。”她把自己从珍珠变成鱼眼珠子的种种辛苦，用极轻松的语调讲了出来，然落在有心人眼里看去，这实则是另一种“春蚕到死丝方尽”的表白。

待到陈维崧看明白这层剖白，已是这年七夕。他为亡妻填了一阕《贺新郎》，就中也特以春蚕作喻：

鹊又填桥矣。满长安、千门砧杵，四围云水。长记常年茅屋下，佳节团圞能几。有和病、云鬟挥涕。纵病倘然人尚在，也未应、我泪多于此。弹不尽，半襟雨。　　如今剩有孱躯耳。便思量、故乡瓜果，也成千里。谁借针楼丝一缕，穿我啼红珠子。奈又说、春蚕竟死。嘱咐月钩休潋滟，幸怜人、正坐罗窗里。风乍吼，粉云起。

与前年七夕那首思恨悠悠的《玉簟凉》参照看来，这首词写法简净，对作者而言却近乎残忍。他特地重用了一样的“月钩”“粉云”“瓜果”，这种刻意并不出于表现欲。他只是在一次次地撕裂伤口，以非难自己而已。

储氏死后，陈维崧便懵懵懂懂地过起日子。在京当官的生活，也实并不如他先前想象的那样风光。

他年纪老了，语言也不能完全通达，学不来京片子又快又脆的讲话。他买不起马车，每天要步行进宫入直。在鲜衣怒马者面前，不得不小心趋避，却还是每被喝骂[1]，而好容易到得宫里，他更还要镇日被路遇的八旗侍卫欺负嘲弄[2]。

陈维崧委屈气苦，却已不再敢将气愤示诸辞色。他在给友人的诗序中说打算辞官回乡去陪伴妻子棺柩左右，但因朝中事多，始终未能成行。

---

① “我行弛缓避不得，立向道旁土锉侧。人生邂逅亦偶然，细故何至露颜色。”

② “搕人狭巷间，逼仄不使度。问尔何官职，视尔瘦行步。良久得官名，戟手揶揄去。”

一年后，陈维崧病倒。他因病假向朝廷提出“注籍”，打算养好病就动身，然而病势转深，终于不起。

匆忙之下，陈维崧将遗编整理托给了弟弟陈维岳，万语千言，最终只化成一句叹息：“我的四六骈文写得最好，可是所作不多，只可惜这辈子写不完了。”传闻临终之时他双目洞视，手作推敲之势，吟出一句“山鸟山花是故人”，随即溘然而亡。

因没有儿子，几家兄弟商量，以陈维嵋长子出嗣以为接续，但陈维崧一脉骨血，实已断绝。这个寄托着祖辈“崧高维岳，骏极于天”的才子，最终狼狈潦倒地死在了他祖辈曾荣光来去的北京城里。陈维崧一生所求无外出人头地，但到临死时，他心中所念的，却已只有故园的山鸟山花了。

陈维崧最终总留下了一千六百多首词作，而这些在他实际的毕生创作里，或还占不到四分之一——这个大胡子是个太爱倾诉的人，爱到几乎不管人间到底有没有人真在听他。

还未细读《湖海楼》时，我曾声称不喜欢他的小令，并举出了龙榆生选入《近三百年名家词选》那首“太行山势如蝌蚪”的《点绛唇》[1]。那时我谓舞槊之姿不可腾挪掌上，并嘲他气力太横，是摔碑手、开山掌的套路，实在无法在尺寸地里周旋。但随他走完这一世，才大概懂得他的词作为何总是一副如此按捺不住的样子。

他就是要在尺寸地里蛮打横奔，就是要在笼子里伸出脖子喊叫，因为他被剥夺的太多，所以才如此执着于有。在这样的痛楚和迫切周旋下，兰花拂穴手已不再是合适而有效的功夫。

“悲风吼，临洺驿口，黄叶中原走”。诚然结不似结，那便又如何？且刮他个泼天黑地，毕竟风叶一朝不歇，他便一朝无须走到词末，露出自己佝偻的背影。

泼天风雨，便是陈髯。爱他的人，看到这一步，实便已够了。

---

①《点绛唇·夜宿临洺驿》：晴髻离离，太行山势如蝌蚪。稗花盈亩，一寸霜皮厚。　　赵魏燕韩，历历堪回首。悲风吼，临洺驿口，黄叶中原走。

陈维崧的栀子花影

转眼间刘若英的《后来》已唱了二十年，许多曾跟着哼歌的少年少女，如今也渐到了能回想沧桑的年纪。

那该是一首能写入时代记忆的歌了，虽然我初听时也没觉得歌词有多么好——我只单爱歌中“栀子花白花瓣，落在我蓝色百褶裙上”一句，它为“有些人一旦错过就不再”的急切作出了突然的折冲，回忆循着栀子花婉转归来，便别可生出一份幽微轻叹的声动。

落在裙子上的为何是栀子花，写词人当是有其本据的。唐诗有“栀子同心好赠人”说，栀子六瓣，于花心周遭交错对称，绝无落单，且花未落便先生果，交瓣回护，有同心结子的好意头，故而热恋男女，常爱以栀子互赠，以表相悦合好的期许。

三百年余前的某个夜晚，年过五十的陈维崧就曾久久不寐，徘徊空庭，在一树栀子花下填了一首《暗香》。

夜窗全黑。被一株栀子，凝来通白。拂水着烟，轻袅风枝送香雪。三十年前往事，曾记在、康崇坊宅。见小玉、罗袂亭亭，含笑趁凉摘。　　今夕。重露滴。总一任好花，满院狼藉。暗巡花侧。不见裙痕并鞋迹。提起同心两字，人正隔、银墙千尺。花在手，谁戴也，碎挼花掷。

拜龙榆生选本对他豪词的偏爱所赐，迦陵情词远未若其势大力沉的咏史词出名——更因水绘园一段男风情事太过出名，大多数现代人对他的感情也就失去了了解欲：至少我自身在通读迦陵词前因为这样的误导，观感取舍上是有些定式的，是以这次重翻陈集，反倒对他一些婉转的艳词印象较深。

这首《暗香》入境极快，首句如敲石见火，将万顷混沌集于一点通明，人意遂如创世般带着莹白的光晕破萼而生。花开而香影飘浮，便容回忆弥漫而来，经历一场虚化幻变，再凝结到少女含笑欲摘的栀子花上。过片对焦花露，换回今日，镜头摇摆之下见得物是人非，随之引出话外音："提起同心两字，人正隔、银墙千尺。"有了这样的一句交代，最终从镜头后深处一只手，将花挼碎抛掷，当也就顺理成章了。

陈维崧作词下笔素来精准，其所长固不在摇曳，而在细目雕琢和调焦速度。他能迅速在海雾中建起一片蜃楼，也能转瞬平地掀起巨浪，将之淹没击碎，不留片迹——相较视之，与他齐名的朱彝尊则要温厚却也谨慎得多。同样的迷楼幻景，朱最多只会在词末留下一段带着海气的箫声：疑云虽起而不揭，便不必独当现实中的孤寒。或是因陈曾拥有的爱重较朱氏要多太多，也清明太多的缘故，同经受挫，陈维崧便要多几分中夜揭痂的胆气。

栀子花便是我通读过迦陵词后很难不注意到的一道伤疤。《暗香》中的女子在三十年前挽起罗袂，亭亭摘下了一朵栀子花，在花畔留下了一角裙痕鞋迹后，终嫁他人，不复能望见。这点痛楚的刺痕，倒令我对这点栀子花香生出几分惦念来。

第二次见到这丛栀子时，是翻到了他写“巷口见磨镜者”的《水龙吟》。

琅然者是何声，因风飘入深闺底。蝶蜂引处，卖花声乱，倍添娇脆。蓦地谁家，兽环小响，轻摇栀子。见一双小玉，盘龙暗捧，和羞映，中门里。　　出匣一轮新水。要秋宵、凉蟾斗美。红绵揩罢，扑将紫粉，洗他空翠。此际菱花，宛如月样，佳人心喜。只晚妆拢鬓，无端忽忆，嫁时情事。

这篇词里比上一首更明确地点出了这树栀子的位置——一户人家的正堂后中门之畔。正是隔着如此香气花影，作者方能看到门内的小丫鬟正含羞捧着镜子盈盈而立，也方能在这掩映里，对不曾露面的对镜小姐生起相思来。

街市的货声往往是最牵游子心思的。青木正儿写北京曾谓“种种叫卖之声，有如老生，有如净；有快板，有慢板，收废纸的一声‘换洋取灯儿’，有如老旦的哀切，深夜叫卖饽饽的长腔使馋鬼们几欲断肠”，而通常不叫卖的磨镜者用刮刀击打磨镜砖的、“琅然娇脆”的声音，便如一段思乡戏中的锣鼓点了，而倘使这乡思还指向了初恋，这眷恋下自然便更多了几分温柔。

古时女子深闺无聊，所闻所待，实则也不过便是这样遥远的市声。若说磨镜子尚不是太日常的需求，那词次句的卖花声倒是不可或缺的装点：每到春末，女郎们总好买些茉莉花或白玉兰别在衣襟上，倘卖花郎处有晚香玉或玉簪花，亦是颇佳的选择。

“七个须、八个瓣儿的晚玉兰来——大朵”，“玉兰花儿来，茉莉花儿来，玉簪棒儿来，香蓉花儿来，叫唧嘹儿!”这是我们北京的叫法儿，他江南当然也有江南的音声。

就在这样糅着乡音的卖花声里，长日闭居的女孩子也便好闻声心动，或叫小婢去门前挑拣，或者索性将卖花的小女孩子唤来中庭，好于中门畔亲加细瞧，自此在大门不出、二门不迈的约束里，暂能领略到探一探头的清新。

这首《水龙吟》的视角很特殊，先从磨镜人的敲打声牵入，引起一片卖花的唤响，随后方才继以大宅院几重门的次第摇入：侧门的兽环，中门的梔子，随后止于小婢手中捧起的圆镜，全词过半，竟未有片语涉及真正的女主人公。

下片镜子来到磨镜人手中，作者在旁细看他打磨。“红绵揩罢，扑将紫粉，洗他空翠”，陈维崧不写意中人，却把磨镜子的流程写得极是细致。红色的棉布擦净，再用“白矾、水银、白铁、鹿角灰”调制的紫色磨镜粉细细研磨，最终洗净，光亮如新，而正在这注视中，他才能把魂目寄托在镜上，想象起佳人取回铜镜后的心喜。

及至此处，缠绵已极，最终篇尾却神龙一摆，揭开全盘：原来从兽环小响开始，梦境就已经开始了今昔的交叠。

叫卖是真，捧镜是幻。磨镜是真（但磨的并不是当年的镜子），开镜是幻。

伊人已嫁，而陈维崧此时看磨镜人磨着别人的镜子，心中所隐隐期待的，也无外是当年嫁人时她能有一霎对旧时情事的思量，而今年对镜时，又能唤起一霎对嫁时心绪的惆怅而已。

这女孩子究竟是谁，与陈维崧如何相识已难索据。依文本里的时间线粗略推断，二人相识应在陈维崧十余岁的年纪。他进不了女孩家的二门，对方自然也出不来。我们能在词中看到的，只有陈维崧一次次张看的、那不知在谁家堂后中门畔的一树栀子花。

在一片带着模糊香气的相思里，对这段情事更真切些的描述可以推溯到一首《十二时慢》——词牌选得很见心思，除了“一日思君十二时”外，它又有个别名，叫《忆少年》。

绵蒙二月如酥雨，做出销魂天气。更独客、冷清清地。拚只向红篝倚。灯灺香焦，天寒酒醒，往事难提起。想那日、元夜迷藏，禊日秋千，人在绿杨丝里。　　更当初、戟门嬉戏。一部烟花轶记。帘畔分钗，屏间惜曲，无限恹恹意。便海棠月上，夜深谁放花睡。　　奈几年、飘零羁旅，已隔千山万水。昨岁铜街，记曾一见，隐隐卓金车子。恰柳花如梦，又早香轮过矣。

词下小题点作“偶忆”二字，结合开篇几句交代，自知是早春雨日无聊思及往事而作。然在这一个偶然里，陈维崧回忆起的故事却委实不少。

“元夜迷藏，禊日秋千”——元夜上巳，看灯踏青，便几乎已涵括了一个良家闺秀能够出门的所有契机。不知二人的初见是否一如《大明宫词》里小太平和薛绍那般追逐寻找，故有迷藏之说。但从词中我们不难见到，相识之后的这对少男少女曾有过一段极短暂又极快乐的时光。

参见元稹“看着墙西日又沉，步廊回合戟门深”，乃至到“戟门嬉戏”一句，实已生出侯门似海的一点悲哀预影。此后上结收束，“烟花轶记”四字陡然而出，便瞬间将前头一切少艾情事，都无情地打上了易谢不常的印记。

陈维崧与储氏的婚约是幼时便由祖父定下了的，而自“戟门”之谓亦不难得知，他所钟情的这女孩家世亦高，绝不可能屈而为妾。于是这点相思，必然最终要走到有缘无分去。“帘畔分钗，屏间惜曲，无限恹恹意”，这是词中二人最后的一回对面，而到“海棠月上，夜深谁放花睡”，便已全然成了不能相见时的猜测惦念（反用东坡“只恐夜深花睡去，故烧高烛照红妆”，易见少年深夜不眠，遥望绣楼时却只见烛灭星沉，转益自伤了）。

夜色将时间重新粘连衔接，数年后，国破，家亡，人散。陈维崧弃去功名，飘零异乡，与妻子亦一岁每不得一见，在这样的景境下，连回忆也成了难堪的事。

但他没有避讳这点难堪，而是依旧写下了这个故事的结局：“昨岁铜街，记曾一见，隐隐卓金车子。恰柳花如梦，又早香轮过矣。”最潦倒的时候，他在街上重见到了这个已经嫁人的女孩坐在香车里对面而去。春暖风飘，车未稍停，栀子花影下的那些期待辉想，转眼一梦而散。

这个镜头如此有冲击力，不独陈维崧，也曾在此前和此后许多才子的梦里不断重放。写到极处的，我以为还有一首王国维的《蝶恋花》。

昨夜梦中多少恨，细马香车，两两行相近。对面似怜人瘦损，众中不惜搴帷问。　　陌上轻雷听渐隐，梦里难从，觉后那堪讯。蜡泪窗前堆一寸，人间只有相思分。

王国维梦里的女郎比陈维崧的栀子女孩表现得更有些情分——怜他新来消瘦，昔日情人居然在大街上掀起车帘相询，但即便如此，二人最终依旧是见过便罢，“陌上轻雷听渐隐”，“人间只有相思分”。即使在自己构筑的梦中，词人也不敢奢求一个更好的结局。

四十三岁那年一个下雨的元夜，陈维崧又有词《烛影摇红》提起这段重逢与重别：“叹如今、事随年退。藕花裙子，红漆车儿，抛人十载。”依此年月推算，二人最后在街上偶遇时，陈维崧三十三岁——正当父亲陈贞慧离世，他失去依靠，准备赴水绘园投奔冒襄的时光。

在那里，他会遇到十五岁的男伶徐紫云，并留下一段缠绵的断袖情名。至于少年时代栀子花香里的“藕花裙子”，最终也便只能随着那“红漆车儿”消失在历史中了。

那时，女孩家中门畔的栀子或许还在烂漫开放，而旁人家一株偶被濒老的陈维崧醉里看到的栀子树就没那么好运了。

“醉摇栀子树。是郁金、堂后西偏路。谁知道、三生杜牧，前度刘郎，重来还到听歌处”。在醉梦中，他终于触到了记忆里的那株栀子树，把摇枝干，仿佛握着意中人的肩膀。

但自然，虽然门内看去仿佛仍是“郁金堂后西偏路”（用义山家状以方位，绝合），但通向的地方，却早已再不是那个“盘龙暗捧”，送还新镜的绣楼。

有些人，一旦错过就不再。这段朦胧的影事，或者也就只能用这句已经有些滥俗的歌词，才足以收煞了。

分属两人的栀子花：迦陵事续

发出陈维崧那篇《少年梦里的栀子花影》后，一位读者朋友找到我，举出迦陵又八首词作，内间见“小门”（“和羞映，中门里”）、“元夕”（“元夜迷藏”）、“铜街”（“昨岁铜街，记曾一见，隐隐卓金车子”）、“香车”（“又早香轮过矣”）等种种因循，亦可佐证栀子情事的存在，印证参看，更生殊慨。

然而，细读这八首词后，我对它们是否全部与陈维崧的栀子花初恋相关，个人而言却尚打着一个问号。要辨真切，却少不得要将读词的过程复盘一番。

事实上，读迦陵时，我看到过的“栀子”意象是远多过我附在前文后那一组的，但虽然同是栀子，内里情致却并不尽同——资料多了，反而确实令我生出过混淆。

如“栀子帘前斟鹊脑。隔着屏山，爱听银筝好。唱尽红盐人不晓。依稀记是萧郎稿。　　偷得新声三两调。悄学春莺，唇绽樱桃小。银蒜轻摇郎到了。和羞吹灭兰釭早”，出语亵昵，便与他作不类，而显然是写给妓馆女子的。其中“唱尽红盐”暗映陈维崧弟弟陈维岳的《红盐词》，更显然二人是一起去了风月场所，而姑娘错唱了弟弟的词，迦陵固有此调笑。

同时，我亦自“三月玉街寒。锦雨丝丝不肯干。飘得卖花声到了，春兰。一种清芬胜麝檀。　　对此忆家山。手折红苕不忍看。还记那年寒食夜，幽欢。人在花香鬓影间”（“卖花声”也是栀子花情事的窍要意象）一首中找到了新的关键节令“寒食”。但还来不及高兴，进一步翻查下去，却发现由“寒食”牵连出的词作居然大多涉艳，混同看来曾令我颇觉周折，几一度以为这位栀子姑娘是烟花女子。

这疑心其实也并不是全然没影的。爱情寓意之外，栀子被取形而制的栀子灯，在宋代曾发展出了一层别样香艳的由头：“庵酒店，谓有娼妓在内，可以就欢，而于酒阁内暗藏卧床也。门首红栀子灯上，不以晴雨，必用箬盖之，以为记认。其他大酒店，娼妓只伴坐而已。欲买欢，则多往其居。”及至后来，索性就直接谓有栀灯处即买欢所了，如杜牧薄幸青楼，便被后人写说“要觅当年杜书记，栀灯数朵竹西楼”。

发展到清代，文本多方讹变，取典也未必便不会取到这一节。但最终，因“磨镜者”一首相望不能相见的情绪，和在正统人家建筑格局中才会出现的、区别男女空间的中门，我还是舍弃了栀子花女主角实则指向的是某烟花女子的猜测。即使在高等妓院里，姑娘在陪客上能多些话语权，但究竟以陈维崧的才名，男女间要见一面也并没有那样难。

那么陈维崧为何会把栀子花、卖花声的意象在一些词作中交付给妓女呢？这不是对自己少年时代白月光的亵渎么？作为意象洁癖患者，我总不能理解。还是后来循着“寒食”翻到一首《一萼红》时，我才大概想明白了。

玉津园，记个侬门巷，渌水漾罘罳。社燕低飞，饧箫轻弄，东风隋柳如丝。正客里、禁烟天气，趁流莺、啼处立多时。蒜押双摇，药栏九转，瞥见师师。　十五破瓜年纪，恰梳头才了。缅额偏迟。红玉勾人，碧虚留客，篆烟半袅金猊。魂断是、琼闺有缝，迸他修竹两三枝。料尔一春寒侧，长倚腰肢。

这首词标题为“寒食纪事”，其中连用师师、红玉、碧虚等典，又语及留客，显然已入闺房，自是风月中诗。但我看到“玉津园”三字时，却突然绊了一下。

玉津园是北宋汴京南门外的一座名园，系五代后周显德年间所建，中有垂柳碧波，极为有名，每逢上巳，少年男女便可游历园中。贺铸有一首《怨三三》，谓“玉津春水如蓝，宫柳毵毵。桥上东风侧帽檐，记佳节约是重三。　飞楼十二珠帘，恨不贮、当年彩蟾。对梦雨廉纤，愁随芳草，绿遍江南”。其中“重三”，即指上巳旧会——而上巳，结合陈维崧《忆少年》中的“禊日秋千”（禊日即为上巳节）参看，却令我骤觉恍然。

这首《一萼红》里实则有两个女主角——当头“玉津园”三字已隐晦点出，在寒食杨柳天，陈维崧又想到了少年时候的栀子姑娘，所谓“个侬门巷，渌水漾罘罳”，写的便都是她家的风物。

正在回忆袭来时，青年迦陵在与当年和女孩同游上巳时极为相似的景境氛围里遇到了这个青楼女子——甚至从先头提过那首《蝶恋花》里的“栀子帘前斟鹊脑”能推知，这姑娘的屋子前头刚好也种了栀子，只是她的种在帘畔，而栀子女孩的种在庭外的中门边上。

仿佛梦境重生，而刚好姑娘或者也在择定破瓜初客，二人遂于寒食定情。

依此推想，则陈维崧为什么把“卖花声”“栀子”等意象都兼给了她也便不难理解：这女孩本就是他初恋的传影，是以自然是可以同梦的。不过当然，她也留下了专属于她的名词，譬如帘子上挂的两坠银蒜，便是她那厢独有（如“蒜押双摇”“银蒜轻摇郎到了”）。

至此，我们便可回到开篇提到的八首词了。以“小门边、那家殊丽。星桥将敛，香车乍碾，相逢桥背”不难推知，“己酉元夕，洛阳署寓对雪”的《水龙吟》是写给栀子女孩的，而名谓“秋感”的《水龙吟》中，视其“记相逢、瑶台姝丽。微烟淡月，回廊复馆，许多情事”“桃花露井，桐英永巷，青骢马，曾经系”，却明显是写给清吟小班里姑娘的。

《春从天上来》的元夜春桥夜市，《琵琶仙》的“记醉惹、铜街唤马”，《采桑子》的“绣毂银骢。准拟今宵梦里逢”，《齐天乐》的“唤马帘间，闹蛾桥上，夜景有人拘管”都是写给栀子女孩儿的，而《寿楼春》“宛宛调鹦，盈盈唤马，手语粉巾香”“酒旆斜挑，谁家小门青粉墙”，《引驾行》“红烛银筝，醉玉温香”，却属于银蒜姑娘。从“两鬓吴霜”能看出，银蒜姑娘住在吴门。那本也是青楼文化最为发达的地方。

栀子花香一样，而心境却已入两般。

少艾情恋固然令人难忘，但清倌人盈盈十五，初见相从，在陈维崧而言自然也未必全是逢场作戏。一首首词看下来，杂糅的是典事，又何尝不是人的情味呢?

一生那么长，这点小小的繁复甜涩，想来还是容得下的罢。

“人生若只如初见”背后的纳兰容若

我们这一代人多不免有过一段喜欢纳兰词的少年时光。

一则是因为容若下笔率畅，全不矫饰掩映，这样的天然声气只象牙塔中人能约略近之，一入尘寰，便不免望而弗及；二则也不可讳言，因满人入关未久，容若的遣词习气偶见游离于既成的文言体系边缘，用典也未臻化境，举轻成重。故而负负得正，倒也不免教现代语环境中成长起来的读者获得一种似是而非的亲眷感。

他写词素来老实，无论用典还是平陈，总是恨不能替人将瓜子皮都嗑了去，将一颗心仁完端端呈给读者。这种赤诚是其为人的好处，但以诗法论，悲喜令人得来太过容易，在回味上便觉不足。譬如稚龄女童，歌哭全出于心，但观之只随第一眼震颤生怜，却不似闺秀衔愁，能留人以一些珍赏咀嚼的余地。

容若往往写一句便下一句的力，少肯吞吐。因其年少，幼学又杂，兼之情性柔和，究竟伤乎气息不沛，是以虽多作小令，却常不免中道力竭，作了个半阕词人，只《浣溪沙》《菩萨蛮》这样匀整的牌子勉能降住，倒是长调以词作简，偶在《金缕》这样的大牌子上建以奇功。

我年少时也曾囫囵读了几过纳兰词，虽说不上喜欢，也尚有觉得动心的。印象比较深的有一首是悼念亡妻的《寻芳草·萧寺纪梦》。

客夜怎生过。梦相伴、倚窗冷和。薄嗔佯笑道，若不是，恁凄凉、肯来么。　　来去苦匆匆，准拟待、晓钟敲破。乍偎人、一闪灯花堕。却对着、琉璃火。

这首《寻芳草》算是他小令里难得首尾环应，免于中衰之作——有情味，有语声，尾句稍加些用光换境的手段，便在丰富性上进了一层，自然较之其他白铺砌典的作品警艳好看了。

然而时下究竟是快餐传播当道的，大多数读者或者已并没有耐心去集子里一首首寻味结构章法，人们更想要的是一两节在动情时能代己体面兴发的急句。是以纳兰词中诸如这首《寻芳草》、“风鬟雨鬓”的《清平乐》、“今古河山无定据”的《蝶恋花》等均传播不广，倒是“我是人间惆怅客”“一生一代一双人”“当时只道是寻常”等等句胜于篇的残片在过去二十年中渐至甚嚣尘上，其中最被文青们津津援引的，则当属《木兰花》中的那句“人生若只如初见”。

我想起要谈这首词实出偶然，原不外因它有警句，但节奏不稳，虚词既多，典却用得太实，集合了许多纳兰词里惯见的疏失，是以很适合作靶子。但查了查资料，这清浅里却平白牵生出我许多迷惑。我并无力揭开这些迷惑，也便只能云山雾罩地把那些疑影儿描在这篇文章里，留备同参了。

要说明白这些疑影儿，当先还得谈谈词。

纳兰词有两个常见版本，一是徐乾学等人据容若遗稿所辑的通志堂本，一为道光十二年（1832）汪元治所刻结铁网斋本。而在两个版本中，这首词的标题便存在着异文：通志堂本中，词题为《木兰花令·拟古决绝词》，而结铁网斋本中却作《木兰花·拟古决绝词柬友》。

词牌名删动一字倒无多可说——《木兰花令》本是唐教坊曲名，后分演为《木兰花》（后渐与《玉楼春》混同）《减字木兰花》《偷声木兰花》《木兰花慢》等，将“令”字去掉更加准确自不待言，比较关键还是在于结铁网斋本里平白多出了“柬友”二字。

近年此词流传，固是因其首句破空而起，怅惋直陈，颇宜代入物是人非的爱情语境，可“柬友”一出，立意却全变了：依汪刻本的说法，这分明是种文人惯见的套路——以男女情事，隐写与朋友决绝的词。

按常理说，词集既有两版，本当以先刊者为尊，但再想一步，先亦有先的麻烦：通本刊行时容若往来友人均还尚在，如果真的是“柬友”，此集又俱托师友编收，倘出于不愿见罪而故意遮掩讳言，减字蒙混，也未必不可能。结铁网斋本虽刊发在后，但“刊行时，《饮水》《侧帽》原刊本尚存世，汪氏曾据以参校”，是以其差异处，亦不当直断为误。

今人已无缘得见《饮水》《侧帽》二辑原刊了，但依理而论，重辑词集，如有删字改或还容易，而欲加内容上的增添，却必当有据。也即是说，通版的“柬友”大约本是有的，却为徐乾学、顾贞观等人故意隐去了。

因时间相隔太远，所寄友人究竟为谁已再难考据，我们只约略知道这首词成于康熙二十四年（1685）春——因纳兰性德恰病逝在那年的五月三十日（7月1日），已可近几视为人生末阶段作品。

我比较认同汪氏刻本：

人生若只如初见。何事秋风悲画扇。等闲变却故人心，却道故心人易变。　　骊山语罢清宵半。泪雨零铃终不怨。何如薄幸锦衣郎，比翼连枝当日愿。

较之我们常见的版本，有数字出入：人们背诵惯了的“故人心易变”在通本中作“故心人易变”，以其出处“故人心尚永，故心人不见”视之，当以通本为是。而“骊山语罢”通本作“雨罢”，一则与后“泪雨零铃”冲突，二则除王建一句与李杨故事无干的“晓来唯欠骊山雨，洗却枝头绿上尘”外，骊山并无雨典，是以此处当推娱园本更妥。

我以为读者在看诗词之前有一点是先要明确的：读者须知道他把玩欣赏的究竟是诗本身，还是诗后面的那个人，或那个人想说的话。也即是说，在你而言，诗究竟是艺术品还是一件传导介质。

两种读法本身有其门槛差异，这个无须讳言。而诗法水准之外也不难见，前者更多近乎写作者兼鉴赏者视角，需对作品的用语、节奏、质地、传接、回旋、环应加以品味考评，所谓作者情致，只是成文前提和作品底色，并非供观者汲取之物；而后者却更多站在倾听者视角，只要诗后面站的人是可爱的，真诚的，美的，说的话是可亲的，可感的，合理的，那么技法云云反而是愈少或愈无痕迹而愈佳。

今古能同时耐得两种视角考量的诗人并不多，屈子老杜幼安之流或能参差近之，而无法平衡才是常态。自然，大多数诗之魅力也正在其不平衡。通常来讲，于文论一道有些野心的词人，其作品往往略近前者，而哀乐倍于人的性情之辈，则当更对后者的胃口。纳兰词以“自然眼舌”著称，自然更偏后者一路。

这首木兰花结构并不是很整，字句之间亦有不精简处，譬如“如”“何”两出，“人”字三见，似出一腔怨闷，匆匆而就，并未精心打磨。

典故用得亦老实却不平衡，班婕妤见弃和杨贵妃之死二典，前者仅取七字，写得极疏，余地均以感评填满；而后者又下得太密，相关名属几乎填满了下半阕，致使尾句很难找到更高的立意降住上半。

木兰花不易填，因其上下阕的格律完全一致，便不若同样七字叠罗的《浣溪沙》那样承转雍容；又为其仄声一韵而下，故而亦未如其平仄数度换韵的变调《减兰》那样吞吐拗怒。其通贯处，当如一剑刺落，入须先见小阻，而后游循肯綮，刃端微转不减余力，出时方见后力不竭。

反观纳兰此词，起手声威夺人，如刀入豆腐，但“等闲变却故人心”两句颠倒胡旋，却把当头的气势全部消化掉了，致使下阕过片，本该借着密韵两句渐入奇境时却不得不重新开始振起，蓄力较旁人短了四句之多，这也难责词到尾端出现了语未完而力已竭之相。

但回过头来，若说容若对词牌节奏分别全不懂得，倒也不切实。以词拟古而论，《木兰花》上下片结构匀整，韵势捶坠，音韵上十分合适。从容若的写法看，当头发力，后出铺陈，也自有唐代歌行体的影子。

古决绝词最有名的亦当属元稹写牛郎织女的三首歌行，其中一句“借如死生别，安得长苦悲”，曾被金庸用于袁紫衣在胡一刀坟前一叹。容若的拟古，其动念或者便出于此诗（所谓“故心人不见”，在原诗中亦能找到“相见故心终不移”以为照应）。

这首词语义崚嶒不畅，是以各家解读，也往往有些似是而非，语焉不详。惯见说是君子绝交，不出恶声，以其“不怨”证其温厚，但我读来却觉得似乎并不全如此。

通词意思也不难解，略加翻译如下：人生若定格于初见而无后来，便不会有班婕妤的纨扇见弃了，分明是故人的心意取舍变了，却还要辩解称自己心尚如故，是心中的人不似昔日才致离变。君我二人便仿佛李杨故事，妾身为定情时的一回私语，纵然日后被负也并不敢怨悔，那么明皇与我相较又如何呢？比翼连枝，也是你曾说过的话啊。

是否真无怨意，分明可见，不消再说，更可关注的是与《古决绝词》相较，这首词倒其实并非真的决绝。

词中所有情绪事典，俱出被动，及至最后，也不曾出一点“闻君有两意，故来相决绝”“有此迢递期，不如死生别”的意思，而只是“幽闲贞专之善女”一点自伤的陈述。这在容若这个不喜搬拦掩映，惯作主动驱驰的人而言，实在是不太寻常的。

既是“泪雨零铃终不怨”，并无相与决绝之意，却还要以此词柬友，那么不难推断，这动机若非出于被负后还要挽回的企图，便只有一个可能：这首词被附在信中寄给了朋友，但并不是为这个朋友而写的，容若寄上此词，或许只是为了跟朋友传达解释一桩被辜负的委曲心事。

他素来有写了新词寄给朋友阅看之习惯。朱彝尊便曾说在京居住时，容若“日必有札及予，或再至三至”，就中俱是新置词作，而登门到访时，他又往往嘱其需将书信“投瓮火之”，不留底稿，可见他亦知道自己遣词冲动，不免有些易落的话柄不宜公开。

容若性情直率，诗词全从心出，不善酬答作伪，故而寄给朋友的词作常有套着人家名字，笔头却早不知跑到哪去了的时候。譬如康熙十二年（1673）因寒疾未能赴殿试，徐乾学为安慰弟子，依及第例赠以樱桃，而容若答赠的《临江仙·谢饷樱桃》就早已与老师的“饷樱之情”全不相干，就中“绿叶成阴春尽也，守宫偏护星星”“惜花需自爱，休只为花疼”，已全然借着徐的一篮樱桃，写给了一位看似已嫁的恋人。徐氏向来依附明珠，自然不会计较这些，但容若不善以典藏情，头尾易露，从此例颇可见知。这也是后来徐、顾等人代他结集，头疼地替他删掉了许多典故太过露骨的词作的缘故（如“若解相思，定与韩凭共一枝”，显有被皇帝夺取爱人之疑，通本便未曾收录）。

我遂有些好奇这位能令他生怨而不敢道怨，被辜负而未肯称绝的人究竟是谁了。在将死去的那个春日，他又究竟是因何被迫与他生出了这样的嫌隙呢？

翻看了一下他的年谱，可惜的是，康熙二十四年（1685），他相关的记述并不多。真正可考，不过是四月送严绳孙南归以及五月二十三日召集朋友们，在渌水亭作了最后一场宴饮，随后便立刻寒疾发作，七日不汗而死了。我将他一众平生挚交一一查证，从他身后的追念来看，却未见有哪一位称得上“比翼连枝”的“故人”可疑地缺席。

翻看康熙二十四年他的诗作，不难看出，容若整个四五月份都处在一种十分不祥而悲忿的情绪里——对于一个年方三十一岁的壮年人来说，他这年落笔的似乎全不避谶，反而裹挟着一种直面死亡的荒凉感。

送严绳孙离开时，他写下了这样两首诗：

离亭人去落花空，潦倒怜君类转蓬。便是重来寻旧处，萧萧日暮白杨风。

半生余恨楚山孤，今夜送君君去吴。君去明年今夜月，清光犹照故人无。

此二诗之不祥，已经不似送别，而似永诀了。何谓“萧萧日暮白杨风”？“白杨多悲风，萧萧愁杀人”“荒草何茫茫，白杨亦萧萧。严霜九月中，送我出远郊”是也。白杨为墓树，素与死亡、挽歌紧密相连，第一首分明已见君去重来我已殁的谶语，第二首末句则更加明显：明年今夜，我当已不在人间。

按理说，五月二十三还能和朋友们宴饮联诗，至少四月间应该病得还不算太重。但诗句如此激烈，悲观弃世，委实令人奇怪得很。严绳孙后来在回忆这一场离别时，颇有些欲言又止：“岁四月，余以将归，入辞容若。时坐无余人，相与叙生平之聚散，究人事之终始，语有所及，怆然伤怀，久之别去。又送我于路，亦终无所复语，然观其意，若有所甚不释者，颇怪前此之别未尝有是。”

“送我于路，亦终无所复语”倒并不奇怪，毕竟“坐无余人”，方能深谈，而“究人事之终始”，乃至“怆然伤怀”，这样情绪倒和《木兰花》的“人生若只如初见”“等闲变却故人心”有相近之处。“颇怪前此之别未尝有是”，这便更说明作为老友，他已察觉到了一些东西。只是严性情温澹，对这段谈话处理得太过朦胧，是以我们依然看不到这“人事”究竟的轮廓。

推至五月二十三日。容若打叠精神，请了梁佩兰、顾贞观、姜宸英、朱彝尊、吴天章等一干挚友宴饮于渌水亭，分咏夜合欢花。然而虽然有诸友相伴，他似乎依然心情不佳。

这首被誉为绝笔的《夜合花》是这样写的：

阶前双夜合，枝叶敷花荣。疏密共晴雨，卷舒因晦明。影随筠箔乱，香杂水沉生。对此能销忿，旋移近小楹。

咏物素来是有话无法直言的诗人最好的筏子，而这又是一首被动化的诗，无论“卷舒因晦明”，还是“影随筠箔乱”，均难免一种不能自主的意思，而“香杂水沉生”亦多少见出几分丽质不自弃的倔强。末句“销忿”二字下得已是很重，由四月的怆然无复语，转至五月已成了待销的忿怨，而同来的挚友姜宸英亦有“良会欢今日，无烦躅忿为”以相慰，可见朋友们无论是否知道情由，总都能瞧出他心情极差了。

这不由令人更加好奇，容若这一腔无法直抒的忧忿究竟由来于什么方向。

我偶然间生出一个角度刁钻的思考，《木兰花》一词所用被弃与赐死二典，其所不忍责怨的指向，都是帝王。

变心之典可用者甚众。蘼芜故夫、买臣覆水、文君辞绝、秋胡戏妇，乃至“及尔偕老，老使我怨”“昔日芙蓉花，今成断根草”“何况如今鸾镜中，妾颜未改君心改”“见多自成丑，不待颜色衰”等，均未必不可为用，而用典想来唯恐不尽不实的容若却偏偏连选了两个薄幸帝王之典，其中是否有所实指呢？

我重看了一遍原词，又拣出了那首“故人心尚永，故心人不见”的出处翻了一回，更加剧了这种感觉。

谢朓原诗为《和王主簿季哲怨情》：

掖庭聘绝国，长门失欢宴。相逢咏蘼芜，辞宠悲团扇。花丛乱数蝶，风帘入双燕。徒使春带赊，坐惜红妆变。平生一顾重，宿昔千金贱。故人心尚尔，故心人不见。

诗中昭君、阿娇、班婕妤三个典故，所怨所慕，依然都是帝王。“故人心”与“故心”之间的讥辩，本意原便系在帝王一身，与寻常痴男怨女并无干系，而此诗所赠的王季哲，后来也正是在谢朓的告发下死于当时皇帝之手。

这推论让我不自觉将目光转向了康熙帝。

让容若早在四月就有了不详预谶的阴云，是否牵连了皇室呢?

历史记载中，康熙帝和纳兰性德年龄相仿，既是中表兄弟，又是极融洽的君臣。随侍多年来，容若“出入扈从，服劳惟谨，上眷注异于他侍卫。久之，晋二等，寻晋一等。上之幸海子、沙河，及西山、汤泉，及畿辅、五台、口外、盛京、乌刺，及登东岳、幸阙里、省江南，未尝不从。先后赐金牌、彩缎、上尊、御馔、袍帽、鞍马、弧矢、字帖、佩刀、香扇之属甚夥”，可谓殊遇。

三十一岁上，容若已被擢升为乾清门一等侍卫，得正三品之遇。而就在此前三年，康熙还曾命他随副都统郎坦率兵往东北索伦，以捕鹿为名沿黑龙江行围，径薄雅克萨城下勘其居址形势，侦察沙俄军队的兵力，为二十四年的雅克萨之捷埋下了伏笔，亦可见容若文武双致，康熙颇能用才。

在姜宸英为容若所作墓表中有这样一段描述，说容若在西苑随侍时曾有一次遇险。“上仓卒有所指挥，君奋身为僚友先。上叹曰：‘此富贵家儿，乃能尔耶！’”虽然姜宸英未曾明说那回遭遇究竟是何事（后人推断为康熙十八年的地震），但令康熙感喟如此，君臣二人也究竟有了死生交情。

纳兰性德生命的最后一年看似正是二人的蜜月期——康熙二十四年三月十八万寿节，容若获赐御笔书贾至《早朝》诗，不几日又曾受命赋《乾清门应制》诗，并将御制《松赋》译为满文：对于一名侍卫而言，这类文制往来已是殊遇了。在即将病卒的五月里，据姜宸英记述，纳兰性德之名尚在伴驾出游的名单里。无论怎么看，君臣二人也不像有什么摩擦，令容若失望到感喟“人生若只如初见”的境地。

怀着这种疑虑，无意间我又看到了容若同年春末写给顾贞观的一首《暮春见红梅作简梁汾》：

杏花庭院月如弓，又见江梅一瓣红。知是东皇深着意，教他终始领春风。

杏花庭院又见江梅，结合“暖气潜催次第春，梅花已谢杏花新”的时序看来，自有几分当尽而不尽的自嘲。诗不打眼，又是书信酬答，我先头没太放在心上，但带着一种疑影去看，却隐隐觉得这“终始领春风”隐有始亦彼、终亦彼，死生俱在君恩的意思了——前半点东君为“东皇”，更有些唯恐言不尽意的样子。

所以，容若的寒疾，究竟是不是真的寒疾呢？会不会反而是“东皇深着意”“终始领春风”之下的秘密赐死，是以容若才早有预料，一直心怀忿闷，却不敢言怨呢？

我于是便又着重翻了翻容若去世前后的一些资料。

五月二十三日，容若召来京中最交好的朋友们最后宴饮了一次，随后"病七日，遂不起。时上日遣中官侍卫及御医问所苦，命以其状日再三报。亲处方药赐之，未及进而绝。上震悼，遣使赐奠，恩恤有加"。[①]

在这突然病倒的七天里，康熙帝每日派太监、侍卫、御医轮番去探病医治，"命以疾增减报，日再三"，到了出塞巡幸临行前一日，康熙自己开方子赐了一丸药，容若没来得及吃便死去了。

康熙帝喜欢西医，常爱琢磨方子是我们惯知的，但天子赐药的用意是否那么单纯，倒可斟酌（后来曹寅风寒，亦是康熙赐药，未及送至而死，只曹寅是自请赐药）。固闻包拯之死便是在枢密院值班偶感风寒之后得宋仁宗赐药，十数天后暴毙，后专家查证其尸骨中有大量砒霜，乃知是药物有异。那么这一枚亲赐之药有没有"及进"，是否只在乎病卒和赐死的区别呢？

成书于北洋时期，但取材自国史馆的《清史稿》中删掉了赠药的部分："俄疾作，上将出塞避暑，遣中官将御医视疾，命以疾增减告。遽卒，年止三十一。"增在视疾之后的"遽

---

① 据自韩菼所作神道碑。

卒”二字，却似乎更见春秋笔法。

容若最终死在五月三十，仿佛特地挑选一般，这一日刚好是妻子卢氏的祭日。生不同时死同日，被后来许多人感喟深情通灵，缘法如此。

而一天后，六月初一，康熙帝起驾出行，巡幸塞外，不日行至距古北口一日之地的两间房行宫，三日后接到来自雅克萨战场的捷报火票，当晚驻跸舍里乌朱（滦平火斗山三道沟）举行庆祝宴会，古北口防御古尔拜、都司石春应召赴宴拜贺。忆及当年索伦探路之功，康熙更“上行在遣中官祭告，其眷睐如是”。

究竟是千古君臣，还是难言之隐，我再找不到其他佐证，也便只得任它湮没在枯朽的历史中了。

我于考史是门外汉，也自不敢多作揣测延伸，以“入宫表妹”说、“明珠索尼储位之争”说，或“外交迁怒”说等未有实据的猜测自行将故事补完。事实上，也确实有许多人曾经用小说来追索这段蒙在君臣相惬之下的诡怪。

这一切无用的疑影，重重牵扯，在我而言最终也只不过是为了回到这首词上。

正是有这许多难解的牵扯勾连，这首身段不稳，行文游躁，辞色上却欲说还休，带着仰视和怨闷的小词层层晕染起来，才见出纳兰词中少有的、悠长绵密的甘苦回味。

而历经这些日子以来的偏执和查阅，或者我也才有了回头说一句“人生若只如初见”的资格。可是这时，我却真是希望它只是那首打眼看去笔法不佳的小资爱情词了。

寂寞的欢乐英雄——王昙

北京宣南法源寺北有门楼胡同，据闻二百年前夜间曾有“光如六等星，青霞绕之”，望气者谓中有奇士结庐。

嘉庆己巳年（1809），一个尘沙激扬的春日，一位年将五十的老异侠得一矮道人指点独往，在胡同西首一户人家中见到了所谓奇士——即客居在此，年方十八岁的龚自珍。

这场会面后来成了宣南颇有名的掌故，直至百年后南社诗人黄复过此，仍怅然有诗称“百年故事吾能数，二士雄谈孰与同”[①]——来见龚子的那一“士”，便是我今番要写的王昙，王仲瞿。

王昙的名字如今已少有人知闻了，至少我自己是读过《龚自珍集》中定庵为其所作一篇虚实掩映、文采飞扬的墓表铭后，方知乾嘉年间有此奇人。王昙之文与黄仲则之诗并称“乾隆二仲”，又以律句并舒铁云、孙原湘合称“后三家”，与

① 见《晚过门楼胡同龚定公王仲瞿订交处也怆览今昔漫赋长句》：“飘眼斜阳巷尾红，强携酸泪过城东。百年故事吾能数，二士雄谈孰与同。不信文章供土苴，可堪世界乱鸡虫。伶俜犹惜风流地，惘惘何由遣此衷。”

前三子袁枚、蒋士铨、赵翼相峙未遥，堪谓一代名流，然乾嘉至今不过二百余岁光阴，这名字却便沉寂得连接受史都做不出意义来了。

“生昙者天也，宥昙者帝也，仇昙者海内士，识昙者四百岁之道人，十八龄之童子。”定公笔力不凡，聊聊数十字写意，颇足捭荡时空。为这点好奇，我便择了一本《王昙诗文集》翻了数过，时慕时喟，偶得偶记，留印三二于此与读者同飨。

王昙字仲瞿，名与字脱乎瞿昙，是出佛理。生于嘉兴。他自小聪明，读书过目不忘，每每倾资所购之书，读一过便随手弃置，询之则已全篇成诵。王昙能诗能文，辞采奇丽，雄谈善辩，固为名士，而这之外，他尚有许多别致的小爱好：王昙解绘画，工治印，善莳花，能构园，还能弹一手极好的琵琶。他曾经在吴门家中建起琵琶馆，“延海内善弹者，品其高下”，如龚自珍曾赞谓“一代宫商创生面”的俞秋圃，便是王昙琵琶馆的座上宾。闲来无事做做手艺，王昙也颇有匠心，“即营一器、制一衣，必别出新意”，不落俗套。

寻常书生手不能缚鸡，而王昙年少时却是文武双致，堪称一代异侠。张维屏说他“好游侠，兼通兵家言，善弓矢，上马如飞，慷慨悲歌，不可一世”，不似江南秀士，倒颇具燕赵之风，想是年少时在国子监读书常与北人往来所致。

他好壮游，四十岁前遍行四方，见多识广，曾出海降鱼龙、啖蚌蛤，行冰山、迷海蜃，自谓所经历处实“卢生所不到，徐福之所未游”。

如此的丰富热烈，每让我想起古龙《欢乐英雄》中的主角郭大路。

夫既如郭大路，当必有妻似燕七。

王昙早年有妇朱檞香、妾钱畹，朱氏去世又续娶继室金礼嬴，妻妾三人均是当时出名的才媛，尤其金礼嬴诗画双绝，一卷《秋红丈室遗诗》轻盈端静，才学兼致；画则承刘松年、赵千里、仇实父诸家，运笔高秀，堪称乾嘉第一女画师，目其才名，绝不下乃夫。

王、金二人在嘉兴的居所名谓烟霞万古楼，在秋泾桥东北骷髅滨，高悬一副对联“室中有碧水丹山，妻太聪明夫太怪；门外皆青磷白骨，人何寥落鬼何多”，是王失意后所作。楼中“图书、卷轴、笔砚、琴尊、金石、彝鼎、笙箫、剑戟、投壶、弈枰之属”俱有陈设，却不见罗列，“位置清雅”。

那楼本身亦极有趣：二层不设楼梯，唯楼板留有一圆洞，凡有客来，主人便会从楼上一跃而下。若觉话不投机，便耸身跳回不再理睬，而若意气相投，便拉起客人一起跃上去（“挟之俱登”）谈个尽兴，实异人异趣，我时常担心倘客人谈到一半忽不中他意，此后却该如何下来。

王昙少年时好交朋友，人脉亦甚广。武者士人、僧道隐逸之外，他还认识一位斯时恰在北京译《大藏经》的蒙古活佛——大喇嘛章嘉呼图克图，并与之相从结伴行走了许多地方。像《鹿鼎记》中的桑结大喇嘛一样，这位活佛也会一些三教九流的功夫。本就通武艺的王昙和他同游之下，也曾过过几手，还从他那里学到了一门叫“掌心雷”的掌法。

据闻掌心雷是一门道家法术，乃元始一炁化生三炁之神宝君一脉的法门，旧时武侠小说里，说掌心雷能“一举手砰訇作响”，将敌人炸得人仰马翻。述史而言，这种怪力乱神的奇术似乎并不该置入我们的讨论，但说到王昙，却实在避不开它。

只因王昙这一生，便误于这掌心雷三字。

修成文武艺，卖与帝王家。行游任侠以外，王昙之志并不在江湖。

他前期仕途尚算顺利。二十岁补为国子监生后，王昙北上京师借住在曾编修《四库全书》的叔祖王际华家，潜心典籍八年，学成南归。在返回嘉兴的路上，他无意间购到一块舟子网起的文天祥遗砚，上有铭文“洮山石，碧于血，千年不死苌宏骨”，辨来竟是文天祥部将谢皋羽所藏、后来因战乱失落在临平河心的绿端蝉腹砚。

王昙对砚感喟良久，将其珍而重之地转赠给了自己的师父袁枚，称既见此砚，必预以身许国。

三十四岁乡试，王昙中了浙江省第十八名举人，其应试文卷据闻“有傲兀之概，一时脍炙人口，婢女皆能诵之”。

文武兼能，又胸有天下，倘命运肯善待他——哪怕只是不拦阻，王昙的来日当也应如他年轻时身边所有人猜测的那样，便是“不可限量”四字。

但人生和他开了个玩笑。

他乡试的房师吴省钦当时官居左都御史，早年曾是和珅的老师。和珅势大后，便长借这层关系攀附其下。

王昙中举正值乾隆五十九年（1794）。后人知道，对和珅而言，这是个尴尬的年份。不两年，和珅败象渐显。作为和党，吴省钦表面从容，内心则早已极为惶急。据《国朝诗人征略》记载，王昙曾数次致信吴省钦请他弹劾和珅，信中文字“气挟风霜，力排山岳”，但吴省钦作为官场老手，却没肯采纳这种非此即彼的赌法。

年将七十，本该致仕的吴省钦避重就轻地选了一条软着陆的路。

嘉庆掌政之初乱象频仍。方办罢和珅，人事未定，又值白莲教起义，民乱又生，一时朝中惶惶。

一直担心被和珅牵连的吴省钦久经思索后，此时突然上了这样一篇奏疏：“举人王昙，能作气按掌，辟易多人，请加试看。”我的门生王昙会一门叫掌心雷的掌法，皇上可以试试让他去对付邪教。

表面上看像是在举荐门生，其实则是正往当时焦头烂额的嘉庆心头拱火。

果不其然，嘉庆帝阅折大怒：“其作气按掌之语，即稗官野史所谓掌心雷者是也，亦属邪术。现当剿办教匪之时，正当将妖言左道痛绝根诛，岂可转引而试验？吴省钦身为台长，不知政体，惑于邪言，妄行渎奏，与学习邪教者何异？着交部严加议处。”吴省钦遂以微罪被议。

两天后，青年皇帝看明白了吴省钦真实的用意。他又下了一道折子，责备吴省钦是“恐被人列款弹劾，故而避重就轻，先为此荒谬之奏。藉得罢官回籍，遂其田园之乐”。嘉庆究竟仁厚，看破说破便罢，倒也未对老臣再加清算追究，只将其罢官了事算完。

不得不感叹吴省钦将皇帝的脉摸得很准：上书荒诞，不过是妄语之罪，无干大咎，而借此自应其罚，也表明了退让乞怜的态度；皇帝亲政不久，自己又素来驯顺，他看破也罢，看不破也罢，必不至遭斩尽杀绝。

他每一步都算对了。

吴氏回乡后十分安分，设与善堂，舍棺施药，做了许多好事。乡里感念他照拂，均交相称赞。吴省钦五年后辞世，以和党论，也算得了善终。

只可怜了王昙。

他素来对房师恭敬，留下诗歌往来甚多，日常里更惯有宴饮朋聚。以其豪爽的性子，我们不难想象他酒筵间如何瓢饮快谈，回忆起自己种种际遇，说到酣处，他或者还会即席抱起琵琶放歌，抑或舞起双剑，或演一路掌法助兴。

比如那所谓的掌心雷。

这个三十余岁却依然快乐英健的汉子不会想到，房师一个阴隐的动念后，这路他并不多看重的杂学竟成了他此后终身的标签。

此事以后，王昙被迫变成了一个笑柄，“不齿于士列”。偏偏他文风恣肆，很是好认，是以虽有封卷，却无异明考。自家房师都不管了，各地考官又何必冒着获罪于上的风险荐他？于是大凡浙江有卷风格与他稍似，便同会被冷笑一句“这该不会是那个掌心雷吧”，随后一并被弃。

打压异教的时代，一个被以怪力乱神之说举荐，又教皇帝斥以“邪术”的官员此后又还能有什么路可走呢？于是王昙后半生的年谱，看去也便很是凄怆了：

四十岁，被房师吴省钦连累，未能参加会试。

四十二岁，上书想改名蠡舟，不获准，又请改名良士（诗经《蟋蟀》有谓“良士瞿瞿”，喻警觉而不敢有所荒嬉，暗悔前事，亦与其字仲瞿相照），会试得荐而不录。他改名后有诗说“未必豆庐成进士，改名空被梦神嗤”，竟成自知之谶。

四十三岁，会试，又获荐，复为一权人扣下，又不中。王昙回忆说，那位推荐他的官员出来后，见到他便相抱大哭。自那以后，他的卷子再无人荐。王昙就此心灰意冷，不再赴考。

五十岁，妻子离世后因家境贫寒再赴会试，又不中。入京时受矮道人指点见到正当十八岁的龚自珍，大为心许，喃喃叹说：“师乎师乎，殆以我托若人乎?”

五十二岁，会试。又不中。

五十五岁，会试，不录如故。

五十八岁，贫病而逝。

王昙的后半生依旧狂放，甚至近乎狂傲，颇如魏晋名士。

而自然，其山野浪游，也是如魏晋诸贤般出于不得已。

龚自珍的描述中，他“亦自问已矣，乃益放纵。每会谈，大声叫呼，如百千鬼神，奇禽怪兽，挟风雨、水火、雷电而下上，座客逡巡引去，其一二留者，伪隐几，君犹手足舞不止。以故大江之南，大河之北，南至闽、粤，北至山海关、热河，贩夫驺卒，皆知王举人。言王举人，或齿相击，如谭龙蛇，说虎豹”。直如一癫。

晚年他带着儿子善才客居扬州，挂起一对楹联称：“老子没出息，小儿未入流。”看他后来写给儿子的诗说“儿不闻仓颉作字鬼神哭，从此文人食无粟”，又说“但愿吾儿读书读贯上下古，不愿吾儿一科一甲呼吾父”，也足见对科举之途是真灰了心。

而自然，一个以掌心雷这样的邪术名世的人，最终癫狂如此，世人也终是见怪不怪的。

只我见龚自珍回忆二人最后一次见面说他“幽如闭如，寒夜屏人语，絮絮如老妪，匪但平易近人而已”时，忍不住心酸。

斯时的王昙五十七岁，妻妾全丧，贫病交加。一代英豪少侠，文章巨擘，已沦落如一絮絮老妇。而民间尚能找到的，只剩下一些这样的传说：

比户大索，鸡犬皆惊。而所谓王昙者，鸿飞冥冥，弋人竟不可得。将十日矣，清高宗视朝，忽见御座之旁，墨瀋淋漓，笔势飞舞。谛视之，则诗一首也。诗曰："黑衣队本卫旋宫，灶奥而今竟不同。翻手为云都化瘴，秦头压日正方中。金输瓜子韩王府，车走雷声巫女峰。请得上方三尺剑，几人妙手笑空空。"下有款识曰："妖人王昙。"高宗阅罢，大惊失色。

一个豪侠倜傥而忠心耿耿的举人，为房师一句掌心雷，最终在层层镜面中扭曲迭代成了吕四娘样的风尘异侠，这是何其令人哭笑不得。

他的诗文均质直酣畅，天马行空，能发奇思。其友钱泳谓"二千年来无此才"固略过誉，但他腹笥极深，行典如噀雨呼风，真使开功夫，也自见其极过人处。

王昙之文以四六骈文为上品，最有名是《题西楚霸王墓碑》一篇，洋洋述来，如击水鞭石，令人目不暇接。又如《李忠毅公神道铭》写海战一节，"夔牛三震，海水皆飞；蝥弧一挥，天风尽黑"，声韵响快，下字勃然，真极妥帖。

骈文自韵，故能振诗。虽都谓王昙文胜于诗，但其诗也绝非弱手，只是因其四六习气未除，太好用人名典，非我等学识不牢之人所爱一途耳。然纵诗学观有歧，我亦不得不承认，王昙的咏史诗甚有独到处：其琳琅典事虽然排布甚密，但在极盛的狂傲气驱使之下，倒也自有一般白眼阅世，针砭青史的旷荡。

据闻他会试落第过穀城祭项王时曾遍招琵琶伎，“以斗酒牛膏合琵琶三十二弦，侑祭于西楚霸王墓”[①]，写下三首哭霸王诗，其中尤以当先一首最为有名，和者如云。诗谓：

江东余子老王郎，来抱琵琶哭大王。如我文章遭鬼击，嗟渠身手竟天亡。谁删本纪翻迁史，误读兵书负项梁。留部瓠芦全汉在，英雄成败太凄凉。

开篇即闻慷慨呜咽之声，鬼击[②]句哭音毕现，似悲项王，实为自诉。

更令我动容的是一首他去吊唐伯虎墓写下的《落花诗》：

如此飘零怨也迟，斜阳肯照未残时。生成一树桃花命，冷落终年后土祠。陇水人吹三弄月，孤山魂葬半坟诗。寒鸦齿冷秋烟笑，死若能香那得知？

---

① 见胡思敬《九朝新语》。

② 《夷坚支志》有谓福建科考有一吏能见鬼物，见一黑鬼行走诸考案间敲打考生，见被打中的考生或身仆，或笔坠，却浑无知觉，放榜参看，果然遭击者黜。

诗中的他还负气地等着“死若能香”，然而，他死后真的记得他的又有几人呢？

斯人既逝，故人星散。王昙死于红柏山庄后，应儿子善才恳请出手殓葬的，是跟他只见过两面的龚自珍。此后再历历细数，除却一位与他一般才高而偃蹇的吴兴华曾数次提及想为他整理集子，便要寻到民国时分鲁迅先生与弟子闲谈时的一盘秀水小菱里，方才能捉到一线王昙的身影了。

徐梵澄一篇回忆里有这样的场景：“记得我之往访，总在周日下午三点到四点之间。谈了一会，给吃点什么了。我们先拨出一部分留给海婴，我一拨，先生总说：‘够了，够了。’——记得吃过榧子，是浙江产品；羊桃，是广东产品，皆我的家乡所没有，我未尝吃过的。有一次吃的是秀水所产的小菱，话便谈到朱彝尊、王仲瞿，皆秀水人。”[①]

江东余子，绍兴杂语。江湖浪影，不过如是。古龙说英雄欢乐，究竟是醉话。

我们的英雄，就还是寂寞的。

---

① 徐梵澄《星花旧影——对鲁迅先生的一些回忆》。

林下美人金礼嬴

随着近年西人对文艺复兴时期光影工具的质疑和小窗视角的反思，世界对东方绘画日益关注，相关收藏与研究也俱日益转暖。在市场的裹挟下，中国书画不能免俗地从雅债渐渐沦为纯商品，所谓血统气质，再难换得一场珍藏的久居。

为了阻断珍品外流，文物局曾特为中晚清乃至当代的文物拟了一份出入境限制方案。在这份方案中，书画被依作者分为了两类三等：按新旧中国为界断代，各分“作品一律不准出境”“作品原则上不准出境”和“精品及各时期代表作不准出境”三级，待遇规格很见分明。

且不提这标准实操起来太过不易，市场也并未完全买账，但有这样一份名单摆出来，倒足可见官方是如何宣定清中期以来一干人物的书画地位了。清代那份名单中，熟人颇不少见：二等有王杰、刘墉、纪晓岚、袁枚、姚鼐、林则徐、陈师曾、梁启超、李叔同等，三等中更有毕沅、左宗棠、李鸿章、翁同龢、张之洞、沈曾植、康有为、罗振玉之流，均是风口浪尖、才振一时之辈。

某日无意中看到这份名单时，我在这熠熠群才中逢着了一个熟悉却意外的名字——金礼嬴。

金礼嬴的名字盈盈踞座于上述所有人物之上，属“作品一律不准出境”之列。那份名录上，处这一位次上的对标人物不过林风眠、李可染、黄宾虹、徐悲鸿、傅抱石等寥寥十人，连齐白石、吴湖帆等都因为作品太多、良莠不齐而没能上榜。

在今天的我们看来，金礼嬴似乎并没有很大的名气。她上与国略庙堂无干，下于艳事传奇无涉，没有太煊赫的家世，也不乐于标榜性情、与人唱和逢迎——更偏偏，她还是女子。在男人书写话语权的时代，这一系列的“没有”，已足以抹杀一个女子所有清才捷笔，哀乐辉光。

于是在这样的抹杀之下，她的得名，似乎反而便比名单上大多男子来得更加贵重纯粹。金礼嬴死时不过三十六岁——也就是说，抛却童蒙时代，她仅用了寻常书画家三分之一的时间容量，便达到了大多数作画者无法企及的艺术成就。

这番意外的仰视很令我讶异了一回。

我于画道是十足的门外汉，对金礼嬴的印象其实全来自她那位热烈潇洒却一生偃蹇的丈夫王昙，和王集中附编的一卷《秋红丈室遗诗》。不能与她最得意的身份相认委实遗憾，但“嘉道第一女画家”之外的金礼嬴温毓秀润，端然独立，一样值得世人纸外久相注目。

会稽金氏，系出炎汉，宗祠供奉的是光武帝以下的诸帝神主，自来与刘氏互不通婚——金礼嬴出身世家旁支。

她的家世可考已不多，只从王昙的回忆里可窥知她有一位风雅豪迈的父亲，姓金，号谓梅园。梅园公是王昙的忘年好友，两家来往自来便多，故而对自己日后这位夫郎，金礼嬴是自小见惯的。

她幼时小字唤作纤纤，解以“蹴罢秋千，起来慵整纤纤手”固得其娇憨，而实则以“纤纤擢素手，札扎弄机杼”诠释倒更合适些（她与王昙在虎丘的居所名叫“盈盈一水楼”，与小名参看甚妙）。十三岁上，她闲来习字时曾在父亲书房里抄写过王昙所作的一首织锦回文诗。后来王昙忆及此节曾写道：“（礼嬴）年十三手书予所作织锦回文，为蹇修之始。”可谓情缘往复，渊源先定。

从硬件上看来，二人的婚姻未必说得上完美：金礼嬴小王昙一轮，亦并非其原配。在娶她前，王昙曾有正室朱櫂香和一妾钱畹。

彼时那个与金礼嬴无关的王昙尚还年轻。他自信、洒脱，却不轻佻，放得开身手，也沉得下性子。文武兼能，娇妻美妾，正是最风光得意的时候。

史上对朱櫂香的记载不多。但直至她去世十二年后金礼嬴也撒手人寰，王昙依然在悼亡所作的《鹤市》诗里为她留了一角絮念，而为安慰丈夫，金礼嬴也曾数次追写朱櫂香礼佛形影——这或能反证朱氏实非俗流。

王昙在诗注里回忆说，金礼嬴曾亲绘一幅朱檊香《翻经小影》赠他，之后又待再画一幅《绣佛》。而画成挂起端详时，她却是一怔，喃喃说道："这幅怎么这么像我？"金礼嬴本精于女红，女史拈针，自来参照了更多自己的形态。她看去觉得有趣，便索性二图分题朱氏与自己二人名款，合起来送给了王昙作为留念。

及至礼嬴死后，王昙收拾出这两幅图轴一时伤感，叹道："追魂戏写春风面，落笔知成谶语无？"看去实是唏嘘。

王昙性情热烈，自陈怀抱，往往唯恐不尽，故而集诗时篇句之隙素来话多。在他的诗注里，我找到了许多文章中不曾提及的旧事絮语。他先前那位妻子朱檊香的故事，便大半藏在《鹤市》诗的夹缝中。

在这些字缝里，我约略看到朱氏较王昙还大两岁，生于大年初一（古谓此为端日），故而小名叫端娘。二人婚后不久，王昙便被补为国子监生，入京游学，朱檊香便留在家乡，长斋拜佛，为他祈佑高中。偶尔王昙回来探亲，待不几日朱氏便催他归京读书。如此虔跪三年，"当膝皆穿"。

这样的苦拜令我想起《苍穹之昴》中梁文秀的夫人杨青筠，但杨氏是心知不见爱于夫郎，故而甘心以长跪三年解太后之局，复免梁氏难堪，而朱檊香的劝学轻别，却全是出于一片无私的殷许。这殷许，或者被今人目为无谓的愚贤。

我特用了无谓，而非无趣，只因我总觉有王、金二人那样的追想，朱氏并不该是个无意趣的女子。

她也会相思。王昙回忆朋友告诉他，朱樨香曾说“渠每一出，予魂行千里，见黄河大江”。驰思怀想，一往无前，有此一言，我便觉樨香固然虔贤，实则骨子里亦是诗人了。

她死在了三十六岁那年的正月，恰没能看到同年秋天王昙高中乡试。夫妻十二年，倒有六年仳离。死前一日，她如知大限将至，先行沐浴，而后立化于乌桥尼寺。

少年夫妻，自来有其难忘之处。王昙回忆称朱樨香弥留时曾对他说：“你以后续娶，怕要娶一位姓金的女子。”当时会稽当湖一代金姓者众，她指的自然未必是金梅园家的女儿，但前因后想，却终于成真，也未必非缘。

王昙自述后来屡屡发梦，梦到朱樨香带他“渡横流，山下有大楼，见一女、六姨及房室。以予见太婆，婆帐后，畹娘在焉”。畹娘即其妾钱畹，既有她侍立帐后，那么此梦自喻指其继室了。

正在同年，忘年好友金梅园得知他丧妻，好言相慰，更力主将女儿许配给他。斯时的王昙适逢乡试高中，又正当壮年，朱氏死后实则已有多人说媒，但念及此梦，他却特应允了金家。

婚后他携妾与金氏全家正式相见，渡水见楼，楼中一位老太太，六个小姨子一如梦中所晤，故而《鹤市》诗中言及朱樨香有“月老氤氲一梦哈”的句子。可以说他与金礼嬴的缘分，是由朱樨香弥留前那一句话牵系而成的。

金礼嬴嫁王昙时二十二岁，在当时已不算年轻。王昙并没提过她是为何迟迟未嫁，但从一些细节追看则知，她本就是一位颇有主见的姑娘，加之父亲开明，又对她格外宠爱，也便未曾催逼她为世俗礼法去早早嫁人。

金家祖母是一位虔诚礼佛的老妇人，故而金氏姊妹从小便都依随祖母读经，其中又以礼嬴最为慧悟。王昙说她年少时读经，曾每每为佛陀看不起女子，不许其姨母出家成为沙门之事而心中不平，及至后来看到龙女献珠一案，见一众弟子均无明珠，而独龙女有，献珠而后更能转男身成佛，方才转喜。

很多年后她与王昙共读时又提到此节，忽闷闷叹道："月有下弦，理无圆相。颔下明珠，当归女子，我当不转男身。"后来更有《礼天竺呈观音大士》一诗："同感杨枝洗孽尘，心香一瓣共朝真。神仙堕落为名士，菩萨慈悲念女身。前度姻缘成小劫，下方夫妇是凡人。望娘滩远潮音近，唯有闻思是至亲。"

痴极淡极，中禅理，亦能判证，故虽学禅，却远自诸逃禅者之上。这或也是后来她能把佛像画得清新不俗，自成一派的原因。

金梅园确是真心喜爱王昙这个年轻人。许婚之时，除礼嬴外，他尚有将第五女同嫁王昙之意。父女三人，就此曾有一段有趣的谈论。

五妹问礼嬴说：“读过《汉书》吧？你倾慕鲍宣、梁鸿，可是我也愿意作桓少君、孟光啊。”而金梅园没等礼嬴回答，便笑着为长女解围：“我倒是读过《晋书》。可知段元妃不为凡人之妻，段季妃也不为庸人之妇呢。”三人一时大笑。

这样的家庭氛围，调教出有才而风趣的女子自非难事。礼嬴和五妹一个娴静文慧，一个灵动娇柔，实为一时钗黛。只可惜的是后来这位五妹因祖母不允与姐姐同嫁王昙而被许婚他人，一年后含恨而死，死前有言：“我若死了，只求姐夫文章一篇。”

想来是所托非人，不能欣赏这样自由而活泼的才媛，而王昙后来也便真的为这位五姨写了一篇墓志铭，以全此情，这是后话。

然而，金礼嬴虽然嫁给了她心许的郎君，初嫁的那段日子却并不顺遂。

与五妹相较，她性格偏于沉静矜持，或者说，比较慢热。斯时正值王昙丧妻不久，会试将近，也便无心对新婚妻子多作眷恋。成婚后，他匆匆将妾钱畹和儿子善才托居金家，便赴京赶考去了。

礼嬴新婚仍居家中，与未嫁仿佛，只多了一位钱氏“隔一壁而居”，如当年的朱樨香一般静等王昙归来，依稀现出几分宝钗之“意难平”的凄凉形影来。

在话本小说里，这样的久候往往要以男子的金榜题名、衣锦还乡为结尾，但现实是，王昙本科会试未中。

他尚不知，这一次科举，是他一生最后的一次公平应试的机会。

放榜之后，时中丞吉庆爱重王昙身手了得，提出招他从武职，同时范叔度也将他荐去福郡王幕下。斯时王昙三十四岁，正值壮年，小遇科考之挫本觉无颜面回乡，忽得有骋才的机会，便索性修书辞家，自京师直接走马从戎而去。

他得人赠以四匹日行五百里的快马，交替而行，须臾南下。这一去我并没查到具体时日，但乾末嘉初起义频仍，只见他先在襄郧一带平齐王氏之乱，又下黔西南镇王囊仙起义，意兴激扬，想来所耗非短。

这段时日里，金礼嬴曾有数番作诗寄与王昙，这些诗并未收入她后来的集子，但我还是在王昙的回忆中找到了其中的几句零章："十年旧事扬州梦，百计相思蜀道难。抛我明珠双泪冷，赠君金枕两头寒。"

四句四典，小杜薄幸，玄宗闻铃，梅妃辞珠，公主留枕——俱非善谶，别怨易见。

在这段漫长的等待中，父亲金梅园病倒了。礼嬴殷勤照顾，及至危急，还曾封左臂和药喂父亲喝下。古来为至亲割股封臂者众矣，但连鸡鸭都未曾宰杀过，又是如此娴于书画的闺阁女子肯为父割臂上之肉的，亦不多见。

然而任是如此，金梅园还是没能好转起来。"少微星陨，丈人山摧”，收到这位忘年好友兼老丈人的讣告时，王昙正在大梁朱仙镇一处被焚毁殆尽的战场。他泣不成声，投鞭返家。而人在中途，臂上创口还在溃血的金礼嬴又接到了新的打击：五妹所托非人，郁郁一年，也于日内含恨而死。

这死又难免不令她自责：若妹妹嫁的是王昙，如今想来还能很自在地活着，而或许相较自己，王昙也会更喜爱五妹的性情。

昔时谈座上妙语如珠的父女三人，转眼仅余她孑然一身，这段最难挨过的时候，丈夫却不在身旁。

伤心之余，她还要照顾他那位比自己年长不少的妾，和一位调皮的继子善才。

王昙是在追想时才体会到，妻子曾独自度过了一段多么艰难的时光。金礼嬴死后，他在《鹤市》诗中曾有这样一句话：“至今回想新婚泪，多似吴门蜡烛堆。”

金梅园的墓选在了松台山上，由礼嬴姊妹几人负土筑成。墓畔原有一无人僧屋，盖因白日僧人均要下山取水，而自梅园入葬后，僧屋之畔却生出泉水来，味如惠泉尤冽，时谓金礼嬴虔孝刲臂，感动神灵而出，名之为钏影泉。

王昙归来后，金礼嬴在松台山守孝三年，居丧攻书。顺便帮王昙整理了一遍他的文稿、诗册，也进而在文字中重行认识了一遍这位夫郎。渐渐地，二人虽未同住，心却都静定下来。在一次次短暂的面聚中，王昙渐渐发现了这位继室妻子在自己心中的重量，常有“连日三至江干，风水不能别”之情境。

守孝期满，“身从一渡乌江后，人是三年泣血回”。她画了一幅《松台辞墓图》告别父亲，正式开始与王昙相处。

这一年，她二十六岁，王昙三十八岁，均已不再少年。

飘然辞山后，夫妻二人择居苏州。王昙虽功名未显，但究竟文名早扬，地方之人均以为其腾达是早晚之事，兼之他又好交朋友，故而食住并不发愁。斯时的兵备宋汝和、司马蒋立崖等人均对王昙多有接济，而苏州太守任晓林更先后赠了他西支家巷、东支家巷的两套大宅子以为居住。

吴门自明尔来便是画家云集之所，金礼嬴定居以后遂始与当地画人往来，王昙也安心开始准备次年的会试。

结缡近四年后，王、金伉俪终于找到了安适的相处状态。

金礼嬴的潇洒与意趣，正适宜在闲中慢品。

她性好佳山水，诗文书画，俱师造化，恰与王昙俊游旧好相合。在这数年间，夫妇二人同舟行遍吴越幽胜，“前船宾客后琵琶”，颇多喜乐。二人曾在某岁除夜携全家“泊舟皋亭之半山，看梅数日”以度岁，屋浮天上，身集空虚，疏影下卧看香雪，幽畅已极。金礼嬴后来还特为此作了一幅《香雪海图》记游。

又某次，二人暮中泊舟嘉兴。金礼嬴一时兴至，将王昙留在里门外，独自带了一名婢女去探访苏轼曾三度行经的三过堂。

三过堂在陡门桥南东埯水滩上，20世纪90年代已被拆除，至今无考。其中曾有南宋的本觉禅师集苏轼帖字而竖起的诗碑，有“万里家山一梦中”句。金礼嬴本是擅书之人，见古碑大为心爱，当即也不再返船，径自命婢女点起红烛，通夜毡墨拓起碑来。

拓碑并不是件简单的活计，上纸、椎拓、上墨、取拓，样样亲力亲为，极耗心力，待到她收卷好拓片回到船上时，已是次日近午，连带着王昙也饿了一早。

王昙自不是为一顿晨炊蝎蝎螫螫之辈。他骤得珍拓，归舟上展卷而观，大是喜欢，有诗谓：“徒被坡公浓笑煞，明诚夫妇又同痴。”及至民国，易均室曾乞刻闲章“明诚夫妇又同痴”，只为心慕王、金二人此游。

这一趟夜拓碑刻，金礼嬴也有诗作留下，我以为比王昙的更见隽秀轻灵：“一盏禅灯四壁红，桑城荒影踏冥蒙。为寻马券迟僧寺，谁捏鸿泥塑长公。石版漫镌三过字，布帆轻趁两番风。越来溪上年年住，我亦家山在梦中。”

自灯入影，声光设境，马券鸿泥，藉典入事，而自鸿泥有石定帆轻之喻，结尾以苏诗收束即可立稳平宕。以诗作论，实过诸多同期诗名早传的袁门闺秀多矣。

这样的惬意生涯并不太长久。嘉庆四年（1799），京中“掌心雷”骤然事发，王昙无端作了朝野笑柄，也便不得不放弃了己未会试。一时之间，英豪才子变成了时人所避不及之辈，素日的朋友，也大半再不敢与之往来。

见近年仕途无望，辩述不能，王昙索性将太守所赠住宅封还，复作诗留别：“马革觜骸我不能，全身侠骨已磨棱。中年霹雳留王导，半片籧篨覆庾冰。名已冷灰难再热，家犹衰汉不中兴。平生不敢言恩怨，豫让前情报未曾。”灰心极处，却犹倔强不肯屈节。

见弃朝堂，王昙一时无颜面对妻小，送金礼嬴、钱畹一行人回到嘉绍居住后，自己远游登州，逃世而去。他少年得名，虽偶有小挫，却每能激扬自励，以留躯许国，而这番彻底不再见容于上，其打击无疑是毁灭性的。

这一程远走，有哀怜之辈许其为李白钓鳌东海，“以天下无义气丈夫为饵”，亦有为他不平者劝他不如回京，留待来年，然而实则都是隔靴搔痒，不得其意。

而留在家乡的金礼嬴这次却没有催他。

她虽也为丈夫不平，却再不曾以此自怨。打理好钱畹一干人起居生活后，金礼嬴租了一条乌篷船，独自遍游越中山水，涵养胸中浩然之气，笔下云岚，也从此渐备丘壑。约略过了半年，她托人辗转自辽左向登州为王昙带去了一幅《邪溪乘筏图》以为自况。

纵然在蓬莱方丈看尽了海蜃谜楼，真正能慰藉心灵的实还是家乡的山水。王昙持卷惆怅良久，决心不屈于时局，回京再试一试。

而一如我们所知道的，后来的主考官多怕触霉头，不敢冒险，故而他虽努力参试，还曾改名“良士”希望消除偏见，试卷却还是八中八黜，空留满纸每次考完都会被诸省传抄的锦绣文字，和一腔无用的孤勇。

他颓然回到了故乡，金礼嬴在书斋中等他。

她没多说什么，只取出自己所绘一幅《山居图》，展卷对王昙说：“你看，若能遇到如此佳山水，我们就一起隐居在那里如何?”王昙长吁了一口气，郑重应道：“诺。”

龚自珍在《定庵诗话》里写到这段时曾叹道：“曩者同时之士，固尝拟仲瞿以晋宋间民，不闻其有奇妇。”

王昙一诺，并非虚语，从此直到礼嬴死前，他再未前去参加科举。暂摒绝了出仕的心思（及至晚年迫于生计，方才又行应考数次，然而依旧不中），二人也便过起了半隐逸的日子。

金礼嬴心知丈夫仕途既断，仰人接济则已非长久之计，便决意靠自己开笔卖画来维持家用。

古来画家固然以文人自居，动辄推逸作为上品，然而实则大多画人都需仰仗卖画收入来生存，似金礼嬴从前只为自娱或记游的倒是少数。较之那些游走于兼职与专职间的画家要可爱些的是，她从不曾藏藏掖掖，也绝不肯与藏家牙人暗相做作摆出些意不在此、偶一为之的态度。金礼嬴卖画便认认真真卖画，“每日晨起，坐一室，研吮丹粉，尽二鼓乃已”，委实殚精竭虑。

她本娴书画，既肯出售，一时“求者踵至，其画亦由此益工”。以其诗书画三绝，加之王昙的名人效应，市场倒还是买账的。“庶几乎夏昶一日之竹，西凉十锭之金矣”。一家的生活水准，在她刻意经营之下，便也暂没太受影响。

如此又一年，吴县出了一件新闻，知县唐仲冕打算重修唐寅墓。

金礼嬴本喜唐寅书画，又为其科考案“谤满天下”之事于王昙颇有身世同感，为安慰夫郎，遂殷勤解囊助葺。这一番资助，倒散了大半卖画结余的钱银。

不久，六如居士祠墓终于落成，唐知县首倡之后，一时诗作无数。王昙亦有和作：

百年红树已成尘，何事方坟又一新。吾辈功名多鬼祸，君家文字两传人。怜才守宰悲枯骨，薄命桃花哭替身。仿佛长官题字处，荒蛙磷火旧时春。

人生不合负时名，潦倒张灵乞食清。中酒文章狂杜牧，爱才儿女嫁陈平。弓伤都墓心犹碎，粪苦宸濠祸未明。多有旧交文字辈，犹将奴态恕书生。……

虽为唐寅作，实为向世哭己之不平。气苦郁结，跃跃能见。

金礼嬴读后，也依同韵作了数首——她不好交际，这几首诗也是她一生中难见的一次酬唱，而从文字间易见，她虽次的是唐仲冕韵，诗却只是为写给王昙一人看的。

三尺孤坟一陌尘，桃花桥北墓门新。世间儿女怜才子，地下荒蝇吊酒人。末路青衫穷措大，老来红粉送终身。书楼一角凄然在，零乱残英急暮春。

大罗天下竟无名，浪饮何分酒浊清。龙虎榜高遭鬼击，鸳鸯冢小被人平。碑留死友胡中议，债迫穷交祝允明。一样绣鞋尖上土，踏青时节拜书生。……

相较王作，礼嬴的和作相对缓和，但却并不平淡。她的诗作常有一种隔岸的悲观，或者说通彻的无能为力感，化哭为叹，乃有哀音不绝。而这组诗最终也颇成谶语：她死后，王昙濩落云游，穷迫潦倒，及至死无人顾，却真与六如仿佛。

复一年，金礼嬴卖画又攒下一些积蓄，夫妻二人回到苏州，置买了卫街西桥一套普大夫宅。

既是自己的宅子，自然便可大展手脚治园。二人引树牵流，聚波回岸，置白松阁、鸿隐楼、昭明阁、种秋堂、琵琶馆、鹦鹉廊、欢喜园、如意池诸景，是所谓“杰阁松风，山池树石，时也秋花匝地，明月乍来，米元章书画之船，康昆仑琵琶之手，芙蓉人面，鹦鹉传言，又三年于兹也”。

金礼嬴择了供有梁昭明太子铜佛的昭明阁居住，自名昭明阁女史，而王昙也便顺理成章地以“昭明阁外史”自命，在吴门的那段时日，他为人所作书画题款均用此名。

礼嬴爱极这座新宅，曾有诗《移居》称：

一间船子当精庐，心笑相如赋子虚。如此风波宜小住，者来奴婢会抄书。痴儿懒学娇无那，老作成家健有余。喜与沧浪亭水近，西桥风雨有家居。

又作《留待山居图》，嘱嘉兴才女席佩兰题诗其上：

昭明老佛守柴关，画地诗天阁一间。占尽洞天仙偶福，更从何处买青山。

秫秔三顷树千章，只费将军纸半张。多少眼前心事在，愿天轻易莫斜阳。

杜陵广厦万间春，未必他年话果真。留得桃花原一记，后人想杀此中人。

如此安排亦大难，百年风雨几宵安。不如眼底真消受，茶熟香温几遍看。

火烧眉毛，且顾眼下。而这三年，也确是夫妇二人一生中最惬意的三年。

卖画之余，金礼嬴尚有些余暇打理二人藏书。教导王昙的儿子善才同时，她也兼带家中侍女读书，授四五个童仆学习书法，还立志仿照《昭明文选》的体例来修一部《女文选》。

某日晚间修书受凉，她曾戏谑一首小诗："茉莉花香扇纸轻，乌丝红袖几门生。晚来半臂无人送，冷煞修书宋子京。"而王昙心疼之余也回诗道："促席云鬟方丈地，倚栏红袖一廊花。古无女史修书福，孤负禁寒半臂纱。"历经许多磨折，二人相处，已全致亲近自然，再无滞涩猜疑。

善才年龄虽小，在父亲、继母和母亲的引带下却也能作得一手清隽的小诗。我在《灵芬馆诗话》中曾见他几则断章，如"春与愁人同老去，山如好女上楼来"，又如"万里旌旗渡辽海，一家花月住迷楼"，都是温华灵秀之作，与父亲的铁板铜琶相比，倒是略近继母礼嬴味道。

至今金礼嬴传世的画作最负盛名的是浙博所藏的《观音图》，正出于吴门三年。图中观音秀发垂肩，倚坐在朝天吼身上嫣然注视着作民间婴孩样玩耍的善财童子，眉目温柔，气韵流转，想象她在鹦鹉廊与善才共处，当亦如此情境。

修书课儿之余，在书法一道，礼嬴亦有精进。她曾在梦中悟得笔法："管须向左迤后稍偃，若指鼻准者，锋乃得中。"我自揣测，当是所谓笔管稍倾向西南，而笔锋稍指向东北，则笔锋入纸就得逆势。悬臂落纸，逆而涩，锋能得中，即可参近“笔力惊绝”了。她尝数次通临孙过庭草书，王昙阅后叹服，赞她“山妻小字草书仙”，又称“解字彩鸾嗤我拙，工书逸少让渠先”。

经过几番升沉相处，他对这位小自己十二岁的妻子实致真心爱重。及至礼嬴死后多年，王昙还时常与人说起她是何日梦得神授，素来往往又是如何持笔，如何落字。神往思驰，仿佛瞑目便复相见。

文字之外，伉俪二人的吴门生涯也兼备画意音声。

山庄作画是金礼嬴每日的功课，这自不消说。她画艺既成，声名渐显，不独吴门一带求画者无数，连日本一位长崎将军也因爱她所绘佛像，而千里迢迢遣人持倭国独有的柳絮笺来乞画。这柳絮笺着墨极好，及至画完封裱，金礼嬴还念念不忘了许久。

左手神仙，右手名士，不独《观音图》，她平生最得意的《建安七子图》亦出于此。王昙回忆说该画四十五日而成，宫殿楼阁、树石人物，均极飞动之致。时人有“建安七子图还在，此是金钗画状元”之谓。只可惜，这幅画后来归了那位被龚自珍讥为“团扇才人踞上游”的陈文述，更至后来竟不知所踪了。

于音乐一道二人亦有所专：王昙本能琵琶，金礼嬴也擅吹鹤骨箫，云破月来，悠扬不绝，琴箫相合，仙乐风飘，直入神仙画卷。园中琵琶馆是王昙夫妇弦歌共乐之地，二人常邀请吴下善才一同来此弹奏，逸品高下，其中以苏达子之徒俞秋圃为最高，王昙说他颇承西域天方回部诸城真传，又能作《玉树庭花》，得陈隋调，琵琶兼有西域中土两重妙处。

而自然更多时候，他们并不约客前来，只二人偕坐，王昙弹琴，礼嬴静听。王之姨丈舒铁云某日来访见此曾有诗谓“国手琵琶国色听”，乃见音律妙悟，神往如何。

十数年后，龚自珍经过江南在废弃已久的琵琶馆周遭，也听过一回俞秋圃的琵琶，有诗赞称：“我疑慕生来拨箭，又疑王郎舞双剑。曲终却是琵琶声，一代宫商创生面。”（此中王郎，即指王昙）斯时龚氏失意科考，而曾在琵琶馆畅奏的吴门第一人俞秋圃亦已垂垂暮老，不见知音。正是所谓“我有心灵动鬼神，却无福见乾隆春。席中亦复无知者，谁是乾隆全盛人?”

两个下第举子，一曲玉项琵琶。盛极返衰，与白居易遇琵琶女直可同论。

静好的吴门生涯，以礼嬴作画劳累过度，咳血卧病而终。

为礼嬴早年游杭州时一首如有憾焉的“梅妻鹤子林君复，泛宅浮家张志和。如此溪山留不得，五湖归计又如何”，王昙决意迁家杭州，便于妻子养病。

他在武林门外的西马塍租下了之前二人便曾短暂借住过的红柏山庄——此一带是姜白石所居旧址，金礼嬴一见便曾叹道："我之歌哭，殆在是矣。"

她生命中的最后两年，也便是在这里度过的。

读王、金二人诗集，自红柏山庄以来，虽然均不肯作深忧语，但仍能领受就中沉哀日甚一日。金礼嬴初时尚能陪同王昙在附近的山林游玩，及至后来则只能在家卧倒。二人计划已久的雁荡山之游，最终只得由王昙独往。

他临行前颇有不舍，金礼嬴却笑说："春山如庆，夏山如竞，秋山如病，冬山如定。子不诩夫诗仙，我何争乎画圣？"

为详细描绘雁荡风景，王昙健履独行，作了许多诗记游，就中不乏佳制。而归来后，他听得山庄中鹅鸭乱鸣，方知金礼嬴病似又重了些，竟全已无力打理庭除杂事了。他强笑着写诗相嘲："还山篙水趁潮生，一墅秋花匝屋明。报道山妻才卧病，满田鹅鸭作乌声。"

虽已不能随他行游，金礼嬴却自有偕乐的办法。王昙归来后，她强自起床，自奁中取出了十八幅册页，其中所绘尽是雁荡山水。她将图册递给王昙，笑说："君吴门十八日，我神游亦十八日也。"竟是猜度行程，日作一幅。这般神游，却与朱樨香早年所谓"渠每一出，予魂行千里，见黄河大江"颇有相似。

王昙张张看去，龙湫雁湖，仿佛亲到，不由大是称奇。在这十八张图之后还附有一首小诗："原约�舆两两过，好山如梦病如魔。能传付与床头看，欲画其如纸费何。巾帼声名身后事，神仙游债欠来多。观音千手千枝笔，犹恐光阴一刹那。”看至末句，王昙大觉心酸，也作了一首诗相慰：“寻山情兴似登楼，觉得瓯东胜九州。霞客好游原是癖，维摩久病不须愁。聪明技小天何忌？闺阁才多鬼不雠。九十兰英头发白，著书容有后千秋。”

末句以《女文选》未完相勉，实出一片殷殷之心——王昙此人原是誉妻成癖的，而诗中却道“聪明技小”“闺阁才多”，实是为妻子虔求寿算，刻意谦卑，以他狂傲性情，实是少有的态度，也足见其心中凄惶，实已难能自处。

这一段时日的诗词，如小龙女重伤后与杨过古墓同处，各怀愁肠，却只付相向强笑，语不中痒，却更令人鼻酸。

为便礼嬴足不出户而领略自然，王昙特特选了三千本夭桃，拟种在山庄湖墅四面。有同乡老人做客时听闻此计，劝道：“你种桃花？桃花多不过活十八年，不如种梅，就算短寿的也有五百岁好活呢。”寿数之说，却一时切中了王昙的心事。他忙回去问礼嬴的意思，礼嬴本爱梅花，当下道：“我意也，尽种之。”于是王昙又去搜罗了百本梅花，参差种在周遭，之前的三千本桃花，便补缺散种在了四周。

为讨妻子高兴，王昙特地接连写了两首《聘梅除夕示内子》《媵桃上元日示内子》，内有“分得散花滩上月，年年红雨护梅花”句，盖求天垂怜，得享寿终。

然而虽然二人都在极力经营生趣以避来日大难，金礼嬴的身体还是日甚一日地坏了下去。

她作画气力渐难沛足，在杭州，她总共只画过若干观音像，再没能留有大幅制作，闲余也只写些扇面小品，聊备出售。她曾自嘲“山人不是齐萧贲，日与闲人画扇头”，然而为了一家生计，却也只能如此强撑下去。

更后来，她力不能支，只小字临金经，再不作画。王昙追忆称“扶筇尚爱花能好，强笑明知病已深”，欢容惨淡，不须再注。

死亡的阴云渐渐笼罩红柏山庄，先是王昙的妾室钱畹去世，之后为金礼嬴打理梅花的侍女墨鬟也一病不起。金礼嬴强打精神为二人题就墓字后也病势转汹，吐血不止，静养多日后终于溘然死去。

及至死日，满园梅树桃花尚未得成气候。这一年，金礼嬴三十六岁，与王昙结缡亦不过十二年。

她死前曾怜惜地看着王昙，叹息道：“名大则攻，才大则穷。”更请王昙将她葬于散花滩的梅花林中，以《维摩诘经》相殉，盖半是为了答谢丈夫当年相慰那句“维摩久病不须愁”吧。

办妥丧事后，王昙在她的奁中找到了几首遗诗。

“门外桃花开未开？童奴来报满田栽。自然有个该开处，拍手崖边看去来。”全脱诗腔，出偈子味，亦是劝慰夫郎缘化有常，莫要纵情伤心之意。

然而又如何能不伤心呢？

王昙忍泪出行避哀，而归家收拾金礼嬴遗物，见到十二年离合间的百余封家书，不由又下泪数回。因在杭州她已鲜少作画，字纸篓中写废的残稿也已多被文人们争相收藏取走，书房中仅剩的只有一些干涸的粉墨朱砂。王昙一概封存不取，而仅留了她生前收藏堕发自制的一螺假发珍藏。

至他死时，这盘头发犹自黑亮膏泽。色空空色，水月一场，如是而已。

金礼嬴的人生实在不长，也未必有多么诡谲波折，而我行笔尔来，却终未肯多作删减，及至赘赘万言，意犹未尽。只因搜集资料愈多，我愈是为她动心。

她身上实在有我所能期许的、女性全部的好处。幽闲静致，不盲从亦不逞辩，直是所谓“淡柔情于俗内，负雅志于高云”。虽然或是因她太好，造化终究未肯厚待她，但这样轻盈的人生，长度厚度，也元已无谓。

行文至此，或本该为其诗词作番定论了，然而面对薄薄七八页的《秋红丈室遗诗》，我却很难说出一句针砭。

金礼嬴的诗作和她的画作、女红、文论、箫艺类同，均出入天然，不见机心欲望，得林下风。作诗之人欲出侪辈，是终需自问一句“是否非诗不可”的，而金礼嬴却显然无意应对这样的问题。

她并不凛畏表达，却也不执着于剖白；不矜持姿态，也无心放浪形骸。她就端然站在诗里，有时轻叹，有时微笑，或出于书卷，或入于画意，如一呼一吸般自然安适。“只除一所黄皮塔，常在光明藏里过”，直如观音千面，不知其象。

对这样全无动摩擦因数的人物，若以牛三律打底的人间技法境界去勒求，却或者反而落俗了吧。

我只对着她画上所落金礼嬴三字定定看了很久。任百余年前揖让摇曳的笔势中，疏枝横水，吴带撇波，终于水云两去，各入光明。

这样的注视，已是我所能给出的最好的诗注与告别了。

金礼嬴的《黼文锦》

诗之一道如欲有成，创作欲和技法是不可缺一的。诗人暮年之作往往乏善可陈，盖为多方看彻，已无话可说；而年少闲多之时笔力未纯，所托空大，却又每每易陷于机巧，故而如非奇才，古今大多佳作均出于作者壮年。

王昙此人，原是加倍好奇跳脱的，少年贪玩，自也不免于炫技一道有所耽阻。二十余岁上他曾作过许多文字游戏，其中便也包括前文中提到的、金礼嬴十三岁手抄过的那首织锦回文诗。

而人过中年，往往悔其少作。王昙订校自己的《烟霞万古楼集》时，也便删掉了早年的那些文字游戏，故而这首见证二人“蹇修之始”的诗作今日已遗憾失传。然而论及回文诗一道，我却以为是不须因技废文的。闲中游戏，不妨全作莳花治器看，见其美，亦当有法。

而如此观之，王、金夫妇二人实为难能的玩家。若说王昙的作品尚仅是偶一为之的玩票，金礼嬴的一篇闲时制作，却实已玩到了堪推为古今回文第一的高度——那便是《黼文锦》。

说《黼文锦》之前，恐怕不得不先提一句回文诗鼻祖——苏蕙的《璇玑图》。

《璇玑图》相关的故事大家应都多少听过：晋时窦滔出镇襄阳，妻子苏蕙因嫉恶其妾赵阳台不肯随行。离居日久，相思则甚，苏蕙辗转托人寄以《璇玑图》一幅以叙别怀，凄恻委婉。窦滔读罢忆及往日恩情不由泪下，遂将其妾送回关中，亲派礼车将苏蕙迎来，二人和好如初——很中国式的才子佳人大团圆，实所谓凤头猪肚豹尾兼具。

在至今能找到的记述中，《璇玑图》是一块八寸见方的手帕。它以五色丝线织绣而成，凡八百四十一字（原为八百四十字，后人在正中添了一个“心”字，凑成满幅），二十九行二十九列，如棋盘格子，纵横回旋皆可成句。及至明朝，已有人研究出十二种读法，得五言、六言、七言诗四千二百零六首。

后世之读或有音讹附会，如此多的读法也已未必为苏蕙本人所能望见（她本人好像只能读出八百首），但无论如何，将词句排布从线性延展至二维，在当时也确算新奇之作。

晋后曾有许多人加以效仿，如大顽主苏轼的反复诗、回环诗等，但都不过数十字乃止，只能说是略得苏蕙鳞羽，远远无法与之并峙，故而至今世人说及回文，常以《璇玑图》为独步。

而世人多不知的是，金礼嬴在吴门昭明阁读书时，闲来也曾作过一幅回文诗图，且无论读法、形意、诗质成就都远高于《璇玑图》作。只可惜清代距今太近，难经时间发酵以引来武则天这般名人作序，又少了一回文人们喜闻乐见的夫妻反目又破镜重圆的八卦故事，如今却就这么湮没无着了。

我是看由云龙《定庵诗话》时留意到这张奇图的。其称："起句为'珠缠珏系，玑绾星陈'。左右上下，无不回环成文，各有意义。慧心灵质，巧不可阶。"复赞金礼嬴"诚巾帼中绝代才人也"。

金礼嬴在小序中谓："苏蕙织锦回文，予嫌其名曰《璇玑》，图无团体。今年同外子读书会稽山中，戏代其弃妾赵阳台亦制一本，凡一千五百二十一字。"她初时将这篇诗图命名为《拟赵阳台回文诗》，自标题看，仿佛是为窦滔之妾打抱不平的。

而后来王昙却将这篇诗图称为《鬫黻图回文诗》，匿去了赵阳台的名字。想来是认为妻子所作之图诗已数倍高出苏蕙之作，无谓借托《璇玑图》故事，也更不屑与之相较了。

我依王昙，也称其为《鬫文锦》。

《鬫文锦》共一千五百二十一字，共能读出短长古律、铭、谣、赞、颂，五万七千余首，所有诗俱可回文倒读，一正一反，均呈佳妙，复有"一诗有五字而读成绝律十数首者"。图体上更有创新，虽然乍看去这幅图也是正方形，但字有正有倒有斜，读法可分图四十九幅，列为八龙、四凤、八阵、三垣、斗柄、二十八宿、山川、城池、列国、地图、河洛图等图案，万转千环，"方圆勾弦角法律吕皆备"，以彩线

金礼嬴《鸣鸾锦》

勾勒往回，而四十九种读法又可共叠在一幅诗图中，实比只能分区环卸而读的《璇玑图》高明得太多了。

我试看了几张，以回文诗论，其中情致气象实亦不弱：如《围枰锦》卷第一局（这一张图乃是布下残局，依下法先后取字而读）的《秋思》："红丝乱转怕鸣机，晚坐秋轩绕绣围。风燕语窗花织织，雨鸿惊阵字飞飞。罿罝怨意朝雌舞，炬蜡伤心夜梦归。桐院沉声琴听切，珑玲枕上妾情微。"声韵宛转，境象相衔。又如《鸣鸾锦》（图如鸣鸾，取飞鸾振翅态，就中躯干是一首回文诗，两翼又有两首完整的七绝）上的绝句"工巧心环圜转转，珑玲枕复独眠迟"，"终夜看圆明镜月，空凭信使不心知"零零有晚唐象（均可试以倒读，亦皆成理）。

若说《秋红丈室遗诗》见金礼嬴的澹宕风致，那么这张《黼文锦》便足证其夙慧奇才了。

我少年时也曾作过回文诗，仅一七绝二十八字便要费足思量——倒读首先面临的当是断句由四三而转三四，每句腰眼须极稳妥，方能保证正反前后不失；而句与句间，起承转合倒序无碍，便更需结构两头均重，不能偏沉，更要使正读倒读，各表新意。而在此前提之下，言之有物，典事并致则亦要兼顾，实非易事。

而金礼嬴这幅图要架构的，是一千五百字。如此多字分拆结合，需对事典、景境、声律的排布均能烂熟，打碎再复分区，使之跳跃返转无不合度，颇有些类似现代的AI作诗机思路。且于普通回文诗一正一反之外，读法还要兼顾滚读、左旋右旋读、攒三聚五读、回肠读、罗文经纬读、交手读、分手读、衔环读、卸环读、脱甲读、踊跃对待读、进退读、蛇形读、勾股读、条连断续读、十字交花读、锁文读、律吕相生读、移阡换陌读、抽心读、穿心读等多种语序，复能合之兵法、星辰、棋理、山河，曲直交通，俱成法数，其难度可想而知。

若说《璇玑图》是从一维升入二维，则《黼文锦》引入时间及可能性，则是自二维而直升五维，掩卷想来，真可叹为造化神圣，不知人力何以能极。

为这篇诗图，王昙曾写过一篇序，居然亦是回文赋，亦成图体，与《黼文锦》同可正反读之。

他赞称此锦："秦金汉石，夏鼎周盘。弦和管叶，短歌长歌之琐琐；玉戛金鸣，变风变雅之班班。篇摹宋唐以上，法规魏晋以前。莲金步夜，雨雨云云而意结；杵玉鸣秋，山山水水而情牵。诠其言要，心根问学；阐其旨归，人厉才贤。明索络，暗蝉连。"蔚为琳琅，洋洋大观，与妻作参照两看，实在堪谓双璧。

后话无可表。虽然这篇赋他依然以为游戏，不曾选入自己的文集，但对《黼文锦》，王昙却是极珍视的。他认认真真为之自制了读法、目录，按照金礼嬴的绣本手绘了四十九张读法图形，成一刻本，日夜携带，及至金氏死后，依然常常持以示人，殷爱之意，跃跃乃见。

绢页翻动，想入秋夜莲声。纵独当西风愁起，亦好自劝清香不远。平湖浪影，萍踪偶见，只好喃喃一叹："此亦足矣。"

残茧中的盛气——说黄仲则

二十年前藉着《还珠格格》的热播，一位江湖异侠箫剑在鲜闹烂漫的主角缝隙里携着两位清人的影子端然出场。

第一位的诗意被化入了侠客的姓名与人设，“少年击剑更吹箫，剑气箫心一例消”，影的自是龚自珍；而另一位的诗句则在某月夜客栈的回廊里被紫薇一脸神往地念出，做了极好的背景音：“几回花下坐吹箫，银汉红墙入望遥。似此星辰非昨夜，为谁风露立中宵。”致敬的便是黄仲则了。只可惜紫薇式的破题实在无趣，一句“好美的夜色，好美的箫声”，反将诗中的痴怅之意消解了大半。

这组《绮怀》作于乾隆四十年（1775），时间线上看，从乾隆三十年（1765）皇后西湖断发再向前推到《还珠格格》第二部，则知紫薇念出这四句诗的时点实已比作者早了十余年。

大多数人对黄仲则的了解不会比紫薇多，毕竟那组写寄居姑母家读书时与表妹（亦有一说是姑母家婢女）那段少艾情恋的十六首《绮怀》，实在太适合作为一个仕途不顺的才子的妆面。

因其声名，这组诗随即成了老杜《秋兴》以来又无数才人争竞和作的范本，但通看下来我却不得不犯大不韪地说，它并没有大多数人定义得那样好，或者至少说，这组《绮怀》并不足以真正地作为一件代表。

无论是代表七律，还是代表黄仲则。

作为音律的织物，这组诗学到了李商隐的锦绣功夫，但并没能走到衣锦褧衣，绰约隐现的境界。失却外面那重既能遮挡也能牵连，既容明暗也容放收的云雾，皮相越精美，反倒越容易穿出小家子气。

组诗语典多出于义山无题造像，如紫薇背诵这首的“似此星辰非昨夜”“缠绵思尽抽残茧”原从“昨夜星辰昨夜风”“春蚕到死丝方尽”所出，“银汉红墙入望遥”化自“本来银汉是红墙”，不难推知斯时黄仲则是明确想写一组致敬玉谿的大创作。但真的把原作拿来参照相看，其呈现效果高下却是不可道里计的。

我们不妨取车走雷声为例，以《绮怀》第十四首与李商隐之“凤尾香罗”相较一读，看看这一层云雾的差别。

经秋谁念瘦维摩，酒渴风寒不奈何。水调曲从邻院度，雷声车是梦中过。司勋绮语焚难尽，仆射余情忏较多。从此飘蓬十年后，可能重对旧梨涡。

黄仲则全诗所言，无非“无望而望”四字——这也实是他人生大部分诗作的主题。

虽云“谁念”，仍不免絮絮以“酒渴风寒”之病示人。病中隔墙闻曲，遂容梦里听车，至于焚难尽，忏较多，更是均见其欲断而不能断之意（此句曾被海宁查家送作徐志摩挽联，也算得合洽），于是果然及至尾联，设十年为限后，则终许重对之期。

全诗流丽明畅，是其好处，但正因其因果关联交代得太过清明，不免便被散文式的行文习惯拘于一时一地，而失去了跳脱的动势。全诗所居所处，不能出听取水调歌那一间庭院的方圆，半分幻景未出，是所谓贴地而行。其所言所述，也是每联间接转得规规矩矩，不曾稍作揖让，是以也便无法积蓄起“亢龙有悔”样欲言先退的叠响来。

而立意几乎类同的李义山“雷车”之作，则极好地示范了高手的胆气和从容。

凤尾香罗薄几重，碧文圆顶夜深缝。扇裁月魄羞难掩，车走雷声语未通。曾是寂寥金烬暗，断无消息石榴红。斑骓只系垂杨岸，何处西南待好风？

首联说的是置办行装——凤尾圆顶，是所谓“青庐”，碧纹纱重叠密实，是备女子出行在外“更衣”之用物（亦有作嫁妆之猜测)。颔联谓伊人已去，而二人终未能通得一语。颈联极言相思而终至不见，气沮而至沉定，尾韵再以斑骓之典稍行振起："陈孔骄赭白，陆郎乘斑骓。徘徊射堂头，望门不欲归。"则隐约有了《边城》结尾那句"这个人也许永远不回来了，也许明天回来"的意味。

如灰烬里拱出新的嫩芽，向死而生，新生又出现了量子态，是三生万物的能力。

全诗用意行气之顺如所谓版型剪裁，此谓诗人基本功，黄仲则虽然做不到那样复杂，但完成得也并不坏，姑不多言。李商隐高出他的手段，主要在外罩的那层"褧衣"上。

我们不妨从字面再看看外罩衫的布置。

凤尾，不难有《凤求凰》"得托孳尾永为妃"的联想，以此遨游，回照青庐顶的凤尾纹样以印远行，便别有一种缠绵(再次照应嫁妆的推猜)。碧文圆顶加一夜字，亦有青宇四围之相，与月魄、雷声本属同科。有此牵连，读者看到"扇裁月魄""车走雷声"，也便不难把这位圆脸佳人玉面和行踪投射到了夜天之上，既圣洁化了爱人的容貌，又拉伸了相思的旷远。由此再见"语未通"，便自然生出"盈盈一水间，脉脉不得语"的联想了。

后之金烬，与前之夜缝辉照，以烛光作传接，将相思的诗人与置装的佳人连合在了同样的一点（这种地图传送端最常用的接口是月，而李商隐偏偏毫不可惜地把月丢给一句简单的月魄而弃掉了，足见其才高自负）。石榴红者，是梦她开箱验取石榴裙，是叹她结子明朝似小星？此则是可能性的展开。如是归拢到斑骓垂杨的猜测，方生出无限的回力。

我的解释或者并不周全，但已足管窥。此诗行文如流水，就中字句片段，却一丝不苟，既能一拳打散，也能百针勾连，不拒绝外行，也禁得起里手，读之有一层进益，便得一层新鲜，这才是真正名家的运作。

作为一个敏感却少耐心的才子少年，黄仲则性情上实则并不适合这样的拼叠建筑，即使在北京那段真正的七律创作高峰里，他也依旧没有拿出真正十足用好了每一层空间的完整作品。试看他的长调又可以为佐证：在这最体现布置功夫的文体面前，黄仲则的答卷是近乎不及格的。他没有愿心去惩前毖后地驾驭一个圆转的物事，反倒极喜有一句说一句，譬如“只为先生名在上，问青天，有句何能好？打一幅，思君稿”，“自从葬了屈灵均，只想成烟矣”，下字如此疏俚，足见其冲口而出、不耐打磨的情性。

与王昙并列后三子之一的舒铁云曾在《乾嘉诗坛点将录》中将黄仲则点为武松，并给了这个英年早逝的孱弱诗人一句著名且豪迈的赞语：“杀人者，打虎武松也。”舒位素称善识人，而这考喻却曾令后人读之大跌眼镜，并屡屡被历代文人斥为莫名其妙。

而我却以为抛脱后来的种种人设与命运，他在诗里看到的黄仲则，方是那个常年被缱绻得近乎磨叽的《绮怀》所掩误的、英锐少年的真身。

写《绮怀》时的黄仲则二十七岁，算来与琼瑶杜撰出来的两位民间格格恰属同龄。但同是少小失怙，黄仲则的身世较之那两个虚拟人物要灰惨得多。

郁达夫不忍这种灰惨，在短篇小说《采石矶》里特用黄仲则二十四岁太白楼赋诗的高光时刻做了结尾——在朋友洪亮吉的回忆中，那场面也确是极美的："景仁年最少，着白袷立日影中，顷刻成数百言，坐客咸辍笔。"

许多人都曾记录过黄仲则这节白袷诗魁的盛事，就中却只洪亮吉最擅用光。日影反打，形貌将融，从而后来毕沅说他"援笔成诗，时有神仙之望"，也便不无本因了。

黄仲则清癯潇洒，"美丰仪，立俦人中，望之若鹤"。因追慕太白之诗，他对李白的行止每多效仿，不独学其剑艺（"长身伉爽，读书击剑有古侠士风"），更一样酷爱俊游名山，往往"经日不出，值大风雨，或瞑坐崖树下，牧童见者，以为异人"。这也令那个大多数人印象中贫病交加，不到三十岁便"气喘喘然有若不能举其躯"的黄仲则多了一重慑人的魅力。当然，这样不惜身的放浪也或是他后来肺病的诱因。

他并不婉转低回，相反从少年起便十分狂傲。

洪亮吉说他"与仲则游市中，一富人从肩舆出，牵衣道故，黄努目曰：'汝辈亦知人间有黄景仁乎？'即拂衣去"。是所谓白眼向世。而对他所看重的朋友，黄仲则又甘于时时追从，付出十二分真心。与洪亮吉同客于朱筠幕时，他“夜为诗，至漏尽不止。每得一篇，辄就榻呼亮吉起夸视之，以是亮吉亦一夕数起，或达晓不寐，而君不倦”。写诗写到高兴处能在深夜多次把朋友喊起来夸他，也足见这是个多么没有边界意识，却又多么直爽快意的人。

从这些散碎的回忆里不难推见，《绮怀》这样意有不能言的诗作，实则是完全背离黄仲则的本性的。

这也是为什么舒位不顾众人成见也要把他点为武松了：黄的长处，本在其任侠使气的一面。他悲乐都过于人，也有极强烈的表达欲——情性上的烈度越高，创作倾向也便越侧重于时间性，而背离完整度。这个少年体格虽弱，家世虽贫，负累虽多，却从来不是静中俟变的情性。而这，也确是他所崇拜的李白的路。

黄仲则把诗中的“气”看得极重——曾称“为嫌诗少幽燕气，故作冰天跃马行”，为了锻铸更硬朗迅捷的气脉，他甚至甘心抱病北上。

虽然走到清代，诗中所谓的气已经和李白时代的道家化气有所区别，而多了几分游民的人相，但对黄仲则这样的青年来说，这种人相才是他真正得以击穿人心的制胜法器。

性情中人的诗是不能抛脱开作者读的，审美门槛并不高，效果却极好，全因它是诗人骨血里生长出来的。但也正因如此，作者并不能永远拥有这种创造力。当诗人的生命力销褪，他便也不再有能力涵养这样的气。

从黄仲则的创作历程不难看出，他入京以后贫病交加，渐渐作不起七古，而困入律绝，亦转致经学，这选择虽然仿佛出自本心，但实则都见证了他元气的渐渐枯竭。最终他作得好的那些近体诗，如“全家都在风声里，九月衣裳未剪裁”“惨惨柴门风雪夜，此时有子不如无”，依托的最终也还是这一股强弩之末的倾诉欲。

所以写到最后，我也选不出他中年病弱时的作品来为他定论。看来看去，倒以为选一首他少年时的古风《太白墓》来作为这位小武松的代表，或许是更贴合黄仲则本心的。

毕竟自悔少作，原是老杜、义山一路的特质，而并不适合李白。

束发读君诗，今来展君墓。清风江上洒然来，我欲因之寄微慕。呜呼！有才如君不免死，我固知君死非死。长星落地三千年，此是昆明劫灰耳。高冠岌岌佩陆离，纵横击剑胸中奇。陶镕屈宋入大雅，挥洒日月成瑰词。当时有君无著处，即今遗躅犹相思。醒时兀兀醉千首，应是鸿蒙借君手。乾坤无事入怀抱，只有求仙与饮酒。一生低首惟宣城，墓门正对青山青。风流辉映今犹昔，更有灞桥驴背客。此间地下真可观，怪底江山总生色。江山终古月明里，醉魄沉沉呼不起。

锦袍画舫寂无人，隐隐歌声绕江水。残膏剩粉洒六合，犹作人间万余子。与君同时杜拾遗，窆石却在潇湘湄。我昔南行曾访之，衡云惨惨通九疑。即论身后归骨地，俨与诗境同分驰。终嫌此老太愤激，我所师者非公谁。人生百年要行乐，一日千杯苦不足。笑看樵牧语斜阳，死当埋我兹山麓。

这首诗写在李白墓前，与太白楼赋诗时该在同年。彼时黄仲则还是那个日影中独立的白袷少年，落落寡合，也骄傲凌厉。

全诗气息极盛，言李白其人，李白其诗，李白之埋骨地，李白之遗响，但句句有李白，却句句不离自我。

长星落地是李白，昆明劫灰是今我；挥洒日月是李白，遗躅相思是今我；地下可观是李白，江山生色是今我；隐隐歌声是李白，锦袍画舫是今我。在最终无限的辉映里，笔锋一转，自己和当世的万余子，原来不过是李白残膏剩粉洒剩的一点，大小高下，瞬间颠覆。及至最后，天地为墓，在时空的延展下，今我最终与李白交叠一处，不分彼此。这种气息已经出脱了一切事前的排布，是一种在思绪的高速奔驰中，当眼山来，一拳轰碎的急勇。

这急勇，已足以让不再少年的我认为诗里的一切毛糙枝蔓（比如莫名出现的杜甫）均可原谅。

黄仲则在三十五岁时死于肺病。一个曾这样呼风唤雨的人，最终也死在了气上。这是他为自己的高光付出的代价，是如七伤，但他当不悔。洪亮吉日行四驿也未曾见到他的最后一面，但我想临死前的游丝絮语，实也不足以供一位知他甚深的朋友留听。

他真正的遗音舒位已经在点将时替他喊出来了。

“杀人者，打虎武松也。”

龚自珍的妈妈

前阵子打叠精神想写一写定庵，诗词固已看得很全，但既要提笔，一些诗词之外的旁骛总也要花点心思理顺。我落字本慢，而行文之际顽童捉笔，自然更是事倍功半。翻检龚氏掌故逸事之余，我又意外地被其母段驯分了心思。

我今亦初为人母，隔世掩卷，就仿佛能有些资格与这位史上没有留下太多痕迹的女子过过情肠。在诸多文本夹层中细细寻去，我对她是别有些触动和投契的。只鳞片羽中，我突然觉得这个母亲闪现出的许多特质意外地十分贴合我对自己未来的期许。

于是左右无事，我便决意索性偏个题目来说说段驯，而把龚自珍先放一放了。

段驯的父亲是段玉裁，原为金坛一代名儒。老人生于雍正年间，耕读传家，师从戴震，在音韵学和训诂学上都有极高的建树，其《说文解字注》更被称为“盖千七百年无此作”，其影响绵延至今。段玉裁有二子一女，长子段骧，字右白，为国子监生；次子段腢，字两千[1]，为县庠生；女儿便是段驯。

段驯，号淑斋，幼承家学，工篆，亦能诗文，有《绿华吟榭诗草》。可惜仅供家藏，并未刊发传世，至今留下的几册被辗转捐藏在了一些很偏僻的图书馆里，我所找到的也只是就中只言片语，而不能得窥全貌。

见得几首五律，如《晚行》:“几点雁横秋，新寒倦客游。碧峰云外隐，纤月水中流。衰草连荒道，残碑卧古丘。停车凝望处，枫叶绕层楼。”能兼写动静，转致画境。又有《晓起渡钱塘》:“晓出钱塘口，江天月尚浮。晴初山色淡，风定早潮收。离雁随人远，樯乌解客愁。富春名胜地，欣得一帆游。”下笔不见后朝惯有的轻亵态度，虽未必惊艳，却自有唐人风致。

龚自珍是段驯的第一个孩子，在杭州西湖畔的马坡巷生下他时，段驯已是二十五岁，在那个年月也算是高龄产妇了。

因龚自珍胎里不足，自幼体弱多病，段驯对他“慈爱甚挚”。

小朋友总会有一些来自奇思妙想的恐惧，比如我小时候怕孔雀羽毛，因为觉得那些伪眼似乎总在盯着人看。而龚自珍小时候害怕的是卖糖人吹的饧箫声，每每听到，都要发起怔来。遇到这般情况，或者大多男孩子的父母都会勉励孩子勇

① 疑为雨千之误。

敢面对，若换了谭嗣同的妈妈，说不定还要故意把儿子带到闹市去听几天箫，让他在彻底的惶遽中不破不立——而段驯却从未如此。

她番番听到饧箫声便会主动来到儿子身边，温柔地将他揽入怀中，轻轻抚摩他的头顶以安其心。而每当此时，小龚自珍也便可以很顺杆爬，扭股糖般无虑地腻在母亲怀里撒起娇来。

痴人有痴癖，及至长大，龚自珍尚有黄昏时分不能听箫的病根儿。三十岁上，独在京中客居的他在某个黄昏又听见了这样的箫声。想起童年和母亲，龚自珍便含着委屈和眷恋写了一篇于他十分难得的、平白如话的诗《冬日小病寄家书作》记录这段因循。

黄日半窗暖，人声四面希。饧箫咽穷巷，沉沉止复吹。小时闻此声，心神辄为痴。慈母知我病，手以棉覆之。夜梦犹呻寒，投于母中怀。行年迨壮盛，此病恒相随。饮我慈母恩，虽壮同儿时。今年远离别，独坐天之涯。神理日不足，禅悦讵可期。沉沉复悄悄，拥衾思投谁。（予每闻斜日中箫声则病，莫喻其故，附记于此）

男人常常被教育要有勇气与担当，是以他们总是耻于在至亲面前显露柔弱的败象。然而世事难料，恐惧和挫败常常并不会因为沉默而磨灭。当最后一根稻草落下时，固然其情绪会被努力以定向爆破的算法制住，其身体和神志的瞬间承压也往往可想而知。或许这也是男人平均寿命较女性为短的原因之一。

年逾而立尚肯絮絮向母亲“示弱”的儿子并不多见，但龚自珍却从来不吝表达依恋和爱——无论对母亲，还是对妻子、情人——这恐怕与他童年时得到过足够的母爱滋养不无关系。这样的“示弱”，却是我希望我的孩子将来能做到的。

及至儿子四岁上，段驯便亲自开蒙，教以诗文，“课以吴梅村诗、方百川文、宋左彝《学古集》”。

龚自珍自己在《三别好诗序》中有这样的描述：“余于近贤文章，有三别好焉，虽明知非文章之极，而自髫年好之，至于冠益好之……此三者皆于慈母帐外灯前诵之。吴诗出口授，故尤缠绵于心；吾方壮而独游，每一吟此，宛然幼小依膝下时。”更有题吴梅村诗曰：“莫从文体论高卑，生就灯前儿女诗。一种春声忘不得，长安放学夜归时。”

短短的文字隔世看来依旧令人心肠蓦地为之一柔。

童蒙时的输入往往对人的一生都有影响，这影响未必要通过三观固化，有时便只落在如此一个“忘不得”的牵系里。那些灯下的娓娓文字和语声，总会在许多年的磨折辛苦之后，能许人在长期的短视里松一松眼眦，温柔地想想自己的来处。

更需多说一句的是，段驯所选的开蒙人物也是清新不俗的。

吴梅村的诗虽然纵向来看不敢说是毫无争议的一流，却也是在晓畅宛转之外，尚有余力行学御典的。

为其音韵流丽，不滞涩古奥，乃能在童蒙时期不立文本，全以口授；又为其能运典用事，不似杨万里之流纯清浅白描，故而可以在诵读之外加以兴发延伸，讲讲古今人事。

更好的是，吴梅村以诗存史，以《临江参军》《雁门尚书行》《松山哀》《圆圆曲》等歌行为媒介，跟孩子说说本朝历史和当代格局，也是很好的切入点。龚自珍后来对时局政事的关切，与此未必无关。

有了关注点，则可进一步引导该如何思想发议。这便引入了段驯选出的第二个人，方百川。

百川名方舟，今人或已并不熟悉。此人是桐城派名家方苞的哥哥，兄弟均以时文成名，并称二方。方舟以课徒谋食，教出了许多举人，“以诸生之文横被六合”，而自己的仕途却并不顺遂。他的门生和朋友曾合力把他用以教学的时文整理成了一部《自知集》刊发，一时各地学子争相传颂。然而，因方舟性情寡合孤僻，“一时名辈皆愿从兄游，而兄遇之落落然”，对于那本《自知集》，他的态度也是“弗快也”，索性此后自作时文均不再示人，连弟弟也不例外。去世前数日，方百川将自己平生所写文章全部焚毁，“辛巳冬十月，先兄疾困。苞偶以事出，入户，见炉灰满盈，退问侍侧者，则锦箧中文也”，后来方苞遍索于生徒友朋间，仅得时文二十余篇刻集刊布，而于诗歌古文竟无存者。去来如此干净随性，也是孤特得很。

方苞说哥哥的文章能与唐宋大家相较，而韩菼也说他“虽退之无以尚也”。至今虽然文章不传，但我们也可以想见其深度和力量。在山林不改气骨，而尤能发朝堂之议，这该是段驯选择方百川的理由——一方面可教导孩子如何叙议，一方面寄托了对他仕途的期冀，一方面也能通过讲述方氏的为人，给孩子在热望之外留一条心灵的退路。

说到退路，便可引入第三个人宋大樽了。

宋是个真正的读书人，短暂当了一段国子监助教后，因母亲病重返回故乡，便终未返仕。他好“读书、聚书、著书”，所藏精本固多，却绝不藏私，任人借阅。其诗学青莲而追汉魏，颇有逸气，更好饮酒，善治古琴，飘然世外，是所谓健者能隐。他的《学古集》，是段驯在书卷之外为儿子留的一角湖山。

那个时代的妇人解文能诗的并不在少数，但能妥善自择视角课儿者并不多见。显然，段驯的蒙学很有效果，也并不刻板教条，比起在学堂里跟着夫子学习，小龚自珍更加享受的是放学后依从母亲读书的时光。

他在《宥情》里给出了一段无虑的造境，虽用意是阐明情之为物与生命同在，但在那短短一段铺叙仍能看得出他对母亲教习的珍视。

予童时逃塾就母时，一灯荧然，一砚一几时，依一妪抱一猫时，一切境未起时，一切哀乐未中时，一切语言未造时。

猛忆儿时心力异，一灯红接昏茫前。母子共读得以如此诗意温馨，较与近日通传那些陪孩子写作业急到要做心脏支架的妈妈视之，就更觉珍贵了。

从龚自珍后来的诗风和口味来看，母子二人的诗学观虽有高下之别，却并无太大相左。而段驯对他早期的教育，除了母子师生之份，尚多了一分酒朋诗侣样的尊重。

段驯有一首《中秋夜德州舟次季思叔弟珍儿同作》写于龚自珍十岁光景，足见她对童稚之年的儿子作品也并无轻慢，还珍而重之地在题目中特将这位小小的诗友一同列入。人生轴对称，这份童年时的尊重，当与龚自珍成年后犹能如故友般对母亲倾心坦陈不无关系。

不独对龚自珍，段驯对女儿龚自璋也是教抚兼重的。为母女间难免亲密碍学，她特地请同样擅诗的归佩珊来做女儿的闺塾师。

才女之间常常难免有较量的意欲，但段驯却能在哥哥段骧笑问她“不母之师，而外求师乎？”时认真地解释：“夫人，才媛也。”

平心而论，从几人遗作看来，归佩珊的诗并不一定好于段驯，但其为人天然雅逸，亲切耐心，又颇有做女塾师的经验，倒实在是教女良选。事实也证明，后来归佩珊和段驯、龚自璋，甚至龚自珍、段骧等人都往来很是密切，常有诗词唱和。

《名媛诗话》说“佩珊与太恭人（即段驯）诗词唱和，相得甚欢”，对龚自璋也是情同姐妹，自璋出嫁后她曾绘《折柳图》寄赠，并写诗问候：“蘋藻辛勤儿女累，可能不减旧风神。”

归与龚自珍交情亦好，曾有“删除荩箧闲诗料，湔洗春衫旧泪痕”句，劝慰他莫太过缠绵情事，而龚自珍也有那首著名的“蘼芜径老春无缝，薏苡谗成泪有痕。多谢诗仙频问讯，中年百事畏重论”答她。后来归佩珊结集，龚自珍也曾特地为她题了一首《百字令》，赞她“一代词清，十年心折，闺阁无前古。兰霏玉映，风神消我尘土”。

母亲的闺友亦能与子女结交莫逆，也足见段驯识人眼光。

而自然，没有外人时，他们一家人自己也时常互相唱和饮酒为乐。龚自璋有诗说：“诗句勉依慈母和，酒颜拚似阿兄醺。”即席之作，句子虽糟糕，但就中气氛却实在融洽得令人羡慕。

后来，段驯为龚自珍聘得自己的侄女段美贞为妇。

龚自珍与这位表妹自小相识，婚后自然情投意契。只可惜好景不长，二人结婚刚满一年，龚自珍入京参加乡试时，留在徽州的妻子却因庸医误诊，将肠胃疾病诊断成孕相，乱用了几剂药，竟遽然病逝了。龚自珍伤心自不消说，作为婆婆兼姑姑的段驯也大为悲恸，为媳妇哭作悼诗二首：

落叶悲秋籁，伤怀不自持。髫龄劳梦想，嫁日颇融怡。断魂归无影，招魂谩有诗。蘋蘩谁寄托，空叹鬓成丝。

为望成名早，沉疴讳不宣。结缡才几月，诀别已经年。枉使归装促，仍教别恨悬。何当奠樽酒，和泪洒重泉。

在段驯的作品中，这几首诗说不上一流，但情感深挚不作套话，且完全是站在儿子的立场上述悲，细腻地去体会了他中道失伴的心情，这是为母的难得之处。

从“髫龄劳梦想”看得出，她对儿子和媳妇青梅竹马的感情素来看在眼中，也努力地帮他促成了。而自“枉使归装促”也能想见，她不顾儿媳“讳不宣”的意图，还是在她病重后急告去应试的儿子速回了——虽然终于没能赶上。

作为妈妈，对成年的儿子能做到感同身受的倾听已属难能，而段驯能以代述者身份为孩子将情事厘清，这是更深一层的懂得。

两年后，龚自珍续娶安庆知府女儿何吉云。段驯也为何氏作《赋新妇何三十韵》，历历回顾了自己做媳妇时的种种事体，也并不避忌提到前妇之死，和对何氏的期望。

从诗中看，开篇“今夜团圞坐，挑灯话旧缘”，应是一家人团座时口占留下的即兴笔墨，辞色温柔，笔法匀闲，是所谓“追远迢迢慕，含毫絮絮宣”的主母态度，而其执手殷殷之意也跃然可见。

有这样一位通达明理的妈妈，儿子委实可以省却许多劳心事。虽然后来的龚自珍情事波折多舛，但段驯作为母亲在她力所能及的时段里，于婚恋一道，实也无愧于爱子。

更后来，龚自珍努力科考，但屡屡受挫。某次赴试，他有“我有箫心吹不得，落花风里别江南”句，段驯见到也和了四首，就中有“都门风景旧曾谙，珍重眠餐嘱再三。盼汝鹏程云路阔，不须惆怅别江南”，颇见不舍和期盼。

但这期盼并没有最终化为压力。龚自珍屡屡落第，她便也只是频频宽慰，绝不多口埋怨。

嘉庆二十五年（1820），二十九岁的龚自珍第二次参加会试落第，父亲给他捐了个内阁中书职，也并未干得太久。同年秋天，他辞职备战次年会试，然而谁知到了道光元年（1821），任命下来才知，当年叔父任主考官，他要避嫌又不能参加（先头说到病中听箫，寄母之家书，即是当时滞留京中潦倒所作）。

斯时距离段驯生命的尽头还有两年，她在家乡病中听闻儿子再次失意，特寄《珍儿不与会试试以慰之》安慰他：

桃李添栽屋不寒，却教小阮意全阑。待将春梦从婆说，始觉秋风作客难。黄榜未悬先落第，青云无路又辞官。长安岁岁花相似，会见天街汝遍看。

小阮者，阮籍之侄阮咸也。曾为山涛推举为官，而晋武帝认为他好酒虚浮而弃用。此人倜傥放达，善于音律，段驯引他作比，也可谓是儿子知己。而春梦秋风，自是龚自珍儿时与今日的听箫故事了，亦隐有心疼儿子孤身在外辛苦，命他早归之意。

她知道龚自珍是愿意图治谋居的，于是也并不劝他返隐——虽然这个立意对于作诗来说总更容易些。

她只说加油。妈妈相信你是终能一日看尽长安花的。

段驯没能看到这一天。道光三年（1823），她溘然长逝，时年五十六岁。居忧三年间，龚自珍不再作词。

纵观她至今未传的一生，不免有些隔世艳羡之感。从其学识，可见她少年时依从父亲治学之专致；从其性情，可知其结缡后与夫君相从之和谐；从其唱和，可知其平素与朋辈交游之融洽；而从其子女，可知其为母教习之精当。

贵重温柔，腹有诗书而不自矜，这是我认为红尘俗世中，才女应有的、最好的样子。

许多年后，传说龚自珍与荣亲王府贝勒侧福晋顾太清有了一段隐秘的情事，时称丁香花公案。龚自珍词作中恍惚迷离，难见实凿，但“一骑传笺朱邸晚，临风递与缟衣人”的景境仍令人浮想联翩。

最终流言蜚语不绝，龚自珍被迫轻车辞京，终老不曾归来，而顾太清也被逐出王府，带着一双儿女在西城养马营租了几间破屋子营生，收场惨淡。

顾太清能词，时称“男有成容若，女中太清春”；情性高洁，温柔坚韧，独立抚养起几个儿女，且最终多成大器。

隔世看去，倒也颇有段驯的影子。

谩谈龚自珍

拜金庸先生小说所赐，我少年时追慕侠烈，好诵诗谈剑，并不以温婉缠绵为要切；而岁序加长后性子渐趋沉定，便转以情愁深致，郁结低回为爱，自谓“低眉无限意，未必要人知”了。沉迷过的人事如蜕换的细胞般逐一消散，这本也是无可奈何的事，所幸在这许多年中，总还是有一个诗人的作品是我能持续找到契合点并喜爱的。

他激越而幽哀，馥烈而冷定，吟怀翻涌，神感缠萦，不断地自我审视，又不断地自我颠覆，仿佛能从一种肤骨间的缠绕与扼痛中看出些许爽快来。

这个人便是龚自珍。也是亘古诗之一道里，我心目中第一梯队的人物。

龚自珍生于杭州西子湖畔的马坡巷。洎先人随宋室南渡，这支钱塘江畔的望族定居杭州已有四百余年。

龚氏家族世代为宦，其祖龚禔身、嗣祖龚敬身[①]同为乾隆三十四年（1769）进士，龚禔身为内阁中书、军机处行走，

① 龚丽正自幼过继在龚敬身房下。

龚敬身曾任吏部员外郎，后赴云南楚雄任知府，兄弟俩都做过京官。父亲龚丽正是嘉庆元年（1796）的进士，亦授内阁中书，十四年后入军机处任军机章京，终官至江南苏松太兵备道、江苏按察使。他为人不喜奢华，性好读书，人每谓之“热官冷做”。在安庆当知府时，龚丽正曾因不满两江总督百龄将剿杀邪教扩大化，误杀许多好人而亲赴总督府谢绝在请功折子上留名，坚称宁可辞官亦不能受“血翎子”，可见其性情极是刚正。

母家段氏一族则以学力知名。母亲段驯颇工诗文，外祖父金坛段玉裁更是一时名儒，还仕返学后所注《说文解字注》思大而精，足领一时风气。

都是人才济济的名门，龚、段二家联姻后往来日频，常联聚快谈，在江浙一带有“九段十三龚”之称。不能不说，较之大多数人而言，龚自珍的起点可谓既稳妥亦高举。

所赖并未生于帝京，童年时的龚自珍身上有种京官子弟身上少能见着的自在与天真。

他“童时居湖上，有小楼在六桥幽窈之际。尝于春夜梳双丫髻，衣淡黄衫，倚阑吹笛，歌东坡《洞仙歌》词，观者艳之”，想去直如画卷仙童。有见者还专门依此画了一幅《湖楼吹笛图》赠他。

因父亲常年在京，龚自珍的开蒙是母亲领着做的。俞陛云在《清代闺秀诗话》里说：“定庵幼时体弱，（龚母）慈爱甚挚。课以吴梅村诗、方百川文、宋左彝《学古集》。定庵有《三别好诗》，谓自揆生平造述，绝不出于三家。此三者，皆出于慈母灯前帐外读之。吴诗出口授，故尤缠绵于心。壮而独游，每一念此，宛然依依膝下时也。”

一位品格志趣俱佳的母亲，对龚自珍后来才学审美的形成不无影响，而以母慈故，他的性格也不免较旁人要多些恣意任性。在时人散碎的笔记里，他诙谐活泼，不拘常格，为人处世素来也是虽肯内省，亦绝不避外怨，于情感一节更算得蕴藉缠绵，少肯负人。

因天性善感，又长期未有仕途实干去磨耗性情，龚自珍胸次内似总易见情潮汹涌激荡，无从疏浚，这自然对身心难有好处。但换个角度看，也正是这看似并不健康的特质，令他别有一种难以自弃的通彻和力量。

他的出人之处，正多赖于这通彻和力量。

1802年秋天，十岁的龚自珍随父上京。来到帝国中心后，他渐渐洗脱了孩提时水风荷雨中涵养出的清新气。事实上，他早在八岁上便开始研读《科名录》，在一种种官场掌故的考索里许下了经世图变的志向。

他酷爱王安石《上仁宗皇帝书》，曾“手录凡九通，慨然有经世之志”，直到中年，犹“每一读，则浮一大白”。嘉庆十三年（1808），父亲龚丽正带着十七岁的龚自珍游览京师太学，拜谒孔庙，劝勉他努力功名，伸展抱负；外公段玉裁更一直在鼓励他“努力为名儒，为名臣，勿愿为名士”。

这个大孩子带着青年特有的踌躇满志向着世界昂然而来。当然，彼时的他也并不觉得长辈的期许是个多么遥远的目标。从龚自珍少年时传世的种种诗文可以看出，这个年轻人虽然自视甚雄，却并不清高。他甘心为国家的前途尽心任力，也始终未曾放弃进入朝廷的尝试。

《己亥杂诗》一篇自注里，龚自珍称自己曾“抱功令文二千篇，见归安姚先生学塽。先生初奖借之，忽正色曰：‘我文着墨不着笔，汝文笔墨兼用。’乃自烧功令文”。

抛除小注中已露端倪的疏狂性情，我们更可关注的是龚自珍的用功。功令文即是八股练习，一篇大卷子近千字是有的，两千篇之数便是点叠一遍也须很费光阴，况乎亲笔一篇篇写来。其中“墨”指阐释经书之义，“笔”指讥切时政，再看姚氏的劝诫，则知龚氏之意并不全在功名，而更多在于锋芒毕露地指出时弊，并真真切切为国家做一些事情。

然而，未经事的少年心志热血在位高权重者眼中难免是大而无当，难以就用的。走过康乾盛世的夕光，嘉庆年间祸乱频仍，朝廷的试探不断受阻后渐渐在守成中沉沦了下去。在一片缓然而坠的铅幕中，尚有良心的人们也不过在立意要趁大黑未至前多抢些光亮去忙碌手上本已做不完的事体，却烦恼着窗外听不真切却很嫌聒噪的、蜡烛洋火儿叫卖声。

这便是龚自珍所看到的衰世。

衰世者，文类治世，名类治世，声音笑貌类治世。黑白杂而五色可废也，似治世之太素；宫羽淆而五声可铄也，似治世之希声；道路荒而畔岸隳也，似治世之荡荡便便；人心混混而无口过也，似治世之不议。

这一段描述至今足以令每个人骤看时都如梁启超般“如受电然”，正如黄昏和黎明总是相似，衰世和治世之间，也不过一线之隔。天上云层固然已是厚重得仿佛搭在桌上都能洇渗出水来，但一时暴雨不至，一时云下便只有溽热，而难令人生出找个归所的冲动。京人以其独有的从容各行其是，这从容也不免使龚自珍的衰世论看去那么格格不入。

道光年间是一个“人心混混而无口过也”的时代。在秉承“多磕头，少说话”的曹振镛带领下，群臣“皆矜矜小节，无敢稍纵，语多吉祥，凶灾不敢入告”，乃至“循默守位，寖成风俗”。道光帝抓小放大，看重形式无误、四平八稳、楷法端严、卷面美观的八股文章，而就中有无真知灼见，则似乎并无紧要了——他看折子的办法原也是如此，并不尽阅，而是只择取其中极小的文法错误加以严苛惩戒，以示自己秋毫明察，细微不遗。

上有所好，下必兴焉，龚自珍这种好指时弊疾呼的士人，也便自然不入考官之眼。曹振镛指示总裁们，要取录勤饬安静之士，文气恣肆汪洋，不中绳墨的，一定不安分，不得录取——龚自珍和与他齐名的魏源便均在此列。

房考官中有位礼部主事刘逢禄，曾为二人落选抱不平写下一首题为《伤浙江湖南二遗卷》的古风，浙江卷出于龚自珍，湖南卷则属魏源。其中咏到龚自珍卷子有如下词句："红霞喷薄作星火，元气蓊郁晖朝暾。骨惊心折且挥泪，练时良吉斋肃陈。经旬不寐探消息，哪知铩翮投边尘。文字辽海沙虫耳，司中司命何欢嗔。"

刘是龚自珍二十八岁后学习"公羊春秋"的引路者，也是学通大义的一代名家。他最终叹息着为诗续下了一个光明的尾巴："翩然双凤冥空碧，会见应运翔丹宸。萍踪絮影亦偶尔，且看明日走马填城闉。"但是，他最终没等到二人"应运翔丹宸"的一年。龚自珍终于中选之年恰逢他溘然长逝，而及至魏源中试，他更已谢世多年了。

除了文法汗漫汪洋外，龚自珍还有一个在当时不可饶恕的弱项，即是不擅馆阁体——卷面既不佳，要考取自是难上加难。据陈元禄的《羽琌逸事》载，他最终中举那一回的朝考文《安边绥远疏》"陈南北路利弊及所以安之之策，娓娓千言，读卷大臣故刑部尚书戴敦元大惊，欲置第一，同官不韪其言，竟摈之"，而借口便是"楷法不中程"。最终这篇卷子未列优等，取了个三甲，对龚自珍而言，则实是中如不中了。

他续娶的夫人何吉云能写一手极好的正书，妹妹龚自璋小楷也颇娟秀，母亲段驯曾说若让妹妹替他写卷子，或许尚能考中；考内阁中书时旁人也曾笑言："定庵不能作小楷，断断不得。如其夫人与考，则可望矣。"为这缘故，龚自珍十分不忿地放言："今日之翰林，犹足道耶？我家妇人，无一不可入翰林者，以其工书法也。"领略过北京城里特有的一些不得已的聪明或狡猾，龚自珍少年时的天真捭阖盖早已被渐渐磨变成了扈傲不羁。而随着一次一次的失败，小楷更成了他的逆鳞，主张着后来许多年的隐痛和佯狂。

他艳羡着乾隆年间毕秋帆的故事——同样书法不好的毕沅因为讲新疆屯田事宜的时务策立论高深，被乾隆帝亲自从文华殿议定的第四擢升为一甲第一。

在龚自珍看来，毕秋帆尚可说只是运气好——毕因殿试前夜因自觉书法不佳无望夺魁，便替两名同僚在军机处值班，而刚好那夜看到陕甘总督关于新疆屯田的奏折正可用于次日的时务策，是谓天厚善人——而龚自珍自己却是货真价实、对边防颇有研究的。

他素来留意西北舆地之事，曾与固原提督果勇侯杨芳多次细谈平乱经过，大有安远定边之志向方略，还为此自学了蒙古语和藏语。他与魏源约定要写成一部《蒙古图志》，然而父亲行署内的一场大火使他搜集的资料、地图和写成的大半草稿都化为了灰烬，合作者程同文也去世了，致使最终全功未竟，倒是魏源的《海国图志》得以顺利完成，终而一枝独秀，传流中外。

他还曾在《西域置行省议》提出要在新疆设立行省，主张移民实边，这实是很超前的主张。然奈何这种种构想除却徒然献给了一次又一次的考场时务策文卷，终其一生未能付用。

龚自珍在《己亥杂诗》中曾有叹道："文章合有老波澜，莫作鄱阳夹漈看。五十年中言定验，苍茫六合此微官。"其后注曰："庚辰岁，为西域置行省议、东南罢番舶议两篇，有谋合刊之者。"就中"五十年中言定验"却足证了他的预见性——恰是五十年后，李鸿章对他的《西域置行省议》给出了肯定："古今雄伟非常之端，往往创于书生忧患之所得。龚氏自珍议西域置行省于道光朝，而卒大设施于今日。"

然而这一切终究已和他没有关联了。

他为这脱钩的关联迷恋着乾隆朝言路未闭时的种种清新风气，也在诗句里无望地追慕着前朝耆宿的际遇。"昆山寂寂合山寒，玉佩琼琚过眼看。一事飞腾羡前辈，升平时世读书官""寥落吾徒可奈何！青山青史两蹉跎。乾隆朝士不相识，无故飞扬入梦多"……然而现实中的他，却只能任着自己一笔烂字，浅水龙受困沙滩。

有清人笔记说："龚为主事时，其叔方为尚书，一日龚往谒，甫就坐，忽阍人报有小门生求见，其人固新入翰林者。龚乃避入耳室中，闻尚书问其人以近作何事，其人以写白折对，尚书称善，且告之曰：'凡考差字迹宜端秀，墨迹宜浓厚，点画宜平正，则考时未有不入彀者。'其人方唯唯听命。

龚忽鼓掌曰：‘翰林学问，原来如是。’其人惶遽去。尚书大怒，诃之，由是废往还礼以自绝。”为听不惯叔叔教导新科翰林如何写字，他突然出面大放狂言，竟乃至叔侄绝交，可见其内心对馆阁书厌恶若何。

当然，这厌恶并无用于当世。而他的仕途最终也没能匹配他的天赋和努力。

龚自珍十九岁初战顺天府乡试，未能中举，仅得一副榜贡生。此后又考了三次，终于在八年后考中浙江乡试举人。

中举后第二年，他自觉大器晚成，天终厚他，意气风发地写下“落花风里别江南”，上京参加会试。而考罢重游北海，他遥望紫禁城，更欣然写下“功成倘赐移家住，何必湖山理故箫”，可见其不甘隐逸的入世之心。

然而他又失败了。

此后十余年间，他总共考了六次，直到三十八岁，才考中第九十五名进士——即是传说中被从头名摈落的那一回——在殿试中拔三甲第十九名，赐“同进士”出身。

是的，像当年副榜贡生的名头一样，这个进士也是“副”的。以其字陋，他终于无缘自己心心念念的翰林院。三甲进士例能委任知县，但龚自珍所图并不在作小吏，也便终而不就了。

这次的中试，他摆出了一副令人啼笑皆非的身段。说龚卷落在王植之房，隔房温平叔侍郎听闻王植得一怪卷，索来阅看后说："此浙江卷，必龚定庵也。性喜骂，如不荐，骂必甚，不如荐之。"王植怕架不住龚自珍骂，遂选上了他。待到揭晓日，龚自珍果然中选，人问他房师为谁，他不屑道："实稀奇，乃无名小卒王植也。"王植听说后埋怨温平叔："依汝言荐矣、中矣，而仍不免骂，奈何。"

是中了，但中得太艰苦，也太晚了。他已经没有任何心气去感戴谁，也彻彻底底懒于拘束在这样的官场规则里了。

人生最好的二十年，龚自珍几乎全在考试和准备考试，除了一直在坚持的考进士，他还在父亲安排下试图通过其他的官员选拔渠道曲线救国，然而奈何以其癖性狂傲，不入时人之眼，依旧不中。其中尤以道光元年夏天考军机章京的落选最为遗憾：他家父祖两代军机章京，他少小还曾随父在武英殿值夜，然而这殊务却终于断在了他这一代。

军机章京落选后，他曾为此写下十五首游仙词泄怨，就中有"姊妹劝书尘世字，莫瞋仓颉不仙才"，依此看来，这落选还是为了书法。

那些年里，他幽愤地剖析着那个世界："当彼其世也，而才士与才民出，则百不才督之缚之，以至于戮之。戮之非刀、非锯、非水火，文亦戮之，名亦戮之，声音笑貌亦戮之。戮之权不告于君，不告于大夫，不宣于司市，君大夫亦不任受。其法亦不及于要领，徒戮其心，戮其能忧心、能愤心、能思虑心、能作为心、能有廉耻心、能无渣滓心。又非一日而戮之，乃以渐，或三岁而戮之，十年而戮之，百年而戮之。才者自度将见戮，则蚤夜号以求治；求治而不得；悖悍者则蚤夜号以求乱，夫悖且悍，且睊然眮然以思世之一便己，才不可问矣。向之伦聒有辞矣。然而起视其世，乱亦竟不远矣！”

他看得如此清楚，然而却也只能在这样的世界里生受着钝刀凌迟，这对于一个内热而善感的人来说，实在尤为残忍。

我很感慨于一个小片段：四十一岁时，终于从名儒、名臣的期待堕入名士的龚自珍无意间收得一卷少年时曾在塾中临过的书帖，他对其端详良久，想到这二十余年的境遇，大醉一场。

帖后他题了这么一段跋：

> 嘉庆甲子，余年十三，严江宋先生璠于塾中日展此帖临之。余不好学书，不得志于今之宦海，蹉跎一生。回忆幼时晴窗弄墨一种光景，何不乞之塾师，早早学此？一生无困厄下僚之叹矣，可胜负负！壬辰八月望，贾人持此帖来，以制钱一千七百买之，大醉后题。翌日见之大哭。

在龚自珍偶然而痛快的一场眼泪里，他的仕途终在这苦苦的哑音里消歇了。

此时我们或便可以聊聊社会身份以外的龚自珍。

一反儿时双丫髻淡黄衫的出尘之态，成年后的龚自珍长成了一个宽脑门窄脸盘儿的矍铄瘦子，仿佛从胡斐身侧那对可爱的双生子倏忽变成了莫大。时人有说“先生广额巉颐，戟髯炬目。兴酣，喜自击其腕。善高吟，渊渊若出金石……与同志纵谈天下事，风发泉涌，有不堪一世之意”。

形容癯陋、辞色激扬之外，龚氏的个人修饰也不再讲究，有人回忆他在北京时农历九月的深秋天气去拜访陈元禄时，是一副“衣纱衣，丝理寸断，脱帽露顶，发中生气蓬蓬然”的扮相，不独邋遢，已几乎是不知天地凉热。

当年为了一树丁香而“难忘细雨红泥寺，湿透春裘倚此花”的清隽少年，最终归于一派老名士形容，与后世之章太炎可参差互看。自然，由此再想到他留赠扬州小云而反用《荆山璞赋》的“坐我三熏三沐之”，便很能双关一笑了。

在同时的诸多文人笔记中我们看到的龚自珍有许多烂漫的喜好，或可喜，或可笑，但总是活泼泼，令观者勃勃如晤。

他爱吃鸡蛋，谓其得混沌之气；爱花，曾在其初宅上斜街手种红梨一树，称“花凡五出，日下无双”；好文玩收藏，曾以娄寿碑加五百金换得一方“飞燕玉印”，自谓“天教弥缺陷，喜欲冠平生”，又有自藏召伯虎敦与姬大母鬲，每逢朔望“则具衣冠率二子拜之”；好高谈阔论，曾有番与魏源快谈而至“跳踞案头，舞蹈甚乐”，最终靴子飞到帐顶而二人俱不觉知，直到数日后撤掉卧具才发现；好赌博摇摊，“尝于帐顶绘先天象卦，推究门道生死，自以为极精。而所博必负”。千金散尽而不改初志，令人哭笑不得。

说起好赌，他还有这么个故事：一回杭州盐商家有宴会，名士巨贾咸集，众人酒罢，便聚于屋后花园赌戏玩耍。有一位王某来的迟了，见龚自珍独自在园中“拂水弄花，昂首观行云，有萧然出尘之慨”，大为心许，遂上前搭话说：“想君厌嚣，乃独至此，君真雅人深致哉！”龚自珍笑着回他：“陶靖节种菊看山，岂其本意，特无可奈何，始放情于山水，以抒其忧郁耳。故其所作诗文愈旷达，实为愈不能忘情于世事之徵，亦犹余今日之拂水弄花，无以异也。”而后又说：“今日宝路，吾本计算无讹，适以资罄，遂使英雄无用武之地，惜无豪杰之士假我金钱耳。”王某本就倾慕他的文名，听到这番话便解囊相赠。哪知“偕入局，每战辄北，不三五次，资复全没。龚怒甚，遂狂步出门去”。

寥寥几句对白，其萧廖自许与狡黠狼狈均跃然纸上，直如裘千丈访归云庄，独自一人便撑起了一幕鲜艳的短剧。

然而，这些爱好或许都不如他好风月出名。

他在给妻子何吉云的诗中并不忌讳提到这个：“钗满高楼灯满城，风花未免态纵横。长途借此销英气，侧调安能犯正声？”话说得好听，但实则多情如他，并不能真的将那些鲜活的女子目之为侧调而丝毫不动心念。

纵然他曾作过“偶赋凌云偶倦飞，偶然闲慕遂初衣。偶逢锦瑟佳人问，便说寻春为汝归”这样被王国维讽为凉薄的解辩，但到底掩误不了其如“我是瑶华公子，从未识露花风絮”的矜矜自持，如“替侬好好上帘钩”的叮嘱挂怀，如“持半臂、亲来也，忍寒对汝”的殷勤眷恋，如“怕听花间惜别词，伪留片语订来期”的狡猾狼狈，以及如“不留后约将人误，笑指河阳镜里丝”的惆怅决绝。

妻子何吉云未必不知丈夫的心性，故而常有“催我归舟，鸳鸯牒紧，莫恋闲鸥野鹭”之事，但她终究拦不住龚自珍是处抛付的衷心。

风月场中，能从《己亥杂诗》和早年词作里看出端倪的情事有两段。

第一位女子并没有留下名字，而仅以十六首悼亡诗占据了一个迷离的影位。龚自珍的补白也十分简净：“以下十有六首，杭州有所追悼而作。”全不似他平素出言必尽切而唯恐有遗的风格。

从就中“云英未嫁损华年”“但乞崔徽遗像去”易见女子当是出身乐户人家，而从“我说天台三字偈，胜娘膜拜礼沙门”“一十三度溪花红，一百八下西溪钟”也令人不免猜测这位女郎后来又坠入了空门。

这些推测，与道光元年（1821）龚自珍三十许时所辑六首《影事词》看去颇有暗合。那一组词温柔摇曳，笔法深婉密丽，犹似周词，而能以情气御转，则又有屯田意略。翻来神光离合，语玄情真，其悲喜均端然可见。而及至这段缘分流落至十余年后的悼诗时，则旧日悲欢俱已换成了陈述和追慕，激情退却，却也则更易见取往事真容。

由于我先看到的是《己亥杂诗》，故而也便从此说起。

从己亥这组悼诗来看，这位诗中的女郎容貌姣好，性情温柔，擅长针线，或者还通文墨。二人仿佛曾有鸳盟，却终于未谐，而后女子移居他的家乡杭州西溪，礼佛终老，直至十余年后病逝。她生前为他绣做的一件件贴身物事，终只换得龚自珍在她死后十一个月归来，与棺木的相对一哭。

自“花神祠与水仙祠，欲订源流愧未知”一首，我们或可想到陶宗仪《南村辍耕录》中的一个故事：

说元代诗人揭傒斯某日江涘泊舟，夜深不眠，见“忽中流一桌，渐近舟侧，中有素妆女子，敛衽而起，容仪甚清雅”。揭傒斯问其为何人，女子自称商人妇，闻他远道而来，特地在此相迎。二人谈论一夕，“皆世外恍惚事”。女子临别留诗道：“盘塘江上是奴家，郎若闲时来吃茶。黄土筑墙茅盖屋，庭前一树紫荆花。”而后翩然离去。次日因风势不正，揭傒斯上岸沽酒，一问其地恰是盘塘镇，遂闲行数步。忽见一水仙祠，“墙垣皆黄土，中庭紫荆芬然”，及至登殿，更发现所供人像容貌与昨夜相见女子一般无异。

故事真假并无可考，这水仙祠神恐怕也不过是商女露水姻缘的矫语，但有这样的出典，便颇见龚对这女子若即若离、患得患失之情致。

这种一夕露聚，重隔烟水的遇仙事志，是风月场独有的追想。是以有人考据认为这杭州悼亡诗乃是写给他一位暗恋许久的表妹，我则不以为然。

后作也似颇能自证。姑不说前文提到云英崔徽均为妓典，单看武帝悼李夫人的“人难再得始为佳”，则颇见其乍信将疑、欲说还休；而“兰姨琼姊各沾巾”“艺是针神貌洛神”，便更是以杜兰香、许飞琼言其女仙来路，复以薛灵芸和甄宓解其得而复失了。

其缥缈捉摸，既非青梅竹马“回首当年娇小态，但片言微忤容颜赤”的爱怜亲近，也绝非相伴不能相亲“小簟轻衾各自寒”的百转纠结。定有一比的话，或者只如“洵有情兮，而无望兮”般，见其跂然遥想，却少有亵昵温存，此中采典的尺度把握十分恍恍微妙，然而这种分寸感的把握，却恰是龚自珍向来擅长的。

于是，当时隔多年的相思幻化成仰望的余痴，再看“冰雪无痕灵气杳，女仙不赋降坛诗”，便觉较同为历仙语的乐天之“悠悠生死经别年，魂魄不曾来入梦”要更有回力些了。

而其感情裁度也易见人天追想和夫妇仳离的分别。

看罢《己亥杂诗》这一节后，我曾特地去找了龚自珍三十岁上的《影事词》想看一看二人宿缘。推演互证之下，瞧得真着了，倒是又多一层感喟：

从组词看来，由第一首《暗香》初见的“何日量珠愿了，月底共、商量箫谱”，到《摸鱼儿》女子自陈“五侯门第非侬宅，胜可五湖同去”，再及《浪淘沙》“湖水湖风凉不管，看汝梳头”，可见二人相惜甚挚，女子不求富贵，龚亦更曾有过赎身之想，乃至终身之约。

然而如我们知道的，好事未谐。

看第四首《洞仙歌》中有“鸩鸟倘欺鸾，第一难防，须嘱咐、莺媒回避”，则见得二人虽已择定香巢同住，却隐有人事相累之忧惧，龚自珍本身对女子是否会变心他顾也并无信心；由此再结合他一年后答复妹妹塾师归佩珊问询的“蘼芜径老春无缝，薏苡谗成泪有痕”看，便不难知道，或为轻信了一些舆论蜚语，他离开了她（蘼芜径老，可见他实以女子“故夫”自居），而后虽事态明了，却再未能挽回。

“秋花绕帐瞢腾卧，醒来时、芳讯微闻”。虽然多年后消息仍有通传，但心痕已璺，百恨都成，再难转圜。

于是组词末二首《清平乐》也便顺理成章从“梦中月射啼痕，卷中灯灺诗痕。一样姮娥瞧见，问他谁冷谁温”的两地离散，相思不见，终至“西溪西去烟霞，茅斋小有梅花。绣佛长斋早早，忏渠燕子无家”的一槛殊途，再无相干。

女子想来是颇有心性的，固然相思难遣，绣作频仍，更终选择了龚自珍故乡作为卜居之所，却还是选择了以出家明志，且至死无还。

三十岁上的相遇，终而沦为四十余岁死生相隔后，龚与婢女交理遗物后的一句喟叹：“小婢口齿蛮复蛮，秋衫红泪潸复潸。眉痕约略弯复弯，婢如夫人难复难。”

难为定庵在此特地取了轻快活泼的字字双体写就，两厢反衬，却陡然更见世事多谲，沧桑难堪了。

风月场中，他的第二段恋情则远要更出名些。

与前事相反，龚自珍在诗作中毫未掩饰，更几乎是全无忌惮地频繁提及这位女子芳名，以致翻阅过《己亥杂诗》的人几乎都被迫地跟随着一同记住了她。

对，那是灵箫。

不知这个名字是否取自钱谦益大秀恩爱的《灯屏词》：“三月烟花玉蕊遥，文章江左倚灵箫。不知谁度灯屏曲？唱遍扬州廿四桥。”那个时代的妓女对柳如是的结局归属大多颇有股羡。

但无论如何我们看得出，龚自珍对她付出过不亚于钱谦益的真心。

初遇灵箫，当是道光己亥（1839）五月，龚自珍虚龄48岁。斯年他辞官离京南下，拟往昆山置墅，途经袁浦留滞数日，乃在一回筵席上结识了灵箫。

想来相谈甚欢，他为初见作了这样一首诗：“天花拂袂著难消，始愧声闻力未超。青史他年烦点染，定公四纪遇灵箫。”

这是他第二次用著袂天花来形容他的动心——第一次自然

属于那位葬在西溪畔的女郎，他在二人分手后答复归佩珊的诗中有一句“魔女不知侵戒体，天花容易陨灵根”，可见其伤心极处复回顾的怃然萧散。但用给灵箫的这一次，他却仿佛颇有些为这“结习未尽”而沾沾自得。

定庵一代才人，年将半百却沦落至青史，只求为遇一灵箫留名，以其壮年的求仕之心检视，则不免觉凄然。但诗人和妓女的相惜相知，往往便是要这“我未成名君未嫁”的凄然才可发酵。从定情次日他留赠的诗句“一言恩重降云霄，魔劫成尘感不销。未免初禅怯花影，梦回持偈谢灵箫”也可以看出，灵箫给予他的，除了柔情，或者还有一些解语的慰藉。

第一次见面不过数日，从相处时间上看，与扬州小云的“初弦相见上弦别”并无轩轾，但不同于离开小云时的轻佻松快，当他离开灵箫数月后回到昆山，准备修葺自己致仕后居住的羽琌山馆时，却颇不爽利地又想起了她：“灵箫合贮此灵山，意思精微窈窕间。区鬈无双人地称，我无拙笔到眉弯。”

龚自珍能画，擅作山水，也能画仕女人物。他半生潦倒穷困，青年前一直住在父亲行署里，中年在京为小吏，则为钱囊窘迫，不得不一次次迁居，是以在装葺这座他此生第一处自己的房产时，投注了很大的心力，亦曾为此绘制一套《羽琌春晚》画册。

在这图册上他有一阕题图词，就中有“为数春星贪久立，苍藓上，印鞋弓。　留仙裙褶晚来松，落花风，去匆匆”的句子，结合“我无拙笔到眉弯”看来，则颇能令我辈未见过这卷图册的人生出几分温柔的遐想。

及至九月，龚自珍修葺罢房屋上京接家眷途中，似有意无意，再过袁浦。这一度重见，则“留浦十日，大抵醉梦时多醒时少也”，也在《己亥杂诗》中留下了一组专为灵箫而作的《寱词》。

这十日的相处或者令这个已走入人生末程的诗人起复了一些他原有的内热。抛却一些恋爱中人的痴语，灵箫之于龚氏最恰的该是这一首：“风云才略已消磨，甘隶妆台伺眼波。为恐刘郎英气尽，卷帘梳洗望黄河。”他的柔情与家山，在她身上可以达到奇异的统一。

在《寱词》中，灵箫是一位“文无一笔平”“胸有北山文”的金闺国士，或与金庸笔下的赵敏有几分相似——明艳不可方物之外，更有“三分英气，三分豪态”（龚曾笑她“幸汝生逢清晏时，不然剑底桃花落”）。

写美人能写出胡夫人之爽烈肝肠本已难得，但龚自珍以组词伺之，犹不甘仅设此一幕视角。如绘笔之层层晕染，我们看到的灵箫不独美丽英豪，也自有其肺腑缠绵之儿女情态（“姊妹隔花催送客，尚拈罗带不开门”）；口齿噙香辩才无碍（“对人才调若飞仙，词令聪华四座传”）之余，也不掩其还家小坐，言及少年往事时的辞色温柔（“谁分江湖摇落后，小屏红烛话冬心”“儿家门巷斜阳改，输与船娘住虎丘”）。

美人性情如此本足以令看客心折，而其对龚自珍一语不合的不辞而别“偏要勉强”，“青鸟衔来双鲤鱼，自缄红泪请回车”，更见其勇敢情重，使人难却，而“悔杀前翻拂袖心”。

于是最终，年将半百家财无多，又已有一妻一妾二男二女的龚自珍就在这十日内下定决心相聘。“绾就同心坚俟汝，羽琌山下是西陵”“从兹礼佛烧香罢，整顿全神注定卿”。

组诗气脉若行至此完，乃如戏剧小说，颠沛写圆，能令读者把心好好放下了，但《寱词》至此还未结束。

二人此后似乎遭遇了一场很大的误会与变故，致使龚自珍心灰意冷写下“新欢且问黄婆渡（袁浦地名），影事休提白傅桥”（取黄婆渡，乃亦有相忘双关。此首后为其子龚橙删去）后，乃谓出定前因，称“顺河道中再奉寄，仍敬谢之，自此不复为此人有诗矣”。

如此真切的形色，竟而影化，一往孤注，终为回波荡没。此是高妙的诗法，而龚子生涯有why无how，本也便是诗。

《己亥杂诗》里灵箫的故事结束了，他也确实未再有诗相寄，但令我欣慰的是，后来龚自珍的词作中，似乎依然可以见到灵箫的影子。

我们在《寱词》的自注里得知灵箫“已归苏州闭门谢客矣”，而次年五月，龚自珍在苏州作有一首《定风波》。上片“十里榴花一色裙，三吴争赛楚灵均。吴舞传芭如楚舞，儿女，中流箫管正纷纷”。暗嵌灵箫二字，而下片“许我幽寻凉月下，闲话，去年今日未逢君”则在时间线上更清晰地点名了这首即事诗的主人——正是己亥年五月十二，在袁浦结识的灵箫。

而同年八月，更有一首极温柔家常的《好事近》：“兰桨昨同游，今日下楼无力。瞋我凌晨来早，道不曾将息。欢容惨黛霎时并，此景最难得。别有神方持赠，为清明寒食。”他恐人不知，乃自注“末句，乃谜语也”。

谜面不难，神方持赠自为“灵”，而清明寒食由于停火冷食，故小贩吹箫贩卖寒食汤浆亦是常俗，此自是射“箫”字了。

又后来，他复作一首《后庭宴》，似有好事得谐之意：“聘乏金钱，贮无金屋、嫁衣不用金泥簇。青裙缟袂话三生，个侬道是楼东玉。蛮笺宫体闲钞，他日娱卿幽独。我歌得宝，不唱销魂曲。何处是新巢，刺桐花罨覆。”

就中“我歌得宝”，乃是唐玄宗“朕得杨氏如得至宝”典，检视其“如何四纪为天子，不及卢家有莫愁”，与“青史他年烦点染，定公四纪遇灵箫”，便大可会然一笑。颠沛翻覆，看似他确已得偿所愿，“携箫飞上羽琌阁”了。

而看到“青裙缟袂话三生，个侬道是楼东玉”，也不免每每令我想到他那个拟筑“云缬鸾巢”相待，却终于葬在了杭州的“五侯门第非侬宅，胜可五湖同去”的姑娘。龚自珍一生仕途不顺，壮志无酬，但遇到的美人，却都是不爱他财的。比之于后世吴保初的彭嫣“金尽乃去”，曲直福祸，则又难分别。

顺言一句，柴萼《梵天庐丛录》里曾提出这样的说法：灵箫归于龚氏之后移情别恋，乃以龚氏的毒药将其毒杀，而龚确实是暴毙的。

而我是终究不信。并无依据，只是我觉得若真如此，这人间实就太苦了。

剑气箫心一例消——浅说龚自珍诗文

说罢定庵生平事，我们更绕不过去的是其文其诗。

龚自珍眼界既大，气格亦高，应制文中多有高瞻议事主张固不多言，其散文亦是潇洒捭阖，很可一看，是谓彩袖间不夺筋节，辞色下自见骨相。

我们固然常说文章贵诚，但不能避免的是，善文者总是多难趋避一些技法层面的欲望的。这样的欲望反作用于本心，便不免要生出多多少少掩误来。而龚子却是难得一位善用手段，却还能以手写心的文人，这或与其诗家的本相关联颇大。

他说“庄骚两灵鬼，盘踞肝肠深”，而庄屈二者自都是厌伪贵真的。

乾隆而始乃至嘉道时期的清代学坛每有汉宋之争。汉学即经学，主研的是儒家经典，对字音义进行考证训诂诠释，所谓“辨章学术，考镜源流”，以龚自珍外公段玉裁的老师戴震为马首瞻。宋学则为理学，讲求“性与天道”，力主阐发义理，则以姚鼐的桐城派一系为宗。

二者各有长短。袁枚说“宋偏于形而上者，故心性之说近玄虚；汉偏于形而下者，故笺注之说多附会”，则虽刻薄，却也恰当。

龚自珍则不属此二家门下，他受教于刘逢禄，出常州公羊学派。此派好引古喻今，以经义言政事，倒与他与生俱来，至死未销的勃勃内热颇为契合。魏源有一段对他的评价十分贴切：“（龚）于经通《公羊春秋》，于史长西北舆地，其文以六书小学为入门，以周、秦诸子吉乐金石为崖郭，以朝章国故，世情民隐为质干。”受教于外公，龚自珍立学是站在汉学肩膀上的，而因其性真，立世问欲之间也未必不受宋学之侵许。但究竟以他的心气和眼界目之，龚自珍比汉宋两个学派都远要更贴近这个世界。

他的心脏接连着这个时代、这个土地的毛细，每一下跳动，都似乎在和人间交换着他的温热。

翻阅龚文，我们触目可见的是他对国事的忧虑和思考。思考这一节上，龚自珍实已脱离了诗人的身份，殷殷记述和愤愤发泄之外，他也拿得出自己鲜明的立论意见，并为此做过颇多研究和准备。张维屏说“近数十年来，士大夫诵史鉴，考掌故，慷慨论天下事，其风气实定公开之”，此言诚是不虚。

时文之外，他更有名的是哲辩类的杂文，如《尊隐》《宥情》等。

龚自珍实在是个极奇妙的诗人。恣意悲喜的同时，他更犹能探出半个身子回视自己的情感，如双身合镜，因果互暄。龚子毫不约束自己的思绪，但颇有要将其来去辨明的野心，这种既沉浸又抽离的身势则在文人中亦属十分特殊。

如《宥情》里，他先分化甲乙丙丁戊五人来就情之为何相互辩难，又自述自处时有“阴气沉沉而来袭心”，随后反视童年，自认称纵然是在浑然太初的孩提时代，这阴气也不曾退却。在己如是，在人何如？他遂试着给朋友江沅看了同乡钱枚的一组词（钱枚《微波词》清丽秀润，颇可一读），江沅认为钱枚的词纵然“朗朗乎无滓，可以逸尘埃而登青天”，却依然难免有“魂魄近之而哀，远之则益哀，莫或沉之，若或坠之”的气味，这则与龚自珍自述的“阴气”殊多暗合。于是龚自珍悟到，这沉情幽哀全无根蒂依托，而是生命本身与生俱来，避无可避的。逃既不得，乃称“姑自宥之”。

这种层层辩诘求证的态度几是脱诗近哲，令人生出冷汗。常人若对自己喜怒哀乐都保持着这样的玩味感，则往往要入了偈子途，而龚自珍对自己的情感却是宥而后尊，在情之密茧下出入自由，左手辩文，右手兴诗，如一呼一吸般自然。

音乐性是诗的来处，也是诗的拘束。文之一道，以其不著脚镣，在表达的丰富性上是比诗有优势的，是以龚以文相诗，也就比之大多云山雾罩秀形容词的诗话说得更加清楚明白。他的《长短言自序》有一段我很喜欢：“情孰为畅？畅于声音。声音如何？消瞀以终之。如之何其消瞀以终之？曰：先小咽之，乃小飞之，又大挫之，乃大飞之，始孤盘之，闷闷以柔之，空阔以纵游之，而极于哀，哀而极于瞀，则散矣毕矣。”明以声音领篇，而实则就是在讲词法。论及词的振起、顿挫、扬逸乃至最终如何荡开，我以为这段状物是最贴切的。

又有《书汤海秋诗集后》一节我亦爱之：“何以谓之完也？海秋心迹尽在是，所欲言者在是，所不欲言者而卒不能不言者在是，所不欲言而竟不言、于所不言求其言，亦在是。”虽为友注诗未免有其社会性，但寥寥数语，依旧有非诗者不能言尽的好处，尤其其中“所不欲言而竟不言”者，笔外之意，曲之又曲，更是创作过的人才能领略的。对应酬文字，龚自珍全不敷衍，满怀真心，这或也是他官运不佳，俸禄窘迫，但卖文润笔尚能支持其庋藏古器所用的原因。

他负责。对他写下的每一个字。

哲辩叙议以外，更受诗家喜爱的是一些记述见闻的小散文。以《记王隐君》为例，很简单一件寻隐者不得的小事，定庵笔法却轻快又掩映，颇有一唱三折的意味。开篇说到在外祖父段玉裁的纸篓中看到一首诗引出神往斯人的臆测，随即通过与轿夫问答锁定范围，以问路偶遇完成一次没有交流的会面，再后则通过朋友何布衣、马太常的转述完成对隐者形象的重构。称“惜不得锄地能书者姓”后，末了忽神来一笔“桥外大小两树依倚立，一杏，一乌桕”，蘧然完篇，景语收束，这运镜其实也是词法。

画意诗心并用更明显的是他为朋友亡去的爱女题写的《朱殇女碣》，寥寥简篇，文质竟近西汉。

朱山人游东海，望姜女祠，海中孤坟，云水环壅，天色垂缥，俯之幽然，心动而识焉。役反，其女殇，家人葬之东直门某村；翼日，自往哭之。地多野潦，旷浪无垠，目穷魄动，触其前境，神思无形，乃成谶兆。告其友龚自珍言如此，乞书于碣，道光元年冬也。

前写海为坟，后写坟为海，环复相应，下“神思无形”四字乃见其切。视其文字，“云水环壅，天色垂缥”这样的修辞以龚氏之能固不消说，后以“旷浪”写坟地积水，虽出意外，却形神兼备，音韵沉朗，才更是不细品不见其功。

又有为其忘年挚友王昙所作墓铭：

生昙者天也，宥昙者帝也，仇昙者海内士，识昙者四百岁之道人，十八龄之童子。昙来！昙来！魂芳魄香，思幽名长，山青而土黄，瘗汝于是。噫！

句句出前意外，又句句能夺前势。看似用语颇大，然而实则与王昙入仕不得，任侠玩世的生平际遇多能暗合。后招魂段更是铿锵绵延，叠响往复，这等律动捭阖则是擅诗者独有的。

悬言之外，龚自珍更擅的是嘲讽。《吴之癯》的“古也刚愎，今也柔而愎”，新巧而辛辣。但与这种嘴上功夫相较，他不动声色的讥诮更能撼人，如《杭大宗逸事状》：“癸巳岁，纯皇帝南巡，大宗迎驾。名上，上顾左右曰：杭世骏尚未死么？大宗返舍，是夕卒。”短短数言直叙平铺，内里却见多少鱼肉阳秋。

文之一论，且以我最爱的一篇《送歙吴君序》告结。

求凉而饮冰，求热而炽炭，求绝交而寂寞，求得朋而奋起，不亦顺乎？……意者造物使予不平，凡所求焉，无一而使之平，始之否也则缪矣！继之否也又缪矣！吴子来，是造物者杂以冰炭投于余之心也。吴子请行，其复之于海乎？倘见有少年孤舟独行者，邮以眂予，予请复往。

求凉而饮冰，求热而炽炭，求绝交而寂寞，求得朋而奋起。为文为人，不过如此。龚自珍自谓以胸中不平生谬，后来不敢不平则更谬，正所谓“看山还是山”后，那便要“就山而去”，再无罔顾。

见少年孤舟之海，中年犹能思请复往，我辈操文字役者所求的诗心不死，也就在此吧。

拉拉杂杂，终要说到定庵的诗了。较之文论，我对诗词更似有资格下笔些，然而近乡情怯，山高仰止，写到此处我其实却是不大情愿的——我素以为仰视的评述不若不作，但诗道之于定庵，有资格平视他的又有几人呢？

龚氏推崇的诗境之极是这样的：“如岭之表，海之浒，磅礴浩汹，以受天下之瑰丽，而泄天下之拗怒也。”

是的，他的诗与文一样，落脚在己，而用心却兼在天下。《己亥杂诗》中大半堪为楚些遗韵，固有情才，但更是国士之诗。魏源《定庵文录序》云：“昔越女之论剑，曰：‘臣非有所受于人也，而忽然得之。’夫忽然得之者，地不能囿、天不能嬗、父兄师友不能佑。其道常主于逆：小者逆谣俗、逆风土，大者逆运会，所逆愈甚，则所复愈大，大则复于古，古则复于本。若君之学，谓能复于本乎。所不敢知，要其复于古也，决矣！”不独是文，用以形容龚自珍的诗，也十分恰当。

大凡能走到一流境地的诗人，总要有天才的。即是“忽然得之”，则不免每与世逆，就中短折曲就者十九。能在这“逆”中持炬而行，一步步走将出来的，方得成功。从这个角度上看，龚自珍虽在仕途上不顺遂，但在诗词上，他没有辜负自己的天才。

龚自珍左诗右文，散文固然受用于诗，诗也不无得力于散文。如“某水某山埋姓氏，一钗一佩断知闻”，娓娓漫漠，即是文理。

他的外公段玉裁曾在《怀人馆词序》中说他的词“银碗盛雪，明月藏鹭，中有异境。此事东涂西抹者多，到此者尠也”。用以言其诗，亦无不可。“银碗盛雪，明月藏鹭”二言并用，始见于曹洞宗的《宝镜三昧》。

宝镜三昧，要义为“回互”。镜之意象在于明暗相容，表里交参，有正有偏，即所谓的色空空色。而银碗中的雪，明月中的鹭影（月心本亦有斑痕）正意味着宝镜的暗、里、偏、空，也就是龚自珍《宥情》中提到过的，沉沉来袭心的“阴气”。于是我们再看此歌原句“银碗盛雪，明月藏鹭。类之弗齐，混则知处”，便恰与我前文所说龚自珍既沉浸、又剥离的独特姿态相和，也可见段玉裁对外孙评价实是语不轻发，一击则中。

大凡好诗，往往要纠结其表里如何盘踞。蕴藉中要见骨相，运力要实却不能露筋：一味云雾缭绕，难免仿佛谜语令人失了兴味；而直着脖子叫嚣，则又如解剖图，只见筋骨不见皮肤，难有美感。学人之诗常耽前者，情人之诗每碍后途。而龚自珍是难得学者情人兼备的诗人，是所谓箫心剑气并致，故而身法极为合度。

说其笔力极处，我只举被说滥了的那一句“西池酒罢龙娇语，东海潮来月怒明”。

寥寥十四字，捭阖去来，干干净净，单这两句，其实便可拿住一首诗了：西池东海，一水相维，而一微一壮，一喧一静，一细目一长焦，一极歌筵人境，一得造物天然，不见针锋而交氛互攘。

句内亦有波折。佛教称龙身有五因缘不变。一生时。二死时。三淫时。四瞋时。五眠时。仙家酒宴，本难免衣冠肃肃然，而及至龙称娇语，可知其或眠、或淫、或瞋，画面瞬间活色生香，将宴会代入后程。而后东海潮来，则如大浪淘沙，将一场宴会痕迹瞬间泯灭，惟余一月当空。而为他下的那个“怒”字，这泯灭便已绝非让一切温和地走入良夜，而成了一种白马素车东去般、轰然而无情的吞没。如梦中之梦，一经醒转，瞬间崩坏，四望无着，只见造化的冷然洞视。

十四字看似字字景语，而就中汹涌情致，却如此令人不可忽视。这已出离为解剖图画皮的高度，而如哪吒打破金身，以莲花光华得草木重生。

绵延而此，要拉杂闲什自然尚有许多可说，然行文意尽便当搁笔，也是无可奈何之事。我文气非沛，但纵然终南阴岭不秀，也尚总有结卷之勇，不必如定庵参试，纵是多不欢喜，也要把尾巴落到“露布频闻捷，铙歌报太平”上去。

这或是我踞于这个万事无可无不可的书屋中，能致他的唯一好处。

隔世金环弹指过——脸谱背后的谭嗣同

在聊天工具尚盛行的年月里，我的QQ签名曾有很长一段时间被这句诗专断："隔世金环弹指过，结空为色又俄空。"万殊流转，死生相值，空色之间的立意固然是凛肃的，而诗题"似曾"，却以一种回忆式的柔性介入，为这变幻增设了几分凄艳。

作者谭嗣同本是名人，但同时也是被盛名掩误颇甚的诗人。其诗镌凿顽艳，时称浏阳体，其尖新奇峭似脱乎定庵，但较之定庵，谭氏在十二分的敏感之外，更别有种诗人堆里难见的勇猛。而我本人，也正是读过李敖在《北京法源寺》里引用的这组《似曾》诗后，方才对他生了兴致。

谭嗣同身上充满了矛盾。

他是宦门公子，却不乐科举；他激越亢勇，却坚于学禅；他笃行纯孝，却和父母在交流层面都有过障碍；他推崇资本主义，认为"愈俭则愈陋"，却依然在家书中嘱咐妻子"惟必须节俭，免得人说嫌话耳"。最著名的一组矛盾当属他宣称应冲决君权之网罗，却最终在营救光绪的过程中被捕，而后牺牲。这一切奇异的对立，都为谭嗣同赋予了一种戏剧性的魅力。

他委实是个不留余力的人，咽喉和剑尖，素来是同时递出的，为诗为事都是。这曾令几年前看《莽苍苍斋》的我十分奇怪——这种勇猛精进的态度，本不该出现在他这样出身的世家公子身上。

富养的心灵往往有拒绝狼狈的能力，即使再清刚亢勇的人，灰心极处也难免有一条袖手看神州的退路，而谭却是自来便带着一种镇定的决绝。要理解这种决绝，我们便不得不推索其童年与原生家庭。

谭嗣同虽出身贵介，但少年时代却并不太轻松愉快。

他生在北京宣南懒眠胡同，稍大点搬到了浏阳会馆。父亲谭继洵是个相对柔仁的性格，而母亲徐五缘却果毅端肃，对他管教很严。

或许由于徐氏在谭继洵处得到的敬畏多于爱怜，她持家之时很难放下姿态而走出神龛。这样的母亲自然不能容孩子像宝玉一样滚倒在怀，撒娇撒痴，反而因为父亲的淡出而近似于武侠小说里的白飞飞之于阿飞，梅芳姑之于石破天，邀月之于花无缺，呈现出了母身父相。在孩子应该被给予呵爱的时候，母亲的身份常年缺位，这往往能使子女感恩铭惠，却无所适从。

在谭嗣同的回忆中，他少年时和母亲在相处时总可见相互角力的态度，如父子间常见的“弑父娶母”心理的畸形投射。他在《先妣徐夫人逸事状》中记录过这样一件事，说自己七岁时，母亲为大哥许婚须返乡一年，将他单独留在了北京。临走时，徐五缘对他说“戒令毋思念”，谭嗣同答应了母亲，“拜送车前，目泪盈眶，强抑不令出”，谁问都不说话。那时的他毕竟还只是个七岁的小男孩，母亲离开后的一年中，他思怀难抑，接连生了几场大病，但母亲回京看到他羸瘠时问起是否想念自己所致时，他却想到了当初的承诺而“坚不自承”。于是素来严肃的徐五缘在儿子这段回忆中难得地微笑了，对左右道：“此子倔强能自立，吾死无虑矣！”

母亲选择了极不祥的修辞嘉许他的倔强，正如她一直以来在做的——用极度的不安全感去勉励他自立。谭嗣同后来一身傲骨固源于此，而凡事易张难弛也变成肌肉记忆在身上打下了烙印。

徐五缘的话不久便成了谶。光绪二年（1876），北京城爆发了一场大瘟疫，她去探望染病的女儿时不幸也遭到感染，回家后又过给了两个儿子。谭嗣同仲姐去世后不过四日，徐五缘撒手而去，又一日后，谭嗣同长兄亦死，谭嗣同自己绝息三日，在鬼门关前兜了一圈，最终艰难复苏，其字“复生”，也即由此而来。

这一年，谭嗣同十二岁。

失去母亲、哥哥、姐姐后，父亲的姨太太卢氏当家，对他颇多侮慢，经历了几回碰壁后，少年对家庭的依恋之心也便彻底冷了下来。直到三十余岁入京前，他尚嘱妻子要厉行节俭，别被这位二婆婆挑刺说了闲话，实则也是按捺起心性，彻底懒于与家人周旋之意了。

由于母亲严厉难以亲近，谭嗣同对手足之情依恋很深。他在《城南思旧铭并叙》里回忆过许多少年时和哥哥们一起读书的情境，说："余夜读，闻白杨号风，间杂鬼啸。大恐，往奔两兄，则皆抚慰而噢煦之。然名胜如龙泉寺、龙爪槐、陶然亭，瑶台枣林，皆参错其间，暇即浼两兄挈以游。伯兄严重不常出，出则健步独往，侪辈皆莫能及。仲兄通侻喜事，履险轻娇，陂池泽薮，靡不探索。"这篇记录里的谭嗣同还只八九岁年纪，正在南下洼读书。他书斋周边原是坟场——城南穷人本多，叠瘗乱葬、狸狳穿冢、骷髅横路都是常事。夜间听闻白杨风声，小男孩怕鬼，便往往奔去两个兄长房间里壮胆；而白日里他好奇周边名胜，却常恳求哥哥带着一起去逡游。

南下洼原本是八旗校练场，地处现今的北京南站以北，即开阳路对面一个叫"清芷园"的楼盘附近。在谭嗣同的记述中，于南下洼能看到"雉堞隐然高下，不绝如带，又如去雁横列，霏微天末"。老北京论起，那是在城外了。

在谭嗣同的这篇散文里，大哥如何如何，二哥如何如何，背影均高岸如见，寥寥数语下，小谭嗣同的殷殷孺慕也跃然纸上——和对母亲且思念且"坚不自承"相比，他和兄长们的相处要自然得多。

两位兄长后来一个死于北京那场瘟疫，一个未满三十岁便病殁在了台湾。徐五缘所生五个子女，连谭嗣同在内，最终一个也没有留下。

谭嗣同说，很多年后他返京时，曾带着侄子谭传简重游城南，把少年时候和两位哥哥的游历一一告诉他，但传简却“不省意”，谁料又过了几年，传简也死了。自此谭嗣同再过城南，也便自承忘情，不再表露任何心迹。

他殒身前的最后几个月还是住在那附近。不知其最终的轻死轻生，与其年少之时多历生死是否有所关联。我只感慨于一个他自述的小片段：童年时，他坐在荒冢毗邻，纸灰寥落的书院里读到“日暮狐狸眠冢上，夜归儿女笑灯前”，曾突然哽咽不能成语。老师问他缘由，他却也不能自知。

这一霎怅触很难不让人联想到他的未来。八岁的谭嗣同在书斋内读着《清明》忽而哽咽，而三十四岁的谭嗣同在书斋外的湖广义园静静沉眠，一墙之隔，而纸灰飘转间，时间的罅隙也最终缓缓接壤。

倔强和善感的碰撞自有其蜕变缘法。谭嗣同并未因事生怨，反而愈挫弥坚。经历惨变后，十三岁上的谭嗣同写过这样一副对联：“惟将侠气流天地，别有狂名自古今。”辞法狂而无当，若让他未来岳父——传说中晚清第一联语高手李篁仙看到恐怕要大摇其头，但无论如何，他昂然任侠的气格却是自此而定。

谭嗣同是个武术技击高手，欧阳予倩曾有回忆说“他喜欢技击，会骑马，会舞剑，我曾看见他蹲在地上叫两个人紧握他的辫根，一翻身站起来，那两个人都跌一跤”。谭嗣同有过许多授业老师，曾跟随通臂拳胡七学过锏、太极拳、形意拳、双刀，跟大刀王五学过单刀，跟父亲的部将学过骑马射猎，能“矢飞雁落，刀起犬亡”，大有哲别的身手。

浏阳会馆的佣人回忆说三公子昔在京时，每天破晓便有王五来会馆教授其剑法。谭嗣同极刻苦，不肯稍加怠慢，他反对中国传统武术“持静”的态度，说“唯静故惰，惰则愚”，“主静者，惰归之暮气，鬼道也”，认为应该“摩顶放踵以利天下”，这实用至上的说法固然在艺之一途不易被接受，但放在如今太极拳师惨败MMA（综合格斗，英语Mixed Martial Arts的缩写）的背景下看，倒也未必全无可取。

中国文人固有种自设藩篱以拈花独笑的自恋癖好。得益于这个团体往往掌握极强的话语权，他们最惯于故弄玄虚地用自己擅长的三观来折辱这个小世界之外的真正技术流。

动辄以姿态为境界，实则是世界警察般好四处插一脚的坏习惯。木作有文人器，烧窑有文人瓷，笔墨有文人画，这都也罢了，武之一道上，则实在已无谓在能、妙、神之上再着一逸字。谭嗣同所好甚广，但在每种爱好上都能跳出文人的小局限以付出诚意，这实也很是难得。

二十岁上，谭嗣同轻身只剑，以周天下。有出塞诗“笔携上国文光去，剑带单于颈血来”，其顾盼自雄之气遥致太白，是健者之诗。

我很喜欢《刘云田传》里描述的一段场景：他去甘肃军营探望父亲时，逢闲则常私出近塞。当地天气恶劣，“遇西北风大作，沙石击人，如中强弩”，他却偏好“臂鹰腰弓矢，从百十健儿，与凹目凸鼻黄须雕题诸胡，大呼疾驰，争先逐猛兽”，“夜则支幕沙上，椎髻箕踞，匊黄羊血，杂雪而咽。拨琵琶，引吭作秦声”。寥寥数十字，实令人心驰神往，如入古龙小说之境。驰马围猎，夜雪秦歌，用王动回忆起当初和红娘子在沙漠上数星星时那句淡淡的旁白佐证最是合适：“这些事的确是谁也忘不了的。”

十余年间，谭嗣同行路八万余里，“引而长之，堪绕地球一周”，这些阅历难免使他的灵魂脱颖于当世。

虽依然有着文人的善感，但因这铸锻，连他的忧愁都有着勃勃的力量。这也是他和定庵的最大区别之所在。

谭嗣同十八岁时有一阕自题小照的《望海潮》：

曾经沧海，又来沙漠，四千里外关河。骨相空谈，肠轮自转，回头十八年过。春梦醒来么。对春帆细雨，独自吟哦。惟有瓶花，数枝相伴不须多。　寒江才脱渔蓑。剩风尘面貌，自看如何。鉴不因人，形还问影，岂缘醉后颜酡。拔剑欲高歌。有几根侠骨，禁得揉搓。忽说此人是我，睁眼细瞧科。

他不擅长调，也看不起词，自然就没耐烦去摸这个牌子的气脉调式。词法固然不甚入门，倒至少敢于捭阖，反不若许多人下笔轮啮齿循，稳而无趣。下半每见的趔趄醉态，更见可爱——就中沙漠关河，春雨瓶花，出梦影而入心镜，最终反照形容，正是谭嗣同青年俊游的留念。

谁信京华尘里客，独来绝塞看明月。宣武城南那个怅怅看着纸灰落泪的童子，在经历了边塞纵辔狂奔的许多夜晚后而终能直面生死。后来，谭嗣同在家乡办学，能兴一时之风气，终于被推举进入朝廷。再而后的结局，世人也便都知道了。

从谭嗣同性格来看，那首流传最广的绝命词实则并不是一个合适他的定场脸谱。它或多或少使素来认为应该冲决君权之网罗，救光绪只是为公心而死义的谭嗣同最终不得不戴着一张保皇派的脸谱立于后世，这对他的人性光彩来说，也实是一种埋没。

望门投止思张俭，忍死须臾待杜根。吾自横刀仰天笑，去留肝胆两昆仑。

两昆仑者，文殊赴法场二昆仑奴也。昆仑奴有二特性，一谓“渡海言”是指梁启超，另一谓“不逃逸”则是谭嗣同自命。这样的类比在通佛理之人看来很是精妙，但也不可否认，诗人在告别亲友，心神激荡之下不免也自削了一部分锐气。

谭嗣同早些时候曾有首《儿缆船》，可与其最终选择参差互看。

北风蓬蓬，大浪雷吼，小儿曳缆逆风走。惶惶船中人，生死在儿手。缆倒曳儿儿屡仆，持缆愈力缆縻肉，儿肉附缆去，儿掌惟见骨。掌见骨，儿莫哭，儿掌有白骨，江心无白骨。

诗前自解谓："友人泛舟衡阳，遇风，舟濒覆。船上儿甫十龄，曳舟入港，风引舟退，连曳儿仆，儿啼号不释缆，卒曳入港，儿两掌骨见焉。"

我们倘过分解读一下，风雷激荡之夜正如战乱频仍之晚清，而曳缆逆风而行的小儿，则正似力主变法之少年。小儿自知力弱而终不释手，屡仆屡曳，最终肉披见骨，为的是"江心无白骨"。而肉附缆去，也预示着作者最终舍身的选择。在并不视忠君为必践的谭嗣同眼中，光绪帝也为一位惶惶船中人，是小儿松手后江心便要新增的白骨，而并未有君君臣臣之念。

他在另一首《鹦鹉洲吊祢正平》中有句："与其死于蜮，孰若死于虎。鱼腹孤臣泪秋雨，蛾眉谣诼不如汝。谣诼深时骨已销，欲果鱼腹畏鱼吐。"实则也是早已准确地预料到了自己的结局。

百余年前风雨夜中那个十岁的小儿，对谭嗣同的警醒应如“你既无心我便休”式的棒喝，或者，儿缆船的故事，也许本就是谭嗣同为自己写下的一个寓言，抑或预言。

《狱中题壁》在流传中有另一个版本，据闻是汪精卫刺杀摄政王后在狱中所见记下，虽当前被断为伪作，我却以为更贴近谭嗣同的本意。

望门投止怜张俭，直谏陈书愧杜根。手掷欧刀仰天笑，留将公罪后人论。

张俭“亡命遁走，望门投止重名行，破家相容”，此作下以“怜”字，可解作谭怜其亡命奔走且不以其为然，又有一重同情遁走的康梁前路艰难之意；而原作思字，则多了一重作者本曾侥幸盼能以“望门投止”为退路，然而想到张俭，又为颜面之想而否定的意思。一字之易，实是同情心与同理心的分别。

杜根之典更加直指时局。他上书劝太后归政而被太后下令扑杀，幸而诈死逃脱，其归政之说正可影射慈禧之事。原作之待杜根，不免有些令人摸不着头脑——杜根最终待还政安帝方才再度返仕，诈死之后，世间也便只剩下他自己一人在等待出头之日罢了，却不知是何人在待他？有说可解为“忍死须臾！待！杜根”。乃是劝“且忍片时不死，等待出头之日，杜根！”这等断句便直如“下雨天留客，天留人不留”一般不通了。直谏陈书愧杜根，意思上稍为清通——他未曾如杜根般直接上书太后去调和母子感情，而是以谏言其子光绪帝力行变法，未考虑亲伦感情，故而曰愧更妥。

后作改动较大——横刀改为掷刀，且更点出刀为欧刀。欧刀者，刑人之刀也。手掷欧刀仰天笑，实是其自负并非不能以武力逃走，而只是既然事败则认输，不欲多伤无辜，故而夺刀掷地复仰天而笑，以示并非无力，实是不屑耳——此是幻想，亦算得一种自我圆满。

莫句“留将公罪后人论”直接删去了“两昆仑”的意象，也将作为对立面的康梁从绝笔诗中彻底抹去。公罪者，即言兵围圆明园是出公心，虽罪非罪，恰可以接前句之欧刀。此公罪是要加个讥诮的引号的，而若无手掷欧刀的磊落，又何以言至罪否呢？

此版诗由不走，所憾，有能，非罪四句，层层行递，干干净净，气脉清晰。唯一可疑只在于太过冷静，人设也太过清晰，或许并不符合一个自知将死的青年实际的心态。

我以为此诗虽未必是原作，却也定然出于一位深知深敬谭嗣同的里手。结合汪精卫的出处，我也不免善意地揣测起那个玉面汉奸，是否在狱中贡献过这次改动。

想他在素衣未淄的少年时，或者也曾有过谭嗣同那样的向往。

中学历史书上的谭嗣同除了这首并不甚佳的遗作外，便仅留了一张被过度剪裁的照片。他生得也说不上多么英俊，但胜在眉目凌厉，骨相峥嵘，梁启超说他“面稜稜有秋肃之气”，倒是颇不容人忘却的——这和他的其他诗作略有相似。

诗要写成什么样算好很难量化：各个时代对诗的水准评判，实则都取决于诗人被斯时眼界所拘禁着的野心。每一次新的诗王朝的出现，都源于人们对诗更强不可替代性的追求。换句话说，诗可以在可学的体系内日益繁荣，却只能以不可学的方式走到下一个周期。当今的诗人面对的终极敌人可能是算法越来越精妙自由的阿法狗，而在谭嗣同所生活的时代，作为一名有进取心的诗人，他的敌人可能就是同光体。

若说同光有体，实则斯时各路名家亦各有所本，但若说同光无体，跳出时代后回头，我们却很容易把住其流脉。笔花为目，宋诗为纲，好似必胜客的比萨，洋固不洋，中也不中，有轻中产格调，却依旧为流水线产物耳。因其易学易工，同光作者的好坏则更多要取决于“思无邪”，非要至诚者落笔，方能压得住那许多花哨。

在作诗机时代，这类诗或最易被计算代替，但乐此道者依旧熙熙攘攘。人工智能之所以号称人工，正是因为其与人之计算学习的速度虽有上下，而方法却到底是相类的。

而谭嗣同却是君为易以我为其难。他一直在试探着不可学的界限，不得不可惜又可喜地说，他的诗走到最终也没有见底。

当时的大部分人写到二三十岁便给自己写出了边界，然后随着年华老去，也便越发只敢如黄花鱼般溜着边亦步亦趋，而谭嗣同，却一直到死都在求变。

他十五岁学诗，初学时以五律、七绝居多，虽情致真诚，在技法上却并无可看。青年时诗力乃成，通看其诗集，五古规整高旷，五律能时见奇句，但总是七言更见性情。

他的七古看似入于长吉，出于太白，字句求奇，而气足神沛，自有种绵延吐纳的浩气。不难看出谭嗣同虽然神追太白，但心里是更爱李贺的，他曾有句“自向冰天炼奇骨，暂教佳句属通眉”。自号通眉生，自是向李贺致敬之意。面相学上说眉间贯通之人往往倔强自高，不易纳人言，见于长吉，见于谭氏，都也合适。

我最喜欢的，还是在本文开头提到过的那一组七律《似曾》诗，梁启超说看到这组诗便常想起元遗山“独恨无人作郑笺”的句子，往往怆然涕下，可见其难以索解。

同住莲花证四禅，空然一笑是横阗。惟红法雨偶生色，被黑罡风吹堕天。大患有身无相定，小言破道遣愁篇。年来嚼蜡成滋味，阑入楞严十种仙。

无端过去生中事，兜上朦胧业眼来。灯下髑髅谁一剑，尊前尸冢梦三槐。金裘喷血和天斗，云竹闻歌匝地哀。徐甲傥容心忏悔，愿身成骨骨成灰。

死生流转不相值，天地翻时忽一逢。且喜无情成解脱，欲追前事已冥蒙。桐花院落乌头白，芳草汀洲雁泪红。隔世金环弹指过，结空为色又俄空。

柳花夙有何冤业？萍末相遭乃尔奇。直到化泥方是聚，祇今堕水尚成离。焉能忍此而终古，亦与之为无町畦。我佛天亲魔眷属，一时撒手劫僧祇。

看组诗层次是基本功，其一入境，其二讽时，其三悟变，其四出境，行气完沛规整。单看亦好，每首都能自开一界，小摄苍茫。世上禅诗不少，而逃禅者多，得禅者寡，能为禅诗，入境界而能有余妍的，谭嗣同能算一个。

我其实素来不喜欢看学人用典，尤其是在七律里。近体极易许人以小聪明的得意相，善用典者愈是自如周转，徒然愈见其市侩气。然而谭诗以典生境，取长吉玉谿之法，看去却并不令人生厌。

“灯下髑髅谁一剑，尊前尸冢梦三槐。”灯下骷髅，是曹子建“顾见骷髅，块然独居”典，意在“何神凭之虚对，云死生之必均”，若龚定庵所作，上句既已戢然如是，下句则定要舍典入情，转致缠绵。而谭嗣同却老实不客气继续辛辣地以祢衡“坐者为冢，卧者为尸”讽人觥筹交盏，意在三公。以典化境，将繁华密丽的酒筵以典象处置得鬼气萧森，着一“梦”字，便堪可谓一字不废，至此，其态度也便不出如出了。

“桐花院落乌头白，芳草汀洲雁泪红”亦是如此，看似全是意象，但想到“乌头白马生角”，想到“满汀芳草不成归，日暮。更移舟、向甚处？”恍恍迷离，是真是幻，如即领略。虽只数笔白描，却实比“每当想起生命中后悔的事，梅花便落满了南山”般先铺思想再造境要高明。也正要有此淡致，后面隔世金环之惘然方能真见筋力，虽有典而似无典，即其高妙。

同写悟道，谭嗣同这四首诗，便要比此前数月所作的《金陵听说法》三首要浑然得多，纵仍有些奇骨楞楞，但剑花凛凛，殊见腕力，是莫大先生之剑，虽未臻一流，变幻间也令人不可逼视。向使戊戌能不死，再浸淫十年，其诗力恐怕不可限量。每思及此，委实令我常觉扼腕。究竟以他死时之诗，还是远远不足掀起梁启超期待的诗界革命的。

然而谭嗣同的心或许也并不在此。

他的心在哪里呢？阅遍谭集的我实则也看不真切。禅学、诗学、武学、政治之外，我还看着他兴致勃勃地推演过几何学，证悟过哲学，研究过经济学，探索过天文宇宙，勘寻过地理山川……终其一生，他一直在领略中抗辩，在享有时勘破，倔强地感受，再爽宕地用舍。

落笔之初，我为这篇文字设想过很多种结尾，也疑惑自己当生出怎样的感喟，才能全不辜负这人物的光彩。但行文至此，我却又觉得这一切都是多余的了。

除了跟着他喃喃说一句“快哉快哉”，又还再需什么呢？

痴骨千年同一束——说谭嗣同《三鸳鸯篇》

光绪十四年（1888）秋，二十三岁的谭嗣同在浏阳写下了一首令人费解的诗，题为《三鸳鸯篇》。

辘轳鸣，秋风晚。寒日荒荒下秋苑。辘轳鸣，井水寒。三更络纬啼井阑。鸳鸯憔悴不成双。两雌一雄鸣锵锵。哀鸣声何长。飞飞入银塘。银塘浅，翠带结。塘水枯，带不绝。愁魂夜啸缺月低，惊起城头乌磔磔。城头乌，朝朝饮水鸳鸯湖。曾见莲底鸳鸯日来往，忘却罗敷犹有夫。夫怒啄雌。雌去何栖。翩然归来，闭此幽闺。幽闺匿迹那可久。花里秦宫君知否。不如万古一邱。长偕三白首。幽闺人去灯光寂，照见罗帏泪痕湿。同穴居然愿不虚，岁岁春风土花碧。并蒂不必莲，连理不必木。莲可折，木可劚，痴骨千年同一束。

此前谭嗣同已在甘肃兰州住了五年，这年回到浏阳是来参加乡试的。自三年前通过“录科”后，这是他第二次应考乡试，但结局却是再次不中。当然，从“寒日荒荒下秋苑”的景致看来，写这首诗时他尚不知道这个坏消息，而是正在家中和兄长一起等待放榜。

诗名本非乐府旧题，元代虽有个正宫调曲子名谓《双鸳鸯》，但显然与此诗并无血脉关联。而诗义也很是模棱，虽长，可既没有极通贯的气息，也看不出很清晰的剧情线——无此二者，歌行便没有存在的理由。

写这首诗时，谭嗣同年龄尚不大。但他十三岁学诗，此时虽还没摸进堂室，却也早已过了词不达意的阳台白道——以手写心，在这时的他而言并非难事。然而这篇《三鸳鸯》却与他的手段能力并不匹配。

全诗虽然下字浅白，行气却吞吞吐吐，别别扭扭，仿佛每一句都在和自己较着劲，每一句又都安心不愿让人轻易看明白。可尽管如此，诗人克尽终篇的拧巴却又清晰地传达着他一定要写下去的欲望。

我因这欲望对这首诗生出了好奇。

诗名鸳鸯，显是写夫妇的。全诗情节设置很是复杂，不但有二雌一雄三只鸳鸯，更还出现了一只捣乱的城乌，四方打作一团混沌。初读下来，读者或者只能感受到诗人不平的情绪与孤独的视角：他极想表达一些感想，但找不到听者。

读者并不是这首诗的倾诉对象，作者自己也不是。倘一定要找方向，后文所有看似叙理的话只似都是对鸳鸯说的——三鸳鸯中那只被“夫”所啄，归栖幽闺的雌鸳鸯。“同穴居然愿不虚，岁岁春风土花碧”，它的结局是死亡——得与伴侣葬在一起的死亡。虽然由“居然”二字看得出，这种离居而同穴的结局终究是意难平的，且也颇令诗人不以为然。

谭嗣同与妻子李闰情深意笃，一生洁身自好，坚不肯纳妾蓄妓，更曾与梁启超创“一夫一妻世界会”，有“西人自命为一夫一妻世界，绝无置妾之事，岂非夫妇一伦之至正者乎”的言论，显然绝不会认可这种“两雌一雄鸣锵锵”“万古一邱长偕三白首”的态度。但他在诗里，却还是对这只雌鸳鸯表达了极强烈的怜悯怀念（“照见罗帏泪痕湿”）、怒其不争（“幽闺匿迹那可久。花里秦宫君知否”），和代位释然（“痴骨千年同一束”）等情绪。这种徘徊摆荡的杂绕与纠结，本不是性格刚烈，作诗素伤往而不复的谭嗣同所应有的。这不能不令人疑心：三鸳鸯篇所影射的人物蓝本，该与作者有着极亲密的关系，和极复杂的情感基础。

全诗显写一男二女之庭闱纠葛，虽多委乎意象，但细节既详，体意亦密，断非以妾妇诗笔托言臣志的泛语（斯时谭亦未曾入仕）。诗作中的哀怜与怨怒已清晰地为作者树明了立场——他当然并非雌鸳鸯本身，但确是雌鸳鸯情感和利益的共同体，或者更清楚一点说，这首诗的视角来自雌鸳鸯的娘家人。

谭嗣同是有两个姐姐的，长姊已于他两岁时夭逝，次姊出嫁亦早，且从谭嗣同与兄长谭嗣襄在她去世多年后还曾去投奔姐夫家来看，兄弟二人对姐姐曾经的婚姻景境并无芥蒂——手足之间成家分户后，彼此家事的牵连本便很小。于是筛汰下来，一组婚姻关系能给关系以外的第三人带来如此深远的情感震动，诗的谜底实已并不难猜：受了委屈的那只雌鸳鸯，只可能是谭嗣同的母亲。

浏阳是谭母徐五缘的长眠之地。谭嗣同写《三鸳鸯篇》时距她猝然离世落葬，已隔了近十二年光阴。这十二年中，谭嗣同成婚、习武、备考、务学，看似人生大计都在有条不紊地推进，但站在多年后回头看时，他对自己丧母后这段时间的定调却极为灰惨："吾自少至壮，遍遭纲伦之厄。涵泳其苦，殆非生人所能任受，濒死累矣，而卒不死。"

话说得极委屈，也十分含糊，但虑及谭嗣同少壮时并无官职，夫妻情爱亦笃，"纲伦之厄"的指向实则很是分明——他所遭受的苦厄来源于父亲谭继洵。很多年后，朋友梁启超在《谭嗣同传》里为这段话做出了注解："幼丧母，为父妾所虐，备极孤孽苦，故操心危，虑患深，而德慧术智日长焉。"

从这两段话中，我们便能依稀看到《三鸳鸯篇》里一些情绪的由来了。

谭嗣同父母的姻缘缔结本曾是乡里一场出名的传奇。

说早年谭家为谭继洵聘订的正妻本是母亲徐五缘的姐姐徐庆缘，但因谭继洵未仕时声名无显，家业未振，遂为徐庆缘所嫌。双方庚帖已换，但长女坚持不从，无计可施之下，徐父只得转命小女五缘替嫁，以完谭、徐二家的前约。

徐父的决定为他留住了显赫的身后声名——他原仅为区区

从九品国子监生，但最终“以尔婿克襄王事，貤赠尔为中宪大夫”，一跃受到了正四品的封赠；当然，徐五缘也代姐姐获得了一品夫人的诰封——但当然，那都是很久以后的事了，久到徐五缘自己都没能看到。

初嫁到谭家，徐五缘是过了很长一段苦日子的。谭继洵高中前家中十分清贫，她作为当家主母，也便不得不承担起所有家务。虽然幼子谭嗣同并不曾经历过那段艰难的生活，但因徐五缘常给他讲起昔时不易，他便也清楚地知道母亲在最好的那段年华，是如何在日继一日的“鸡鸣兴爨，泛扫浣涤，纫绩至夜分不得息”“面拥一儿，背负一襁，提罂自行汲”的劳作里度过的。

但从另一个角度看，被迫改娶妹妹的谭继洵对徐五缘临事救场和长期付出的真实态度，却很值得玩味。

于一个男子来说，青年以不得志而被人轻看实是极易进入骨血记忆的折辱，更何况这种嫌弃来自世代交好的姻亲。徐五缘再贤惠，也终究不是原先聘下的那一个，而这样的临阵换人，便难免会被夫家以为是一种“退而求其次”的将就。甚至徐五缘的存在，实则都已是她娘家的嫌贫爱富留在谭继洵身上的一块永不消灭的记认。

后人早已无从得知二人真实相处的样子，我们能看到的是，谭继洵升任京官，脱离了家乡的关系网后便陆续纳了卢氏、王氏、张氏、魏氏四房妾室。

其中魏氏年齿最少，但以卢氏最为得宠。

卢氏较谭继洵小二十四岁，比谭嗣同长姊谭嗣怀仅长两岁。她年轻美貌，且当是诸多妾室中最有理家才具的，几次主母不在时，均是卢氏代为掌家。而随着卢氏的得势，徐五缘也渐渐退入了后庭的阴影，将自己活成了一个标签里的贤妇。

中年的徐五缘在谭嗣同的印象里说不上可亲。他对母亲的描述是这样的："先夫人性惠而肃，训不肖等谆谆然，自一步一趋至置身接物，无不委曲详尽。又喜道往时贫苦事，使知衣食之不易。居平正襟危坐，略不倾倚，或终日不一言笑；不肖等过失，折囊操笞不少假贷；故嗣同诵书，窃疑师说，以为父慈而母严也。"她极本分地恪行自己主妇的职责，也极决固地将自己反锁在了一张"正襟危坐，略不倾倚，或终日不一言笑"的面孔里。

她喜欢没完没了地对孩子絮说当年不易，也好在孩子不合心意时动辄打骂，谭嗣同很委婉地说这种教育方式令当时的自己"偶烦苦"。实则任何一个刚刚走到反叛期的小孩，恐怕都不会十分乐于亲近这样的母亲。

虽然谭家自谭继洵入京以来便早已显达，可徐五缘却仍在内室独自过着苦行僧般的生活：她"食仅具蔬笋，亦不得逾三四肴"，"衣裳俭陋，补绽重复，有一线蕴衣，缕缕直裂，依稀出蕴，自嗣同知事即见之，卒未一易"。她每天夜里还是坚持如贫苦时般纺纱纫绩，致使谭嗣同的塾师听闻"纺车轧轧，夜彻于外”时还以为是谭家的“婢媪”在做工，万万想不到是斯时四品官员家的主妇力行亲为。

这样的长夜，她一个一个挨了过去，直到生命的最后一刻。

徐五缘死在光绪二年（1876）。是时京中闹起了白喉瘟疫，一时“疠疫熛起，暴死喉风者衡宇相望。城门出丧，或哽咽不时通”。白喉病是乾隆年间出现的，又名烂喉痧，极易致命。这次大流行中，最先被感染的是谭嗣同嫁在唐景葑家的二姐嗣淑。因白喉过人，唐家一时避之不及。是时徐五缘本已随任户部郎中的谭继洵住到了通州坐粮厅衙署，但因怕女儿无人照料，她还是冒着感染的风险赶去了城中。

她运气素来不好，照拂之下自己很快也感染了喉风。女儿死后，徐五缘挣扎回到浏阳会馆，一病不起，不过四日便也撒手而去。这四天中，她的病又过给了两个儿子。

徐五缘死得疾遽，终景也很是凄惨。在记载文献中显示，她死在浏阳会馆后室，而一日后，长子谭嗣贻却逝于通州（谓为“京邸”，当非会馆），谭嗣同昏迷三日不醒时也已是在坐粮厅中。这足可推见，徐五缘感染白喉后，谭家为求隔离，已先将两个男孩子带回通州，而只留了她一人在城中宣南的浏阳会馆养病待死。

从谭嗣同所自责的“染疫独厚，曾不能一起侍先夫人之困危创楚，亲承末命”不难看出，母亲临逝前并未得到很好的照顾。徐五缘怀着丧女的伤痛和对儿子的愧悔悬心凄凉离世，濒死之时，她床前没有一个亲人，甚至死后都久无人敢收殓。到欧阳中鹄受托冒死带人前去装殓时，她已故去多日。

这个后来被封赐一品诰命夫人的女人临逝时连一件像样的装裹衣服都不及换上。狼狈凄凉，实无过此。

通州这边，谭继洵怕瘟疫扩大，率余人赁屋别居，独将他以为能干的小妾卢氏留下照顾。为安卢氏之心，谭继洵立下遗嘱："田产银钱，作四股分……嗣同气息奄奄，死生莫卜，将来必为其立从，亦分一股，归大姨太太（卢氏）承管。"已隐有嫡妻死后，拟将家业与幼子一系相托之意。

但谭继洵的遗嘱也并未能如愿激励起爱妾的舐犊之情，反而或许令她生出了觊觎遗产的心思。卢氏怕感染疫情，对这个将死的孩子并不闻问，只任其生灭，最终还是老师欧阳中鹄前来照顾，频施汤药，方才将他从鬼门关中抢回。

白喉之病极是凶险，虽幸而未死，谭嗣同却仍卧病三月不起。醒转一月之后，谭继洵在家书中说起他时，仍谓其"现尚辗转床间，未能起立，仅食稀粥、蒸饼，喉间似有物阻，必因溃烂尚未生肉复元也"。不消细想也知，母亲死后，这个孩子日子必不好过。

卢氏素来与他不合，唐才常说"复生狷，遇卢氏辄嘿（默），而于其矜且横，不能恝置，悁悁之忿，常形于色。是以卢氏甚憎之，哭诉于敬帅，所以抵罅诋者无不至"，庶母嫡子间本有前怨，此时又多了濒死不救的后恚，二人关系自然更为恶化。欧阳中鹄曾在致友人书信中说：“谭生受厄家庭，毫无生人之趣。尝切戒勿使血气用事，充积至诚，不下数百次。能与子言孝，不能与父言慈……”由此不难见得，更令人心冷的是，在爱妾和幼子的冲突中，父亲谭继洵每每也并不肯站在谭嗣同一边。

于是，这个刚刚丧母丧兄的孩子只能眼睁睁地看着这个平素便“矜且横”的妾室取代了母亲开始掌家。行署的内室里，从此也再听不到深夜间轧轧的机杼声。

一纪之后，敏感别扭的小男孩长成了长身玉立的青年。

谭嗣同写这首诗时，父亲并不曾同返浏阳。他日夕所能见到的，只有同胞二哥谭嗣襄、留居浏阳的老家人，和母亲徐五缘的墓园。这次返乡前，他已在甘肃行署与父亲和卢氏共住多年，因此，这是他少有能避开庶母得以回想童年的辰光。

于是，在某次为母亲扫墓归来后，《三鸳鸯篇》也便应想而生。

“辘轳鸣，秋风晚。寒日荒荒下秋苑。辘轳鸣，井水寒。三更络纬啼井阑”。起言设境是常事，但我初看诗时很想不明白为什么他起兴要分派那么长一段给辘轳，毕竟这个意象虽然可托以“辘轳金井，落花红冷”的相思，可寄以“绠短汲深，力有不任”的无奈，但用在长辈身上总都略显唐突，更重要的是，它与后文的鸳鸯实在没有太多关联。

当我看到谭嗣同回忆母亲时多次提到的深夜纺纱的轧轧之

声时，我才大略明白了他的用意。诗法而言，这样的起句无疑无理而沉赘，但谭嗣同并不在乎，甚至他任性而有些故意地放纵这种破格，也要给深夜鸣响的辘轳一段独立的空间，只因母亲在他的印象中，总是伴着一种单调而稳定的声音出现在深夜里的。

深夜的纺车旁是徐五缘最孤单的时地，也是她持续倔强地宣示自己存在的途径——从日落，到三更，永不停息，也永无变化。辘轳声也好，纺车声也好，回环往复，轧轧不绝，此即一个常年不受钟爱的主母的心。

“鸳鸯憔悴不成双。两雌一雄鸣锵锵”，在辘轳的声音里，憔悴的主角出现，三鸳鸯的关系也被点明。雄飞雌从是恩爱，两雌一雄则必有人憔悴。卢氏是妾室，原并不适宜与徐五缘并论，但历经十二年掌家，她如今的身份实已位如继室，故而令谭嗣同在意象代入时仍不自主地如临大敌。而从“鸣锵锵”也不难看出，当年的卢氏与徐五缘往来间甚至已不能维持表面上的相安无事，而是频发争执。

“哀鸣声何长，飞飞入银塘”。银塘鸳鸯，原是熟典，结合起纳兰容若一首《浪淘沙》来看，则更别有意味。

霜讯下银塘，并作新凉。奈他青女忒轻狂。端正一枝荷叶盖，护了鸳鸯。　　燕子要还乡，惜别雕梁。更无人处倚斜阳。还是薄情还是恨，仔细思量。

纳兰词平易，无多可解，上片风刀霜剑，下片物是人非，无非是家事纷披，一场离恨——“屡见枯杨荑，常遭青女杀”“百卉已随霜女妒”，青女本是善妒者，纳兰笔法虽曲，意思却明：银塘霜讯，均自妒来，谭嗣同以银塘鸳鸯为引，其意亦在于此。

“银塘浅，翠带结。塘水枯，带不绝”，始知结衣裳，不如结心肠。结带是成婚，塘水枯而带不绝，则自然是说婚姻已无法供母亲容身，但她却始终没有办法和离，只能一日日这般熬下去。

行文至此，逻辑与层次都是相对分明的，但自后一段情节起，诗的走向开始令人费解。

我们找不到史料中的人物来对应那只出来搅局的城头乌。“忘却罗敷犹有夫”，粗粗看去，城乌似乎扮演了极不光彩的第三者形象，介入了三鸳鸯之间。这则不得不令人生出疑惑：倘如真有此人，真有此事，谭嗣同就是出于为母讳的想法，也断然不该这样明白地写进诗中，授人以话柄。

因这一节想不明白，我曾对这首诗是否真的指向徐五缘心存犹疑。但实则，要看明白这首《三鸳鸯篇》，诗眼便在这只“城乌”身上，而我也是偶然翻见李白的一首《庐江主人妇》后，方才想明此事。

孔雀东飞何处栖，庐江小吏仲卿妻。为客裁缝君自见，城乌独宿夜空啼。

这首诗是李白路过庐江郡天柱山时去一家官员家借宿时戏赠给其家中主妇的。言“孔雀东飞”“庐江小吏”，是因为主人姓焦，李白便用焦仲卿的典故加以调笑：“你家夫君走了，该不会因为我来而生了你的气吧？”后两句则赶紧解释：“可是这家的主妇虽在为我裁缝衣服，心中挂念的可还是她的夫郎啊。我这种行旅路人，不过是城乌独宿罢了。”

为客裁缝，用的是《古诗十九首》中“客从远方来，遗我一端绮”之意（“文彩双鸳鸯，裁为合欢被。著以长相思，缘以结不解”）不言，后文城乌独宿者，实也有大说头：张华在《禽经注》中有谓“乌之失雌雄，则夜啼”，古人认为乌鸦漆黑，不分雌雄，故而城乌之典，原是一种“本无雌雄之别，因无男女之欲”的剖白。

此说既备，回头再看《三鸳鸯篇》里时时处处提到的雌雄之争便要清明得多了。以无男女之分的城乌对照为男女情爱不均而苦恼的鸳鸯，是第一重映照；而城乌的介入致使鸳鸯离散，以无心间有意，这是第二重不平。从后几句的措辞中我们不难推想，落纸的史料记载之外，谭继洵与妻子间或曾有过一场由外人引致的误解，而谭嗣同特地取城乌留在诗中，实是专程在为受冤的母亲辩诬。

“愁魂夜啸缺月低，惊起城头乌磔磔。城头乌，朝朝饮水鸳鸯湖。曾见莲底鸳鸯日来往，忘却罗敷犹有夫”。意象对应拆解之后，事情的前因后果便极为明白：徐五缘因谭继洵纳妾而镇日伤怀，因此伤心自苦，或有位寄居家中的幕客出言安慰，却因心底无私，未拘大防，致使谭继洵大为恼怒，遂有了“夫怒啄雌，雌去何栖。翩然归来，闭此幽闺”的结局。

这段情节的文字无疑是毛躁不顺的：“愁魂夜啸”用以形容雌鸳鸯，不免太过苍烈，而“罗敷有夫”的入典回射到鸳鸯的一组关系里，也显得不伦不类。此事既关联女子名节，又涉长辈，难免诗人既想清辩，又不得不含混其词，造成了语意模棱。

城乌原型的真实身份早已掩藏高置，但结合一些文本资料，后人其实也有合理猜测的空间。“城头乌，朝朝饮水鸳鸯湖”，这位曾招致误解的人，当是依托谭家谋食的常住之客。“曾见莲底鸳鸯日来往”，亦显然其住所与谭氏夫妇的后庭不远，能看到其妻妾处境。

参看谭嗣同在《先妣徐太夫人逸事状》中所述“家塾去内室一垣”，我们或可猜测此人正是谭家为孩子念书而延请的塾师。

在欧阳中鹄前，谭嗣同曾有过另一位塾师。回忆起母亲深夜纺纱的劳苦时，谭嗣同提到了这个人——“塾师云南杨先生，闻纺车轧轧，夜彻于外，嗣同晨入塾，因问汝家婢媪乃尔劬耶？谨以母对，则大惊叹，且曰：‘汝父官郎曾十余年，位四品，汝母犹不自暇逸，汝曹嬉游惰学，独无不安于心乎?’”在回忆母亲的文章里，谭嗣同只提到了这一个外人，且写法十分板式，仿佛是刻意要提一笔先生对徐五缘敬意的光风霁月，天日可表一般。

但用力既猛，则反见其事之当意。写《先妣徐太夫人逸事状》时，谭嗣同已年届三十。不同于《三鸳鸯篇》中声情并切的辩白，此时的追述已相对缓稳，但为母伸张之意，其实并无变化。

他的诗与文，其实都是抱着那只“怒啄雌”的雄鸳鸯能看到的心态在创作，那个为母亲抱屈的小男孩，实则一直都藏在谭嗣同的心底。

回归诗文。徐五缘本便为丈夫纳妾而心有不欢，再无端被扣上一层不贞的猜疑，自然心思便全灰了。她从此闭居幽闺不出，“正襟危坐，略不倾倚”。前文的秋宵辘轳，正是闭居景境的返还插叙。

写至此节，谭嗣同的不平之意便勃然欲出。“幽闺匿迹那可久?花里秦宫君知否?不如万古一邱，长偕三白首”。母亲淡出之后，卢氏左右逢迎，气焰渐盛。秦宫者，梁冀之嬖奴，又与梁妻孙寿相好，三人亦可讽之为“三鸳鸯”，但最终小人秦宫的下场却并不坏。李长吉有谓“皇天厄运犹曾裂，秦宫一生花底活”，谭嗣同冷眼看卢氏日益得势，固生此怒母之不争之意。躲避能躲避多久?还不是白白将好处都让与了小人?而他给出的解决方法也十分稚气：既然已成三人之局，那又何必退让？还不如天长地久地斗下去，输赢之说，也未可料。

可最终的结果是母亲孤独地死去了。“幽闺人去灯光寂，照见罗帏泪痕湿”，化用李白“但见泪痕湿，不知心恨谁”，然因其人去，凄凉之意倍盛。无论曾经心恨过谁，此时都已再无意义。

以其死，母亲却获得了最终形式上的“胜利”：“同穴居然愿不虚，岁岁春风土花碧。”白喉病发死后，徐五缘得欧阳中鹄题写墓志，并于一年后归葬浏阳。谭继洵次年告假，亲自回乡为夫人修墓，不可谓不尽心。墓园至今存留，石雕选材极佳，刀法造型亦好，当然，此处也终将是他的葬所，而卢氏，没有资格随葬。

谭嗣同最终以精神胜利法写下了自己悻悻的感慨：“并蒂不必莲，连理不必木。莲可折，木可劚，痴骨千年同一束。”并蒂莲也好，连理枝也好，终究只是生命附着时的某段状态。莲花可以被折断，枝叶可以被砍伐，但只有死去同归一处，才是真正的长相厮守。

这样的反击对于尚且活着的卢氏恐怕毫无威胁，或许连说服他自己都很难，但作为人子，谭嗣同却不得不硬扛着自己的不认同，给这首诗留下一个这样的尾巴。

这是他对再也无缘得见的母亲一点迟来且无力的安慰。

《三鸳鸯篇》之后，谭嗣同和父亲的关系依然久久不曾缓和。

一如许多不懂得如何与孩子沟通的父亲，素有能吏之称的谭继洵独在面对儿子时缚手缚脚，加之卢氏在旁多有挑唆，父子二人始终不曾真正并力和解。

谭继洵一直在努力地为儿子排演着他所以为正确的仕途，谭嗣同也只得被动而负气地接受，但也从未停止在诗作中发泄着不忿与不满。这样的父子角力，直到他人生结束的前一年也没有停止。

但是，一如大多数人所知道的，百日维新失败后，康有为率先出走，在梁启超劝谭嗣同同去时，他厉声所应的是“吾父服官湖北，安能背弃而行？吾志在必死”。在风雨飘摇的浏阳会馆里，谭嗣同做的最后一件事，却是彻夜模仿父亲谭继洵的笔迹，写下七封训斥自己的书信，以保全父亲不被株连。

胡致廷回忆说，在那个夜晚，谭嗣同打开了自己随身的红漆枕头箱，取出父亲的七封家信。他“摹仿着父亲的手笔，写好一封假的，就烧掉一封真的，只留信封不烧，将假信套在信封里面”。当然，每封假信都写着父亲训斥儿子的内容。

在这个母亲凄然含恨死去的院落里，素来不让父亲省心的小儿子在跃动的灯光下用父亲的视角，认真地臆写着一封封保全他的家书。什么是真，什么又是假？父亲的训斥与父亲的关爱，父子的隔膜与父子的羁绊，都像是假的，但也其实都是真的。

我不知道谭嗣同在最终被捕前有没有再去母亲病故的屋里坐一坐，在喊出“死得其所”之时又有没有想到十二岁那年白喉病下的仓皇死别与病而复生。但一如他自己所言，“莲可折，木可劚，痴骨千年同一束”，所有的恨与爱，都并不以生时的姿态而变换，而是在死灭的发生后，方才享有永恒。

三鸳鸯终将不复存在，而痴骨长存，它们腐朽，沉降，化生，不灭。这当是一个年纪尚青，笔法未准的诗人，当时在他所不爱的人间里能找到的、最好的解脱之途。

谭嗣同的除夕诗[1]

适逢戊戌双甲子，许多百二年前的追缅和怨慕，均在这个九月间日渐分明。随着浏阳会馆即将腾退重开的消息传出，我对谭嗣同一些未曾平息的惦念也便又被牵动了起来。

上月偶见朋友维欣在微博上呼告，称浏阳博物馆希望将谭氏现藏于故宫的残雷琴借出，好依样重斫一把置于浏阳会馆内，以全一段暌隔百年的物所之分。为这件事，后来我们颇有了几次接触。而自然，因着这桩愿心，我们事外也便多了几回闲聊。

维欣是谭嗣同衷虔的研究者，在许多与谭氏相关的活动中都能看到她的身影，譬如近日来谭氏年谱的编纂与戊戌百二十年的纪录片的录制。一月前她曾托我为重斫的残雷琴再作一段琴铭，为此，我也便不得不进一步追想浏阳会馆与残雷琴的渊源。

央要来了待版的年谱后，我沉下心来细细阅了一过，打算看看谭氏在京时是否曾就琴事有过诗作，其中又是否能看到

① 作于谭嗣同殉难一百二十周年纪念前一日。

残雷的影子，但当然，以谭氏惯出人意表的风格不难想见，结果并不尽如我意。

编者谨严的考据显示，谭嗣同是位很标准的行旅诗人。他大多诗作均成于驿中鞍上，而少肯付予日常起居之间。或因抚琴本身已是他疏浚心灵的表达工具，原不需再套一层诗在外头了罢。诗集虽以“莽苍苍斋”为名，但就中真在书斋中所作者，实是百中无一的。

谭氏多能，故而心声之出口亦多。诗之于他，到后期渐见开境之力，而少出叫嚣之需，这当也是谭氏诗作到三十余岁上又进了一层境界的原因。对于读者和作者而言，只为表达，则必拘于自我，而忽略交互。眼中只有情绪内容，写到最后也就难免要双双落入虚不受补的境地里去。

在诗集中寻了许久，除了他代人题写的几段琴铭，我只勉强翻到了一首说到琴的诗——他在湖南所作的《除夕感怀》，但究竟细看去便知，那也并非是写琴的：

我辈虫吟真碌碌，高歌商颂彼何人。十年醉梦天难醒，一寸芳心镜不尘。挥洒琴尊辞旧岁，安排险阻著孤身。乾坤剑气双龙啸，唤起幽潜共好春。

此诗作于谭嗣同二十九岁的除夕，也即1894年2月5日，衍成一组，四篇中序为第二。诗中所谓“琴樽”之琴所指却并非他在北京惯弹的残雷，而是留于湖南的那把崩霆。

去年我写谭嗣同时做过不少阅读功夫，其时掠眼间自然是见过这首诗的，只当时既未觉好，也便不曾为它多作沉耽。

就诗的水准而言，我当时的判断没什么问题。对谭嗣同来说，《除夕》远没有到达《似曾》时期的典境手段，表达也是半遮半露，骨力未成。但这次细看来我却以为，这首不成熟的作品也未必没有可观之处。

这是一首很见作者架担安排的诗作。也或可以说，正是从这次试探起，谭嗣同方才正式开始在近体诗上进行自我拆解。全诗前六句里，每两句间均能组成一个自我的镜像，到得最后一句乃以“双龙”提领说破，构成收束。

在同时期七律里，这种做法算是个颇见构想的尝试。

首二句所言乃是文学追求。

“我辈虫吟”者，小文人语也，即“庶所为诗，茹古涵今，成一家言，而不与虫吟蝉噪等乎”之谓。而《商颂》系《诗经》颂先王之祀歌，谭嗣同称“古之乐章，则亦志也”，即诗之高处。

表面上看去这仿佛是一句是古非今的谦辞，但以谭氏倨傲，我却以为解作“虫吟者我，而歌商颂者亦我”要更贴切一些。可与之参看的是两年前他为自己作的《画像赞》：

噫！此为谁？崿崿其骨，棱棱其威。李长吉通眉，汝亦通眉。于是生有二十七年矣，幸绯衣使者之不汝追。天使将下，上帝曰咨。其文多恨与制违，然能独往难可非。放之人世称天累，海枯石烂孤鸾飞。

十二分的自信之外，我们能看到的是谭作中惯见的回翔之力。

不同于诗人式的迂回掩抑，他的圈子兜得利利落落，似脱乎武技：鞭子抖出个圆来，是为套住人咽喉，而绝非求姿态好看。“这个人这么帅，他是谁啊？”似此设问不答，当然不是故作谦逊，而全如抽身出圈以长兵器发招，立于狼狈距离以外，乃能自由，极以洋洋自命。

于是再回到首句，我们也便能看出了：虫吟碌碌是同光体下的文宴群像，而高歌《商颂》，则是日夕酬答之外意志高举的灵魂。上句见中年的清醒自抑，下句有少年式的骄傲飞扬。如此镜像，实则双面合击，均不过是谭嗣同对自己诗学觉悟与能力的自许而已。

颔联二句依旧是现实和精神的对峙，只是比首句所涵更广。“十年醉梦天难醒”是危局板荡、朝野周旋，“一寸芳心镜不尘”则喻孤芳自守，表里澄莹。

拔剑四顾，指触茫茫，只得退而沧浪濯足，镜台拂拭：芳心一说固有《离骚》骨血，而镜尘之喻，则足证见神秀渐悟自修一道。谭嗣同讲勇猛精进，批亢捣虚，招招要落实处，自然是不能欣赏南宗所谓顿悟禅机的。

这回重见，我觉此句颇可与谭氏三年后的《似曾》诗第二首颔联参照一读。“灯下髑髅谁一剑，尊前尸冢梦三槐”亦言看彻死生必均，乃能讥讽世人酒宴坐卧，觥筹相交，多只为求功名，望三公，视以《除夕》中的“醉梦”“芳心”，则易见两句意味绝似。

几经洗练，到得写《似曾》时谭氏典境手段已老辣了许多，只后作将现实和心灵的顺序颠倒，也更见三年之后的谭嗣同忧急艰苦，死志渐生，已不复《除夕》时素情自处的自信态度了。

第三组镜像则很易分辨。“挥洒琴尊辞旧岁，安排险阻著孤身”，前句往昔，后句将来，正合在除夕当日写出，而视以谭氏生平宿命，亦正出此中所伏。

此句与《似曾》其二的颈联又见呼应：“金裘喷血和天斗，云竹闻歌匝地哀”，只是《似曾》不再重复用镜像交叠，而是分判了主线和景境，虚实相加，较之同诗颔联的骷髅尸冢多了一层变化。

“金裘喷血和天斗”自然是脱乎李长吉的“撞钟饮酒行射天，金虎蹙裘喷血斑”的，而视以后句“朝朝暮暮愁海翻，长绳系日乐当年”乃知，《梁台古意》说的是时日无多，则不妨恣睢无忌，而谭作虽同有喷血斗天之语，却更偏重于强调拼死殒身后的无力感。

金裘云竹，前句是拳拳到肉的近拍，后句镜头拉远，将故事隐入全景，乃见脱出壳蜕，奋力一搏，而最终身名两灭，泯于世境。较之琴樽之后的出山之预，三年后的《似曾》拖起了一句悲观而悠长的尾音，滋味更厚，而接以“徐甲傥容心忏悔，愿身成骨骨成灰”，谭氏结局，则已一望而见。

三组对比观照之后，想来是怕读者看不出他的排布用意，谭嗣同干脆很明白地用“乾坤剑气双龙啸”点出：乾坤即所谓双龙，前三联左右表里，俱是谭郎，而回到“唤起幽潜共好春”，双剑合璧，意气风发之态也就得以跃然而出。

其实以现在的观念来看，这首诗的结构并没有多么高明，无非将自己剖破作了三组半镜，最终在尾联率领，得以重圆合一。但这种拆解，实是谭嗣同后来许多作品里虚实交缠、典境相生的变化基础。

诗之一物，各人理解自来不同，但无论如何，自古至今，它终是立于诗人与读者之间的一样物事。

大多读者当然是希望这物事越透明越好，顶好是一扇玻璃窗，直洞人心，无滞无碍，白居易的诗便同此类。而待修到白氏的偶像陶渊明，读写之间如置水晶，澄澈而不落斧斫气，至厚至薄，亲切却令人不敢轻亵，也便是这一路的极致了。

但自然，大多诗人是不甘心只做窗子的。透明介质诗的反向尽头，便是延禧宫的灵沼轩。

“以玻璃为墙，四望空明。入其中者，如置玻璃世界，墙之夹层中，置水蓄鱼……”将窗户加厚，为读写二端之间隔出一层新的世界，置养造作，生机自出，而诗人自己，也便化身为创世者了。

在这样的世界包裹下，作者的内心已变成了诗的底色，不再重要，仿佛温庭筠的《花间集》便是掩映搬拦、设色造境的翘楚。这类诗人是无心让你窥探本事的，能容自身的悲喜哀愁托起一番天影儿来，已是颇多不自觉的流露。

两般极端间，当然更有颇多的变法。譬如姜夔的词便借用了光学设备：他也有窗户，但他会在窗户之前摆上一瓶花，数枝横斜，随后细目着落其上，背景全部虚焦。故事仍在，情感仍在，但影影绰绰，人能真切看到的，永远是前置的姿态。

将3D世界压扁，出入画幅，这实则也是许多同光人物的惯用手段。

而我约略感觉谭嗣同想做的，或许要不同些。

他对自己的生活感情均无把玩的爱好与欲望，他的表达是为了再创建，而不是发泄，而在这创建中，任情如他又不甘心只做个无情的上帝。

他想做盘古，把自己直接摄入那扇窗户里去。

在人生的最后三年，他不断将这扇窗里的世界加厚，以容自己出入自由，不觉逼仄：谭嗣同的诗是虹吸而内卷的，其自身也是诗的一部分介质。可以绞缠盘转，可以分剖互照，而最终，人与诗便形成了动态的毛细关联。

他不全是诗，诗不全是他，但他与诗终究已是不可分的，诗的气质和导向里，正落成着他的人生结局。

于是，回视这首《除夕》，我们或许便能更清晰地看到谭嗣同的努力过程——这首不成熟的作品本是他将自己解构再拼贴的第一步。纵然百二年来，那些散碎的游思浮绪出入芥子，变化往复，早已不是当初模样，但当我们定睛看时便知，让我们心旌摇动的那个谭嗣同之骨肉筋血，已俱都在此。

一百二十四年前的除夕，有个听彻爆竹声的青年人坐在浏阳书斋里，隔空抬眼，忽然一笑。

而此刻的你若能应下他的笑容，便也就无须为明日的百二十祭日伤感了。

谭嗣同的鹦鹉洲——祢衡与屈原的一出折子戏

近日里为谭集作笺评，细理了一批谭嗣同的诗稿，比囫囵粗看时又有了些不同的态度。翻到《鹦鹉洲吊祢正平》，为着它与屈子有些骨血关联，又时逢端午将近，便想着索性写篇短文谈谈。

最早接触谭诗时，我便对这首诗的末几句有很深的印象："鱼腹孤臣泪秋雨，蛾眉谣诼不如汝。谣诼深时骨已销，欲果鱼腹畏鱼吐。"从"公无渡河公竟渡"式的结局腾跃而起，直指殉后的世界，不独视角新奇，也算得为这个最终选择了留下的青年留下了一句音韵决固的谶语。

据朋友维欣查考，写这首诗时谭嗣同实岁二十七，经历了上年又一次科考失利后，正随父宦居武昌胭脂山巡抚署。这番游鹦鹉洲，也不外他武汉三镇行游往来间的偶一回散心。

谭嗣同本人很爱读《后汉书》，加之尤擅昆曲，那么徐文长所作《四声猿》中《狂鼓史》里的安工老生戏《骂曹》自也熟稔。

故而此番既来鹦鹉洲，吊祢衡便也是顺理成章的事了。

鹦鹉洲得名于祢衡在此即席而作《鹦鹉赋》，又以激言受戮后埋骨于此，便更多了一层生死流转的气味。虽则故洲已沉于明末，然有此地名，便也足为文人承托一些无地措放的狂慢。

今之大众对鹦鹉洲的记忆或者都会溯至同一个端点——唐崔颢《黄鹤楼》。

昔人已乘黄鹤去，此地空余黄鹤楼。黄鹤一去不复返，白云千载空悠悠。晴川历历汉阳树，芳草萋萋鹦鹉洲。日暮乡关何处是，烟波江上使人愁。

崔诗以黄鹤入篇，云天不见遂欲转顾人世，潇洒冲折，一气浑下。有此旷荡开局，则尾稍欲起日暮乡关之叹，当必以狂士埋骨、芳草萋萋之时景接下晴川之树的生气鲜明，乃能生出死生一瞬，愁入苍茫之力。在此诗中，鹦鹉洲实非普通地名，而是全诗由盛转衰的一个灵巧的变音。

安史乱后，李白遭谪又赦，归返江夏时亦有对崔的致敬之作：

鹦鹉来过吴江水，江上洲传鹦鹉名。鹦鹉西飞陇山去，芳洲之树何青青。烟开兰叶香风暖，岸夹桃花锦浪生。迁客此时徒极目，长洲孤月向谁明。

整体构架皆与黄鹤楼如出一窑——慨鹦鹉去而不返，乃由景境归致自身，但缘有洲上一点孤月，李诗尾句较之崔作则更见收敛。只惜青莲晚年力弱，不免略见亦步亦趋之态，又将鹦鹉洲的生死感淡化为西飞陇山的“往来处去”，情绪提至颔联，则后继无力，一句“何青青”也就不免抖成了空包袱（惯读老杜之辈，见到三平尾总是要提一口气等好戏的），到头虽诗境仍旷，却不免有些闷闷柔柔，稍欠捭阖了。

言至此节，便可谈谭诗。诗谓：

云冥冥兮天压水，黄祖小儿挺剑起。大笑语黄祖，如汝差可喜。丈夫凿窳偷生，固当伏剑断头死。生亦我所欲，死亦贵其所。侧闻汉水之南湘水之浒，桂旗靡烟赴箫鼓，若有人兮灵均甫。波底喁喁双鬼语，岁岁江蓠哭江渚。江渚去郢城，迢迢复几许。有血不上郢城刀，有骨不污郢城土。郢城有人怒目视，如此头颅不敢取。乃汝黄祖真英雄，尊酒相仇意气何栩栩。蜮者谁，彼魏武。虎者谁，汝黄祖。与其死于蜮，孰若死于虎。鱼腹孤臣泪秋雨，蛾眉谣诼不如汝。谣诼深时骨已销，欲果鱼腹畏鱼吐。

再读之下，我觉这首诗有趣在于，题目虽谓之“鹦鹉洲吊祢正平”，但通篇用的却并全然不是后人追吊的声气。这首诗的第一视角一直在祢衡，字字句句，全无一分出于俊游此地的谭嗣同之口，那些不平与忧艾的心思，均是托祢衡的喉咙喊出来的。

是以诗题若为“鹦鹉洲代祢正平作”，或当更切。

全诗拉了一场折子戏，这种布置在素来要演全本的小歌行里并不常见，甚至可以说有些实验意味——如若此节看不明白，便很难摸着全诗的脉络。

“云冥冥兮天压水，黄祖小儿挺剑起”。当前二句有些肖似京剧的引子，譬如《坐宫》中四郎念的“金井锁梧桐，长叹空随一阵风”，以念景带唱事。这是谭从戏曲里得来的肌肉记忆。

从黄祖挺剑而起的画面不难看出，谭将这一折的开篇设在了祢衡刚刚说完黄祖“庙中之神，虽受祭祀，恨无灵验”这个爆发点之后——即使在戏剧中，这也是个很大胆的切面。

天云压水，是引雷霆而未发，有此蓄势，则其后从祢衡视角看去的“黄祖小儿挺剑起”，便随之生出一种“算定你也该发作了”的讥诮来。

也即是说，在谭嗣同的设定里，祢衡是早有所备，自来寻死的。

“大笑语黄祖”后，便都是祢衡临戮前的念白了。谭恐人看不出他这种“当尽便须尽”的意思，当头便特地让祢衡重复了一次：“如汝差可喜。丈夫呰窳偷生，固当伏剑断头死。”厌倦了惰惫偷生的日子，想死个痛快，而死在黄祖手下原还是可喜的。

而后换韵贯底，由死贵其所始，将鹦鹉洲与屈原流放的鄂渚叠连，遂转致灵均。“桂旗靡烟赴箫鼓”，既是祢衡当筵想望，亦映“乘赤豹兮从文狸，辛夷车兮结桂旗”的山鬼，乃得引以“若有人兮灵均甫”之恍见。

“波底喁喁双鬼语，岁岁江蓠哭江渚”，此二句是写祢衡所隐闻，波底双鬼，一为原生神祇山鬼（即山神），一为“扈江离与辟芷兮，纫秋兰以为佩”的屈原。除为后者抱屈之外，双鬼并峙，原亦有几分虽死而“托体同山阿”的傲意。穿透来看，实则亦不难见出谭嗣同自身轻死轻生的时空观了。

死既必然，后则自当还归自身，言辞渐趋迫切，也不免便略生絮叨。“江渚去邺城，迢迢复几许。有血不上邺城刀，有骨不污邺城土。邺城有人怒目视，如此头颅不敢取。乃汝黄祖真英雄，尊酒相仇意气何栩栩”。说邺城裸衣骂曹而终不得一戮，反不似黄祖，言语相激便能轻动其意气。“蜮者谁，彼魏武。虎者谁，汝黄祖。与其死于蜮，孰若死于虎”。这便是谭嗣同的生死观了：与其被鬼蜮阴私构害，求死而不得，倒不如以力敌力，抗暴而死，堂堂正正，又痛痛快快。

到最末二句“鱼腹孤臣泪秋雨，蛾眉谣诼不如汝。谣诼深时骨已销，欲果鱼腹畏鱼吐”，镜头转动，切入了屈原的画外音——前篇的“汝”均为黄祖，而此处的“汝”则是祢衡了。此节是对生死观的加强，不独让临戮之人（祢衡）说话，也让已死之人（屈原）有了开口的机会。

谭嗣同看到“有长鲸白齿若雪山，公乎公乎挂罥于其间”

之后，世界并未停留在“箜篌所悲竟不还”这样孤勇悲壮的荒寒哀歌里，他所担忧的是“谣诼深时骨已销，欲果鱼腹畏鱼吐”。积毁销骨，与小人周旋太久，自身声名俱灭，最终赴死即使意在牺牲，也早已再没了这个资格。

视以他来日的抉择，我们便知这实则是一篇预言——早在死前六年，犹是懵懂衔愁的好年纪里，他便已在反反复复地思量起死亡。

谭嗣同禅法华严宗，对时间与空间本便都有独到的意证。

在其论作中，我很喜欢他的这一段辩述：“今夫我又何以知有我也？比于非我而知之。然而非我既已非我矣，又何以知有我？追乎知有我，则固已逝之我也……今试言某者是我，谓有一是我，余皆非我，则我当分裂。谓皆是我，则有万万我，则我又当分裂……一切众生，并而为我，我不加大；我遍而为一切众生，我不减小。”何方可化身千亿，也自因对生灭视如常事，他才能如此冷静地洞见死亡，并且轮驰无断地追索它的意义。这样的思考，在谭诗里每不少见。虽偶见过激，偶觉痴稚，但终究如此不断的自我否定和结构，也才是这个青年的魅力所在。

是以我更愿认为，这首《鹦鹉洲吊祢正平》原是谭嗣同假借弥、屈的对唱，为死后不能言语的自己写下的自白——究竟在相信“三世一时”，无所谓过去未来的他看来，时点的阻隔原是最不值得惧怕的东西了。

行文至此，我已有些不忍砸诗。

虽然这首诗体式很见尝试之勇，但不得不说，作小歌行时，倘令戏曲中陶冶出来的清人与听惯宫廷谳乐与胡乐的唐人相较，天然便处于语感劣势——念白多而不精是一件，韵脚、节奏的安排掌握，又是一件。

谭之《鹦鹉洲》体现了他后期诗作中难得一见的老实，说话即明白地喝骂，郯城一段几乎全无景语，兼之颠倒夹缠，颇不简净。这种景白分致的写法，实是戏本子里常见的安排，而人鬼对话，则又有楚辞祭歌互应的影子在，然而这二者代入诗歌，却都是有些水土不服的。

谭能古琴，擅昆曲，但视此长篇排布，却并未能体现出太强的韵律性。全诗两个仄韵一贯而下，换韵时未见情绪转振，音口切换时，声韵也不施加佐助，这便不免要极大地损费了诗人的元气。倘由李白来写，则必然在“汉水之南、湘水之浒”换为平尾，复于“江渚去郯城，迢迢复几许”“鱼腹孤臣泪秋雨”处再转两韵，平仄交错，缓急相就，则全诗当更有冲折抑扬之美。

言及此节，我自己也觉无趣了，但想来站在千万个触手即亡的瞬霎中的谭氏显然也并不会在意。

诗与他的死一样，都已走入了时空。他们同构他的本我，而后随聚随分，只留下我在书斋中对着他的《莽苍苍斋》犹自孜孜扶额，徒然辨悟。

这，或也当是他用种种的不完美，故意留给后人的破绽。

公子吴保初

孙宝瑄《忘山庐日记》有段这样的记叙很是好玩，说光绪二十七年六月十二（1901 年 7 月 27 日），他与章太炎（枚叔）、丁惠康（叔雅）、吴保初（彦复）等人在上海金谷香酒家闲谈：“枚叔辈戏以《石头》人名比拟当世人物，谓那拉（即慈禧太后），贾母；在田（即光绪帝载湉），宝玉；康有为，林黛玉；梁启超，紫鹃；荣禄、张之洞，王凤姐；钱恂，平儿；樊增祥、梁鼎芬，袭人；汪穰卿，刘老老；张百熙，史湘云；赵舒翘，赵姨娘；刘坤一，贾政；黄公度，贾赦；文廷式，贾瑞；杨崇伊，妙玉；大阿哥，薛蟠；瞿鸿禨，薛宝钗；蒋国亮，李纨；沈鹏、金梁、章炳麟，焦大。余为增数人曰：谭嗣同，晴雯；李鸿章，探春；汤寿潜、孙宝琦，薛宝钗；寿富，尤三姐；吴保初，柳湘莲；宋恕、夏曾佑、孙渐，空空道人。”虽是酒阑戏言，却自有几分戏假情真在里头，而孙宝瑄私相续增数人，将与席而并未自拟的吴保初点为柳湘莲，也可管窥斯时吴氏风采之二三。

吴保初是清末四公子之一，形状英伟，为人慷慨，据说斯时是风头一时无两之人物，但我对此人稍上些心却要追溯到某日闲翻到公公家一本和许承尧《疑庵诗》并排放置的《北山楼集》时了，委实不算甚早。

平心而论，以我眼光看来，较之虽只在二三流间徘徊却多有可观之处的许氏，吴氏诗作虽水准不失，但多拘于酬答，刺事又沦于志士之诗，调门喊得很直，可谓情深诗浅，草草看来并不太觉亮眼。

吴保初晚时自序称“窃以诗之为技，即能偶臻极诣，亦等之飞埃野马，飘灭于天地之中”，看去恰可为之辅证。多数诗人是最怕所谓今是昨非的抽离感的——如陶靖节那般大悟不碍内热的还是少数，大部分诗人自恋的痴心一灭便寻转漠然——在诗的感知范畴内，一旦把本我尘埃化，也就再难自求精进，写得出好诗了。

是以萧寥自许的《疑庵诗》我翻过不少次数，而这“飞埃野马”的《北山楼集》拿起了很多回却都没能看完。

近日无聊，又试着翻了一回。

这番我却是先折到后页去看集子的后序和一些当时名流与吴氏之诗文往来的——我存心想瞧瞧文人们如何互抬花轿。然而真的一翻，却叫署名们唬了一跳。章太炎、康有为、郑孝胥、章士钊——郑孝胥是吴氏后辈，章士钊是吴门快婿，这便也都罢了，头两位却都是眼高于顶的人物，且素不和睦，却在吴保初去世后一作墓志，一作墓表，为他地上地下合作了一过，语多恳切深婉，评皆高超卓荦，这便有些了不得了。

康说他诗“要眇清劲，盖得乎韦柳荆公”，文“弁冕皖人”，章更讲了许多他平生的故事。虽然我也并不喜欢柳王之诗，且康有为太过性情，是素来喜欢夸大其词为他喜欢的人戴高帽子的，但有这两位保人，我倒想再看出集子里是否有些先前没看出的好来。于是这回，我耐下性子查了查他的生平，追从他身世重看了一次《北山楼集》。

吴保初本身官没做到多大——刑部主事是正六品，对应到如今该算是司法部的一位处级干部，之所以位居四公子之一，恐怕与他父亲吴长庆的煊赫家声有关。

吴长庆是安徽庐江人，袭乃父吴廷香的云骑尉世职，淮军创建后一直跟从李鸿章转战各省镇压太平军，累次升任，终为正一品大员。此后平定朝鲜著名的壬午兵变（即所谓明成皇后闵妃故事），得赏三等轻车都尉，死后谥号武壮，是一位颇有声威的名将。后来的袁世凯因嗣父袁保庆曾于吴廷香有恩，自年少时便追随吴氏，最终在整军纪、平朝乱过程中也积累了大笔政治资本，最终得以崭露头角。追根溯源，也是算出身吴门的。

吴保初小袁世凯十岁，二人自小一同长大，每以兄弟相称。经年宦海升沉，《北山楼集》里也留下了二人一些酬答之作，如戊戌后他勉劝袁“北极阴霾欺日月，草堂风雨望旌旗。君王神武丁多故，好建奇功答圣时”；而袁被罢职后，又慰他“江左夷吾能再出，伫看逸足骋天衢”。

结合袁的立场来看，我们不难看出这位吴公子在政治上颇有些源自世家被保护太善而未泯的天真。这种天真所以看去较之同列四公子的谭嗣同要更甚些，恐是因吴自身序位不高，也便未能太经受官场的倾轧磨折所致。

从各家笔记都看得出，吴保初是个好人。他慷慨忠直，仗义疏财，然而读史阅世之余，在清末那个风云变幻的时代，仅有这些却并不足以多么令人记着。此番回看《北山楼集》并视其平生，抛却这些符号化的好处来，我倒是对这位军二代近乎迂的天真有点哭笑不得的好感。

吴保初的少年时代是在跟随父亲南北征战中度过的。但从他尚存的几首少年时的诗作来看，战事并未为他的性情陶炼出太深印记，反倒是把儒将父亲好结交文人的习气学了十分。

他十三岁的时候写《春城闲眺》，正值壬午兵变后吴长庆平定叛乱驻军汉城时。随军自处，立于城头的吴保初写下的是“忧时花欲堕，得句鸟频惊”这样宝玉气味的习作；次年游半山寺，更有“为访幽踪我独来”的雅趣，宛然如古龙笔下段玉、管宁一般，是涉世未深的佳公子。

十六岁那年，父亲病了，退守荆州，吴保初侍奉在侧，还特特剜去自己胸口之肉置入汤药为父亲疗疾[①]。虽然父亲终于不起，但少年虔孝跃然可见。

---

① 陈子言诗话说“先生往省，刲膺肉和药以疗”，章太炎也在墓表里提到“刲膺肉以疗”。

吴长庆去世后，吴保初便袭了他的爵位。光绪帝不忘旧事，授他主事一职，让他暂在兵部学习，担一份闲差，意在照拂功臣后人。

赋闲之余，吴保初便随宗室一位翰林院庶吉士宝廷学诗，从而也认识了宝廷的儿子寿富等一干名流。宝廷人称近三百年满族第一诗人，虽然这称号多少有些过誉，但究竟满人热忱亢爽的好处犹在，不似同光诸辈那般重视身段，且毕竟是当年科举二甲第六，肚里也是真有货的。他后来因“宗室八旗名士草，江山九姓美人麻”一事罢官，情性上也算位敢作敢当的风流人物。

吴保初身为名门子弟，与师门众人有些诗酒往来也当是常事，酬答俊游，自亦非少。他出身将门，跟着父亲在汉城做了两年基建，从来心念黎庶，而宝廷父子也并非宗室闲人，俱怀内热。师徒父子三人闲中联诗，每有“天意竟如何，灾黎谁悲悯”“造物胡不仁，宁视贤人隐”等心忧苦旱灾民的句子。然而，究竟宝廷做的一直是翰林院编修、内阁学士、礼部侍郎等官职，并不曾真正接触过治国理政之事，寿富方高中庶吉士不久，吴保初更不过是个领虚衔的副处级调研员，是以几人虽常怀悲悯之心，却不免有些上下够不着，并无太多养民之策。有良知的士族阶级，因其立身太高，往往虽能律己却难接地气。在很多实干派看来，他们这种悲悯一钱不值，所谓谏言也多如闭门造车，空中竖阁，难有实效则不如闭嘴。

但我却不愿蔑视这种无从措手却依旧殷殷的孤衷。

先头提到的孙宝瑄点吴保初为红楼人物里的柳湘莲的同时，将寿富点为红楼人物里的尤三姐。这除了戏谑二人焦不离孟外，亦是孙氏对寿富的结局略致敬意：庚子年兵乱，八国联军入京，因同情戊戌已被牵连罢官，杜门读书多日的寿富不肯降敌，与弟妹从容引缳自缢，临终留下绝笔“衮衮诸王胆气粗，竟将血气丧鸿图。请看国破家亡后，到底书生是丈夫”。

吴保初斯时侨寓上海，听闻京中寿富之事，有《哭伯福学士》一首，诗不好，但其中有注：“甲午之役，约城破同死，今君竟践言矣。予以丁酉罢归，殊觉负君地下也。”寥寥数字却比诗更沉痛。

镜头回转，不独对举子们，甲午带给世家公子和宗室的撼动更是巨大的。甲午而后，陈三立悻悻写下“凭栏一片风云意，来作神州袖手人”（后来还被梁启超责备“如何一片风云意，竟作神州袖手人”），而吴保初却反而是甲午后开始走上了他短暂的仕途。

他在甲午的第二年在乾清宫觐见皇帝，被授予刑部贵州司主事，开始正式努力工作。

这一年他二十六岁。

刑部主事是个既可以得利也可以得罪人的差事：律法的微

妙变通可以令断案变成可黑可白的双面绣艺术。

朱元璋告诉我们，一代的手少能柔嫩干净，而二代却往往有持身自好的资本。对于出身能称得上公子的二代们来说，如果不肯泥沙俱下，那眼里就必然是一粒沙子都揉不进。于是短短几年里，吴保初断了不少案，也得罪了不少人。

比较有名的是喜达腊家几个宗室兄弟争袭公爵牵连而出的裕董氏案。说喜达腊氏裕长构害本应承袭崇纶公爵的堂兄裕善，暗中设局使人借高利贷给裕善，又从中操作令其无力偿付最终逃跑，随后本旗奏请销档，令裕善失去了承袭的权力。

裕善在外期间娶妾董氏，还生了一子如格。裕长为安其心，与他仍常有通信，并适当给予接济，但后来裕善客死在外，董氏想带儿子进京求裕长令如格归宗入旗时，裕长却骤然翻脸，以“来路不明，挟乱讹诈”为由，倒打一耙报官。

吴保初受理此案后，不理裕长多方暗示和其兄长裕禄的背书支持，坚持抽丝剥茧细细厘清案件，最终为董氏和如格做主，争取到了不销旗档，留京居住的应有待遇。

裕长背后的裕禄斯时是直隶总督，而裕善只是个死去的理藩院候补员外郎，遗妾董氏更是个无权无势的汉女，势力权衡全无悬念。要斯时一个寻常小吏公正地断这个案子怕反而是难：否则这么一桩案情并不复杂的继承案也不至让康有为二十年后还记得清清楚楚，要巴巴专门为他写在墓志上；弟子陈诗也特地在诗话里用了挺长的篇幅来阐述这段与诗无关的掌故。但无论如何，当年身居六品的吴保初就是这么干净利落地为了两位无权无势的孤儿寡妇，把红带子宗室和二品大员的面子实实凿凿地拍到了地上。这个愣头青偏偏是最不把势力放在眼里的，或者说，他根本就全没有以是非许人的概念。

我觉得这种傻乎乎的不识时务，倒才是高贵应有的样子。

又一年后，朝廷下诏求言。吴保初写了一篇《陈时事疏》，长篇累牍地分析了他看到的世界形势，之后说："皇上宜亲贤正，远邪佞，乾刚独断，则万机咸理。若魁柄下移，则国非其国矣。"按例应由堂官代奏，但这封奏疏却被他的直属领导刚毅扣下没有上达。

《陈时事疏》是吴保初一篇挺有名的奏疏，今人识他，也便多从这篇文字和几年后的《吁请归政书》而来。于是我特地在《北山楼集》里找出了这篇文仔细看了一过。

让我失望的是，这是一篇笔法凌厉扎实观点却乏善可陈的奏疏，落纸万言却并无新意，是典型诗人之文，只提问题，不讲办法。以应用文论，恐尚不如他两年后认识梁启超后那篇声援维新派的《论阴挠新法之害》。

人们说刚毅是太后党，嫉恨忠直之人方才不予上达，我倒觉得冤了人家。受限于眼界和阅历，这篇奏疏气长意短，如拖板荒腔，对于日理万机的皇帝来说，通篇看完只怕有种英语不好的人做阅读理解的感觉，平添烦累而难有所得——换了我是刚毅，或者我也不会上达。

但当然，吴保初殷殷奉上的，是当时的他能给予国事的最大眼界和最热忱的真心。被刚毅拦阻后，本打算等三年俸满保升御史后，再施弹劾有番作为的他一怒辞官南下，回到了老家庐江——不肯少经屈沮，也是出身所赐的骄傲。范肯堂作诗赞他“以行得官以言去，古人如此亦堂堂”，倒是一字不易，端得贴切得很。

吴长庆廉洁，但夫人却是个善于理财的富家女，陪嫁极为丰厚。原本吴保初纵然辞官，靠继承母亲留下的财帛回乡后也是足够安生度日不愁生计的，但他回到家乡便又捐田又设义塾，还广结宾客，待到从庐江迁往上海时，身边已经没几个钱了。

他公子习气不改，典衣留客，依然故我。看孙宝瑄的日记，上海金谷香几乎成了吴保初等人的常用据点，一月至少有十数天能见“彦复（吴保初的字）招饮”，酒阑闲话则从臧否诗文到月旦人物，无所不有，难得孙氏一一记下。从文廷式“将门如汝最风流”“朝衣典尽天方雪，宝剑鸣时气欲秋”，其沪上孟尝之风也略可窥之二三。

从众人回忆中看来，吴保初的性格该是极好的。他不阿不谄，重情重义，健谈善饮又文质风流。章太炎有首诗赠他，说“渐识吴君遂，高情弃直庐”，大见推许，但当头一个渐字也毫没掩饰见面前对他的不以为然。以章氏狂狷，看不上吴保初的诗文水准，以为他是个仰仗父荫的纨绔倒是很正常，但见面后竟大有转圜，而至极有推崇，则更可见吴保初之人格魅力。而这些，是我们从吴保初遗留的那些文本上看不出的。

于是渐渐地，我的关注点从诗词转到了这个人。

吴保初后来贫困，依故人为食客，终不复仕。他后期自号瘿公，瘿者，赘疣也，苏轼说“木有瘿，石有晕，犀有通，以取妍于人，皆物之病也”，可见自弃如何。

是的。罢官后的吴保初只怕心中极不痛快。沪上僦居后，他的思想渐渐从维新转向革命。身为清廷世臣，吴保初自是不能去伸张推翻，但他性子爽直，未必能讷言藏志，久之其意向也便人尽皆知。

于是尚拿着俸禄的旧友们便不肯再接济他，只袁世凯不忘旧，常有些支援——他两个女儿赴日留学，就出于袁世凯的资助。然而再至后来，清政府倒台，袁世凯当选了民国大总统，吴保初念及清廷故恩，却也很难高兴起来，很有些愀然。感性与理性的难以统一令他只好终日僵卧，杜门谢客，终于中风不起，及至二年后贫病而亡，也再未肯再与袁世凯往来。

清末名门公子，卒于民国二年（1913）。

吴保初早年娶妇黄裳，亦能诗，也有一集，但闺秀作尔，水准平平。因妻子体弱多病，常年卧床，吴保初与其感情并不算太亲密，然而名士多情，旁骛间也有些红粉佳话。

从《北山楼集》中我们看到他诗作提及最多的名字是他早亡的妾侍许君男（吴保初二女，一名弱男，一名亚男，与君男参看，颇有意味）。

许君男是个苦命的女孩儿，六岁时便被绑匪拐走，辗转卖到了北京的李若农侍郎家做小婢。忽忽八年后，侍郎准备返乡，便觉这许多随侍很是负累了。刚好吴保初斯时独自在京卧病，无人伺候，妻子久病，已难作子息计，正欲纳妾，于是两下一说合，便将许君男聘了过来。为此事，吴保初一直对李若农心存感激，与许君男调笑时有“投我明珠李侍郎”句，及至很多年后许君男去世，吴保初还作诗追忆这段因由：“年时曾谒顺阳公，一阕新词换小红。记得吴淞江上路，吹箫相伴过垂虹。”小红者自是用白石“小红低唱我吹箫”旧典，亦可见吴对许之珍视。

许的名字由来也是有趣，说吴保初未纳妾之前曾与人戏言说北人多着旗装箭袖，仿佛男孩子，将来如果纳了北人作妾就给她取名叫君男。而后聘得许君男问她名字，听嗫嚅说叫君男，颇觉奇异，然而后来细问才知本名是金兰，音声相似领会讹了。吴保初觉得有趣，也便索性命她改名君男了。

许君男嫁给吴保初时年方十四，去世时也不过十九岁，然而却是个很识大体的女孩子。吴保初回忆说自己上《陈时事疏》那日归家，许君男问他刑部今日是否有冤狱，吴保初也并不相瞒，道：“有封事如获上，将冒斧锧死。”许君男泪流满面说，昨夜见您通宵奋笔疾书便知有异，天子圣明，不会降罪于您的。随后焚香祷祝。吴保初笑问：若吾死国，你当何依？许君男坚定地说：您既为国事死了，难道我不能为您死么？

而后奏疏被刚毅扣下，吴保初生出去意，许君男也便劝吴保初回乡。她怕吴激发意气，便只说：自己既归于吴门，希望能侍奉母亲，您少年时候割肉疗亲，是大孝子，朝廷会体谅您的。几句温柔言辞，倒将吴氏雷霆脾气化解不少。

后来吴保初回忆说返乡之后，许君男帮吴母养蚕，日夜看护，还焚香祷祝说："你们不要病，我愿意替你们病。你们不要死，我愿意替你们死。"忆及此，吴保初尚伤感地说："哪知道蚕没有死，我的爱妾竟真的死了"。想到一个小姑娘一本正经地对着一群蚕宝宝喃喃自语，祷祝焚香，而辞官回家的贵介公子在旁含笑观看的场景，虽隔世尚觉温馨。

许君男实为病逝，然而吴保初坚以她早年不惜为自己死，那么如今无论如何去世，便也总算是为自己死的了。这看似有些自作多情的理解自属诗人之痴，也是沉悲难排，徒然自苦。后来他在《许君男哀辞有序》一文中慨叹："姬诚为余死矣。余之所以事亲与所以死国者顾如是。"将许氏之死与自己的忠孝并论，便更可见其至哀至爱。

许君男死后，吴保初写了不少怀念的诗词，寥寥两页册子里，我便眼看着他将她葬在自己的北山楼畔，眼看着他一次次从许君男墓上独行归家，眼看着他夜梦许君男醒来又作悲声，及至许氏去世四年，尚追忆着初见时的形容。

涉及亲爱死生，诗词总难以工稳，这我是有体会的。这些诗可读的并不算多，有首《木兰花慢》说“帘外青山扫黛，意中人去难留”，大抵留下了这样的意思也便罢了。

后来吴保初又有过很多风流韵事，孙宝瑄记叙了张宝枝、金佩香等风尘旧典，还为吴保初敷衍成文，名为《卖笑记》，日记中寥寥数语，香艳冷冽，转瞬沧桑，倒有白先勇《台北人》《纽约客》等小文味。总是保初情重，倡优意寡，他空有终身之许，却因囊中羞涩，虽肯百般借钱为其赎身，但终于阴错阳差，眼看着这些女子有的求财帛，有的求安稳，各自寻到了归宿。

四十余岁时陪伴在吴保初身畔的是侍妾彭嫣，也是出身风尘的。彭嫣工篆善书，是为难得的才女，孙宝瑄日记中说到去探访吴保初时提了一句“见一姬悬腕书隶，风雅绝世”，寥寥数语已见彭嫣风度。此时相伴，吴保初已是三十七岁，非与痴小相随的许君男相处那般呵怜，但与一位久识沧桑的才女共此诗酒生涯，想来也另有一番静定温暖。

彭嫣与吴保初诸多酒朋诗侣也相过从容。我见过一方袁克文致彭嫣的诗帖，后拜称：“上作为家大人次女家塾教习，均未知嫣娘肯赐和否?”可见彭嫣亦有诗才。又陈散原偶过天津还特戏赠吴保初以绝句，称：“酸儒不值一文钱，来访瘿公涨海边。执袂擎杯无杂语，喜心和泪说彭嫣。”由彭嫣而颇见吴保初挂冠归后只谈风月的负气和释然。

然而，彭嫣也并能没陪伴他走到最后。

一自吴保初过继来的嗣子吴公木英年早逝后，支持生活的官俸亦断，吴氏生计便更见窘迫起来。彭嫣以其金尽，不肯共其牛衣对泣，也就很快离开了他。

《北山楼集》里有一首压卷名曰《题迦因传》：

万书堆里垂垂老，悔向人来说古今。薄病最宜残烛下，暮云应作九州阴。旁行幸有娄伽笔，发喜难窥大梵心。会得言情头已白，鬑鬑相对久沉吟。

我初读时不明就里，后来见包天笑在《钏影楼回忆录》写下的一段缘由，方才得悟：包说他和吴保初住过一段邻居，吴对后辈们很好，常行勉励，包便把自己译的《迦因传》送给吴保初指正，却不知吴保初后来自谢了如此一篇诗作，还在后面补注说《迦因传》与《茶花女》相去仿佛，特为题记。斯时正值彭嫣下堂求去，吴保初作此诗，自然是借人酒杯浇自己块垒之意了。以伽因、玛格丽特为彭嫣喻，也颇见吴保初对其既怜惜又无奈之意。

未已，吴保初郁郁而逝。有友人作挽联：“心死已多年，地北天南终郁郁；魂归今何处，嫣红姹紫太匆匆。”末句便是以彭嫣为筏子，喻其灯酒繁华终如云烟过眼，过手而失了。

一册《北山楼集》在我省得《迦因传》射彭嫣旧事后，终于堪堪读完。观感未易：吴氏之诗虽在将门公子中甚为出众，但终与同为清末四公子的陈散原、谭嗣同相去甚远。能为诗者，既怕太把自己当回事，也怕太不把自己当回事，而吴保初少年时是前者，中年后为后者，皆非很合宜的态度。

公公在《北山楼集》后题了一句“吴庐江诗宗小杜而难牟，徒似飞卿之擅艳”，总约略高抬了他些。吴保初怕是并无心思故作艳语的，他早年时宦情方隆，不知余生究竟，关心朝局，意固不在于诗，而晚年时心志由不甘挣扎转至沉沦，要再学陶韦也就徒有其表了。“堕溷飘茵聊复尔，焚和弃智欲逃空”，如是而已。然而相较后来，我还是觉得他早期振朝衣掼酒坛的中二时期诗作要可爱些。虎虎有生气，连志不获骋都恼得令人心存希望。

“谁为天下奇男子，臣本高阳旧酒徒。”那是戊戌一代年轻世家子弟未经陶炼的灼灼天真。合上集子，我便总是有些郁郁了。多希望世上终能有个赤子如他，能永不必经历那些功利的剥复升沉呵。

诗集翻过，无论有没有心许动容，总是隔空印下了交情。观吴保初一生，虽然多少有些志大才疏，实名不称，终究是人负他多，他负人少。《北山楼集》的每篇赠答都是发自肺腑，看得出是多么竭力地想对对方多说些、再多说些，生恐旁人不能尽然知己。而这竭诚和热切，令我在看到他那些文人朋友精致而空乏的回应时就不免约略有些尴尬了。

是的，《北山楼集》的使气叫嚣，不求精进在文字上并不能令我推崇，但它却留取了一颗较之旁人更为有温度的真心，谁能说，这就没有意义呢？

尾声　谈李叔同的送别

因小儿爱听简净的歌谣，近日闲来，乃为他清理了一张歌单。一番番重复播放中，我自己也便渐渐在这些儿童歌曲里听出点小时候忽视的好处来。譬如胡适的《兰花草》、刘雪庵的《踏雪寻梅》，均是清新流动，颇得真趣，而定要论个序列的话，李叔同的《送别》当是其中水准最高的一首。

丰子恺曾编过一套《中文名歌五十曲》，就中收录了一些李叔同所作的歌。李叔同能诗擅画，亦是一代书家，但他至今得以如此贴合大众，更多还是因他肯作文人多不愿作的小歌词。

李氏系统学过音乐，词曲兼能，故不必当李易安“不协音律”之讥，而又有诗法作底子，在我国曲子词向来“分五音，又分五声，又分六律，又分清浊轻重”的苛令上，也较平民有资格能放宽些去。故而由他来推动学堂乐歌，是最恰好不过的。

所谓学堂乐歌，是清末建立新型学堂后，开设“乐歌”一课后的产物，即是如今所谓校园歌曲。

我国音乐素来界限分明：士族正声本质往往是与诗相应的，所谓“乐由中出”，以乐者娱己为要切，殊少功利欲；而民间百姓享有的，则往往是以娱人为要义之戏文宴乐。这样的音乐往往带有一定的商品属性，故而热辣鲜亮，却不免要与诗血脉间离些。

百姓能识五声的本已不多，而语言的藩篱则更久远地阻断了他们与上古祖先手之舞之、足之蹈之的技能通路。可以说，是有了学堂乐歌后，歌唱文化再度兴起，音乐方才降低了身段，完成了士人阶层与民间的小调合。它给了两级双方一个探身到对方世界的机会，而国人的近代美育，也可说正是由斯而始。

晚清时期，我国倚声填词习气虽已久备，但能以西人乐理作曲者却实在寥寥，故而学堂乐歌多以现成曲子填以新词编成。歌词出于自生，而曲子则大多来源于欧美和日本，几乎很高比例的调子都是留学生们像学戏一样，一句一句哼回来的。而相较于大多留学生，十八岁便拥有了第一架钢琴的李叔同无疑是最适合把乐歌系统化的人。

归国后的李叔同致力于音乐教育，在作词之余，也能以五线谱创作出《春游》这样分声部的合唱歌曲：

春风吹面薄于纱，春人装束淡于画。游春人在画中行，万花飞舞春人下。梨花淡白菜花黄，柳花委地荠花香，莺啼陌上人归去，花外疏钟送夕阳。

这首歌至今依然常被翻唱。它调式很简单，六八拍行进，唱来有春景层层晕染行进的味道，而“荠花”处一个小小的跳动则如白蝶振翅，很是活泼。自文本而论，全章气味欢快，用语简雅，也究竟是我见即我歌，纵然不表达情绪，也总能令儿童约略亲近诗的气味。李叔同诗学摩诘，词法五代，写这样清浅流丽的句式自然得心应手。

当然，因为这是一首表演用曲，故而并不能说是诗，可定要以诗家的角度看，也有几分可表之处。

《春游》的节奏与李白的《采莲曲》气味相近，均是匀整分拍，自抑而扬。而更进一步说，较之“若耶溪傍采莲女，笑隔荷花共人语。日照新妆水底明，风飘香袂空中举。岸上谁家游冶郎，三三五五映垂杨。紫骝嘶入落花去，见此踟蹰空断肠”而视，李叔同这一稿则彻底抛舍了一切诗人惯用的符号和习气，放下了文人们端了千余年的架子，真正回归了儿童。这才是这首歌贵重之处，也是从前倚声者绝难做到的。

格洛丽亚·斯泰纳姆有这么一句话：“名词和规范由位高权重者掌管，而位卑言轻者只能拥有形容词。”这种说法虽然有些绝对，但从诗的力量性看来也有一定道理。善用形容词的诗人很多，因为形容词往往意味着倾诉欲，这是诗人所惯有的，也往往是他们所擅长的。而能安置好名词——注意不仅仅是意象，而是纯名词，则意味着诗人在感受之上尚能更多一层冷静的回视，这则是上境界所必要。

李叔同的诗词说不上好，但他显然倾向于在词性方面保持克制。举《喝火令》为例：

故国鸣鹈鴂，垂杨有暮鸦。江山如画日西斜。新月撩人，透入碧窗纱。陌上青青草，楼头艳艳花。洛阳儿女学琵琶。不管冬青一树属谁家，不管冬青树底影事一些些。

全词以画笔勾勒，物象层叠，语致嫣然，乍看去仿佛晚景图底一阕情词，而视其自注“《喝火令》哀国民之心死也，今年在津门作”乃知，此词之要旨并非如物象摆布得那么轻快。

从典法重行细读，我们便可以看到就里的沉重：

何谓鹈鴂？《离骚》有“恐鹈鴂之先鸣兮，使夫百草为之不芳”，是哀春尽。何谓垂杨暮鸦？隋宫有“于今腐草无萤火，终古垂杨有暮鸦”，是忧国亡。复思及“浩荡离愁白日斜”，思及“惊断碧窗残梦，画屏空”，则能判然将这些景语自小格调中起出。

而所谓国民之心死，则在“洛阳儿女”四字：《洛阳女儿行》与《长安古意》相似，前章铺排夥颐，仅在最后四句发力：“城中相识尽繁华，日夜经过赵李家。谁怜越女颜如玉，贫贱江头自浣纱。”若不知此节，则难免跟随作者的闲笔陷入青青草、艳艳花的明媚中，而难见其对升平的怖怨。

此外“冬青树”三字亦有讲法。《冬青树》是蒋士铨一部戏曲作品，讲南宋末年著名民族英雄文天祥、谢枋得等人殉难之事。崖山既不存，故言影事。此节明了，而后面两个“不管”也自然便从草览时女儿家的任性沉坠成了一种令人齿冷的麻木。

这首令词中有李叔同的很多试图，也是李叔同诗词作品中颇有代表性的一首。但实则这种化典为纯名词的写法我并不很喜欢——我以为较之以人名事故的开铺子曝典之辈，不过是略高半筹而已。

阅读如解码便堕入翻译流，如不问事典，独看景境，全词传达的力度将大大衰减，如此对门槛以外的传递者来说，却委实太不友善了。

我认为这种处处自带超链接的写法究其本源是自保导向的，适用于文字狱时期，也终究因为其缩手缩脚，故而很难跳出时代来谈论意义。以诗法论，它和我从前举过“灯下骷髅谁一剑，樽前尸冢梦三槐”的化典为象以造境实在有天地之别。后者在编制密码的同时，究竟也在以最大的诚意用字面造像来复盘他欲望的氛围，虽然仍是双语行进，却究竟属于一种十分高级的双关。

而所幸的是，李叔同没有把这种解码式的写作手法代入歌词。

我们回到《送别》：这首歌的曲子来自约翰·P.奥德威的《梦见家和母亲》，前几句五声调式与我国传统音乐颇有相类，故而传到汉文化同源的日本也大受欢迎，被日本人犬童信藏填词改名为《旅愁》。

无论是梦乡还是旅愁，俱是我国熟悉的客子思家路数，其情感也更容易被中国游子感知。李叔同也正是在日本时听惯，并记住了这个旋律，方才在和许幻园分别时不自禁用了它的调子填了词。

《送别》之所以至今传布广备，正是因它折中了《春游》与《喝火令》的好处。它轻盈却也不失身段，仿佛一位芭蕾舞女，踮起脚尖只是为了完成一个旋转，而非出于取悦献媚的欲望，故而令人只觉挺拔，而不畏厌。全章既不卖弄文典，也不至太过俚俗，是从作者心里流出来的声音，不为表演，亦没有任何应用意味，因此固不必纠其格律，可视之为诗。

长亭外，古道边，芳草碧连天。晚风拂柳笛声残，夕阳山外山。天之涯，地之角，知交半零落。一瓢浊酒尽余欢，今宵别梦寒。

曲章的前半段是画出来的。

长亭外，古道边，虽笔端无人，却亦已对时境有了交代。不在亭中，不在道中，自是留固不得留，行亦不堪行。

芳草碧连天，犹“天黏衰草”，犹“山映斜阳天接水”，俱是地与天在目力以外的交合。古人并无地平线之概念，但远极而合，身迁心并，却恰与别离本意相适。而意象上看来，“记得绿罗裙，处处怜芳草”的联想，也能为这样的所望复添一层思力。

由地而天，则好由实蹈虚。言晚风，言笛声，固然又是典法，但究竟言柳即别，几已是国人血液中事，故而对情绪倒无消卸。望柳条而不折，任笛吹而不歌，较之“笛中闻折柳”则更多一层怆神，是物容身外，心集空虚。而“夕阳山外山”本是戴复古成句，也复曾见于薛昂夫的《楚天遥带过清江引》：“夕阳山外山，春水渡旁渡，不知那答儿是春住处?”这五字句法松快，用于曲中确比诗中更恰。

国画画山有三远法，“自山下而仰山巅谓之高远，自山前而窥山后谓之深远，自近山而望远山谓之平远。高远之色清明，深远之色重晦，平远之色有明有晦。高远之势突兀，深远之意重叠，平远之意冲融而飘飘渺渺”。举例而言，谭嗣同之“何当直上昆仑巅，旷观天下名山万叠来苍茫”即为高远法，而这句“夕阳山外山”则是平远法，如涟漪百括，取次远递，全无回力，而至无穷，与“芳草碧连天”相接，则如一呼一吸——同样是写远，晚风与笛声从芳草相连的天影中吹回的哀愁，至此则彻底复去不返，一望无极。

至此方可出“天之涯，地之角，知交半零落”。这一句歌自带哭音，堪可以为是对许幻园那句“叔同兄，我家破产了，咱们后会有期”的直切回应。而也正是有了这一句，《送别》方才走出了歌，来到了诗。

此厢直着脖子的嘶叫全不掩饰，竟而不兀，更证明前番必当有极好的情绪铺叙。如黄药师哭女那一段“感逝者之不追，情忽忽而失度，天盖高而无阶，怀此恨其谁诉?”若非在碧海之上、长风之中，且未先有先变面色，复惨笑，复大哭，复以箫叩舷之层层递进，那一段悲歌的力度则绝难那般令人难忘。此句常误为天之涯海之角，然而我却以为“海”字将别离的愁怨全面吹脱至人间之外另一个语系，以“上穷碧落下黄泉”之死生求索固尚可用，但在此可望而无可奈何的语境之下是并不合适的。天涯地角，其实依旧各自在回应着“芳草碧连天”与“夕阳山外山”。如出无意，却处处有实凿。

一唳叫天之后，若尾句无回力，则全诗依旧要败，甚至可以说结尾喊得声音越高，格调越低。而李叔同的处理则是回归理性的伤感：山长水远，知交零落。解决办法为何？他的答案是不若痛饮。

一瓢浊酒尽余欢。

此处常被误认为是“壶”，或是丰子恺之后将瓢误传为觚，或是与杨慎“一壶浊酒喜相逢”相淆而致。然而相逢话古今可以就壶慢斟，伤别怀远，悲怅交加之际，则非瓢泼浪饮难消卸前句之气血。补说一句，从一壶和一瓢反推，也更可看出“青山依旧在，几度夕阳红”与“夕阳山外山”的区别——前者见时间性，后者见空间性，故而同是对酒，前者缓而沧桑，如《东邪西毒》，后者迫而凄烈，如《东成西就》。

然而刚不可久，欢极则悲，最终都是时间的灰烬。诗的时间点在浊酒尽余欢，而最后五个字他用了将来时。今宵别梦寒，别时越炽烈，别后越冷清。而看到了那样冷清后，前面的炽烈方能出离酒酣不畏猛虎的草莽气，而约略来到“对酒当歌，人生几何”的境地。

而或者也是有了这一层看透，我们才更能解悟这位后来的弘一法师的慧根。

这首歌后来还衍生出了许多版本，造作者多，堪可一提的是丰子恺的一稿。

丰子恺七个子女人人能唱《送别》。据闻1954年某日在上海日月楼，丰子恺听到小女儿丰一吟教邻居家的小姑娘芳芳、萍萍唱这首歌，觉得曲中所托太深太大，已不适合儿童传唱，于是重填了一首歌词，命名为《芳芳萍萍去春游》，后又更名《游春》。

全词是这样的：

星期天，天气晴，大家去游春。过了一村又一村，到处好风景。桃花红，杨柳青，菜花似黄金。唱歌声里拍手声，一阵又一阵。

即谱能唱，无多可讲。

而依着这样宛转的曲调，回视《梦见家乡与母亲》，回视《旅愁》，再回视《送别》便知。

时局跌宕，离家别友之后，能重见山河鼎新，去拍手、去游春，去唱一首讲不出意义却让人满心欢喜的歌，这实已是多么珍贵的无多可讲了。

附录　生平简介

朱彝尊（1629—1709），字锡鬯，号竹垞，又号醧舫，晚号小长芦钓鱼师，别号金风亭长，秀水（今浙江嘉兴）人，明代大学士朱国祚曾孙。康熙十八年（1679）举博学鸿词科，除翰林院检讨，参与纂修《明史》。浙西词派鼻祖，词与陈维崧并称“朱陈”，诗与王士祯齐名谓“南朱北王”，更长于金石，为清初著名藏书家之一。著有《曝书亭集》《日下旧闻》《经义考》等，选《明诗综》《词综》等。

陈维崧（1625—1682），字其年，号迦陵，宜兴（今属江苏）人。明末四公子之一陈贞慧之子。幼有文名，十七岁应童子试，拔诸生第一，明亡后，科举不第，后举博学鸿词科，授官翰林院检讨，纂修《明史》，卒于官。阳羡词派领袖。少时与吴兆骞、彭师度同被吴伟业誉为“江左三凤”，骈文与吴绮、章藻功称“骈体三家”。著有《湖海楼全集》。

纳兰性德（1655—1685），字容若，号楞伽山人，满洲正黄旗人，大学士明珠长子，其母为英亲王阿济格第五女爱新觉罗氏。原名纳兰成德，避太子保成讳改为纳兰性德。幼读诗书，文武兼修，康熙十五年（1676）殿试二甲第七名，赐进士出身，授一等侍卫衔，况周颐《蕙风词话》誉为“国初第一词手”。著有《通志堂集》《渌水亭杂识》《侧帽集》《饮水词》等。

黄景仁（1749—1783），字汉镛，一字仲则，号鹿菲子，常州府武进县（今江苏常州）人，宋诗人黄庭坚后裔。四岁而孤，少有诗名而屡试不第，为生计所迫，游幕谋食，乾隆四十六年（1781）任县丞。诗负盛名，毗陵七子之一，与王昙并称“二仲”，与洪亮吉并称“二俊”。著有《两当轩集》《西蠡印稿》。

王昙（1760—1817），又名良士，字仲瞿，又字橹田，号禾人，别号蝶隐、秋泾生、韵园主人、昭明阁外史等，秀水（今浙江嘉兴）人。乾隆五十九年（1794）举人，会试不第，白衣终身。工诗画，亦长骈文，与黄仲则并称“二仲”，又与孙原湘、舒位并称“后三家”或“江左三君”。著有《仲瞿诗录》《烟霞万古楼文集》《历代神史》《居今稽古之录》《随园金石考》。

金礼嬴（1772—1807），又作礼瀛，字云门，号五云、东桥、云门女史、会稽内史、昭明阁内史等，山阴（今浙江绍兴）人，晚居钱塘，王昙继室。娴书画，能诗文。著有《秋红丈室遗诗》。

龚自珍（1792—1841），字璱人，号定盦，又号羽琌山民。仁和（今浙江杭州）人。段玉裁外孙。少能诗文，曾任内阁中书、宗人府主事、礼部主事等职，道光十九年（1839）辞官南归，途有《己亥杂诗》，次年卒于江苏丹阳云阳书院。著名思想家、诗人、文学家和改良主义先驱。著有《定盦文集》等，今人辑为《龚自珍全集》。

谭嗣同（1865—1898），字复生，号壮飞，湖南浏阳人，湖北巡抚兼署湖广总督谭继洵子。中国近代杰出的启蒙思想家、政治家、诗人，戊戌六君子之一。光绪二十一年（1895）率先在湖南推行新政，创建浏阳算学社。复于长沙参与创办时务学堂、南学会、《湘报》，力主粤汉铁路取道湖南，抨击旧政，宣传变法，成为维新运动的中流砥柱。光绪二十四年（1898）抵京任军机章京，参与新政。同年九月，慈禧太后发动政变，谭嗣同拒绝出走而被捕入狱，于九月廿八日在北京菜市口就义。著有《仁学》两卷，《莽苍苍斋诗》三卷，其余作品收录于《谭嗣同集》。

吴保初（1869—1913），字彦复，号君遂，晚号瘿公，安徽庐江人。淮军将领、广东水师提督吴长庆之子，与陈三立、谭嗣同、丁惠康并称“清末四公子”。光绪二十一年（1895）补授刑部山东司主事，旋充贵州司主稿、秋审处帮办。甲午战败上《陈时事疏》，为刚毅压而未报，愤然引疾南归。著有《北山楼诗词文集》。

李叔同（1880—1942），名文涛，字息霜，以号行，浙江平湖人，生于天津。擅长书画篆刻，工诗词。中国戏剧家、艺术教育家、文学家、书画家。著有《弘一法师文钞》《前尘影事集》等。

后　记

择定李叔同与《送别》作为尾声后，我即知要正式与这本小书告别了。它即将成为一件独立的物事脱离我而存在，故而在它被第一位读者拆封之前，我想再在此留下几句只属于我与书之间的话。

写这组人物，动念始于一位最终不曾被选入本书的末代翰林林志烜。他以解元之身赴考，却于会试遭到暗箱，公推的会元被让了人，但即使权人有意矮化，林志烜仍在最终的殿试位列二甲第十三位，是一位极有才华的士人。进入翰林院后，会试暗箱的事情渐渐传开，林志烜的日子也自然并不好过，他熬到散馆，授了编修，告别了那些更有野心的同僚，埋身在故纸堆里，不再谈政事。

晚清风云际会，本是出人杰的时候，但与同榜诸士相比，这位本大有希望连中三元的翰林却终而没有太多作为。他不曾追随军阀，也未曾寻租同科，而只踏踏实实地修书，最后进了商务印书馆去做古籍选校——曾写出气横五大洲的卷子的才子，却在早早领略过高位倾轧之后选择了回归蜗壳，这让无意间留意到他的我很感慨。

在隔着痛痒的后人看来，古往今来的名士在私人的领域中各有各的鲜丽光彩，但实则回归到他们的真身才知，他们每个人的结局与高度，或多或少都曾受到科考乃至官场的剧烈影响。身份贵重的谭嗣同、吴保初则因不肯自污，不得见容。龚自珍多年未第，思议无察，遂成孤愤；王昙更是为科举房师所害而饱受折辱，一生贫沮。黄景仁乃至清初的朱彝尊、陈维崧四处游幕乞食，少不得有才名冠世而试辄不售之累，而真正看似前途无量的纳兰容若，在诗作中也频繁流露出其不得已与不快活，终以一死留下了亲疏君臣的千古谜团。

清代的诗学观念虽然有所进步，但真正走出现代性的并不多。古人比今人纯粹在于，即使用稳了极高妙的手段，他们还是甘心用自己的心血去为作品献祭。这不堪持续，非工业化，但无可替代。

他们的生活并不只在书画琴棋诗酒花，相反，每一个身怀天赋的诗人，都曾有过不辜负这身才华的初愿。所以他们挣扎，而后沉沦，而后继续挣扎。是以不了解他们在社会关系中的辛苦，是不足以解其诗的。

我写这些人物的顺序与书目的序列正相反，细心的读者或者看得出，我初时有过几分以截面取巧的想法，但愈后我愈知，这是一场呆战。他们已带着一腔的真诚与孤勇向我走来，而我也当已不能避让。我有一些创作的经验与心得，也有几分捭阖牵连的胆气，但实则为了还他们一个了然的对视，在这些之外，我确实更曾下了不少硬功夫。

这本书说不上有多么好，但它确实已经还原了与我交换过眼神的他们最终投射在我心中的影子。对于读者，我更愿意这些影子能够唤起你心里同样的想愿与辉光，让你也有心力去回视那些对你产生过影响的古人。观者自有明灭，因此每个本体都原便会展现出千百种影子来。本体自身是伟大的，而作为后来的读者，我们每个人都是他们的追光，我们也同样伟大。

希望你喜欢这本小书。

感谢最早看到这些文章，并一直在鼓励我写下去的读者；感谢给我带来许多宝贵回音的同道；更感谢一直以来的默默支持我的家人。

李让眉记于已亥秋

知·趣丛书（已出书目）

第一辑

从“山贼”到“水寇”：水浒传的前世今生　侯会 著

名士派：世说新语的世界　徐大军 著

梦断灵山：妙语读西游　苗怀明 著

探骊：从写情回目解味红楼梦　刘上生 著

第二辑

所思不远：清代诗词家生平品述　李让眉 著

梨园识小录　陈义敏 著

志怪于常：山海经博物漫笔　刘朝飞 著

儒林外史人物论　陈美林 著